高校图书馆读者服务与创新研究

祝 贺◎著

吉林出版集团股份有限公司

图书在版编目（CIP）数据

高校图书馆读者服务与创新研究 / 祝贺著. -- 长春:
吉林出版集团股份有限公司，2024.2
ISBN 978-7-5731-4651-9

Ⅰ.①高… Ⅱ.①祝… Ⅲ.①院校图书馆—图书馆服
务—研究 Ⅳ.①G258.6

中国国家版本馆CIP数据核字（2024）第049372号

高校图书馆读者服务与创新研究

GAOXIAO TUSHUGUAN DUZHE FUWU YU CHUANGXIN YANJIU

著　者	祝　贺	
出版策划	崔文辉	
责任编辑	侯　帅	
封面设计	文　一	
出　版	吉林出版集团股份有限公司	
	（长春市福祉大路5788号，邮政编码：130118）	
发　行	吉林出版集团译文图书经营有限公司	
	（http://shop34896900.taobao.com）	
电　话	总编办：0431-81629909　营销部：0431-81629880/81629900	
印　刷	廊坊市广阳区九洲印刷厂	
开　本	787mm×1092mm　　1/16	
字　数	212千字	
印　张	13	
版　次	2024年2月第1版	
印　次	2024年2月第1次印刷	
书　号	ISBN 978-7-5731-4651-9	
定　价	78.00元	

如发现印装质量问题，影响阅读，请与印刷厂联系调换。电话0316-2803040

前　言

　　图书馆是大学标志性建筑，图书馆的藏书、借阅流程与现代化程度，代表着一所大学的办学水平和科研地位。在高校，人们可以从师生使用图书馆的状况初步判断出这所大学的教风、学风和校风。大学生毕业多年后可以淡忘许多事情，但一定对母校的图书馆记忆犹新。优秀的学生群体一定会在图书馆内度过自己的青春岁月，在"泡"图书馆的过程中得到理性的升华和阅读的享受。国内外著名大学一定有同样著名的图书馆，明智的大学校长一定会格外重视图书馆的软硬件建设，重视图书馆藏书的拓展与管理，重视图书馆信息化、现代化建设，重视师生对图书馆建设与管理的评价，从而使图书馆信息量更大，功能更全面，服务范围也更广泛。时代的变迁、社会的进步、信息传播方式的改变以及人们阅读习惯的改变，无形之中弱化了图书馆的作用。新形势下，我们需要结合互联网时代的信息传播与存储方式，更好地发挥图书馆的原有功能，拓展适应新环境的新功能。

　　尽管人类社会已经进入信息社会，新媒体环境对图书馆产生了巨大影响，但是读者仍然是图书馆服务的主要对象，为读者服务依然是新媒体环境下图书馆的主要宗旨和工作目标。图书馆的读者服务工作是指图书馆利用馆藏资源和条件，通过组织研究藏书，研究读者心理，帮助读者利用馆藏资源，从馆藏资源中获取知识、信息，从而提升读者的认知水平，丰富与完善读者的知识体系，实现图书馆与文献信息存在价值的一系列活动。

　　由于笔者水平有限，本书难免存在不足之处，敬请广大学界同人与读者朋友批评指正。

目　录

第一章　图书馆读者服务的理论基础

第一节　图书馆服务理论

一、图书馆服务的内涵及特征

《中国大百科全书·图书馆学、情报学、档案学》对"图书馆服务"的描述是,"图书馆服务是图书馆利用馆藏和设施向读者提供文献和情报的一系列活动,有时也称图书馆读者工作"(中国大百科全书总委员会《本卷》委员会和中国大百科全书出版社,1993)。图书馆服务的延伸是"现代图书馆不仅通过阅览和外借的方法为读者提供印刷型书刊资料,而且提供缩微复制、参考咨询、编译报道、情报检索、情报服务、定题情报检索,以及宣传文献情报知识的专题讲座和展览等服务"。《新编图书馆学情报学辞典》对图书馆服务的界定是:"图书馆服务是为履行其职能,围绕文献与读者而开展的一系列工作,是图书馆活动的组成部分。特指组织读者利用图书馆资源的各种活动,包括读者服务、读者培训、读者研究及相关政策制度与组织管理等"。这些概念为我们指明了图书馆服务的活动类别。

(一)图书馆服务的内涵

在服务的内涵基础上,提出关于图书馆服务的内涵为:(1)图书馆服务是以图书馆用户为中心,以满足用户需求为目的的,服务的产生由需求开始,服务的存在是为了实现用户的需求。(2)图书馆服务提供者必须具有一定的能力,掌握一定的服务手段才能实现服务目标。服务提供者的能力既包括体力和智力上的能力,又包括服务的技能和所拥有的资源,服务提供者的服务手段包括必要的软硬件、操作流程、工具、服务设施和设备,这些主要以有形资源形式呈现。(3)服务的过程就是服务供需双方的接触过程，通过一系列服务活动来实现，其具有无形性的特征。（4）服务的结果是满足用户需求，通过服务过程实现服务结果，且这种结果通常也是无形的。

为了实现图书馆服务目标，图书馆服务必须包含的基本要素有：（1）图书馆用户，即服务需求者，他们产生和提出服务需求，既是服务流程的起点，又是服务流程的终点；（2）图书馆服务提供者，提供服务的个人或组织，以满足用户需求为服务宗旨；（3）图书馆服务能力，图书馆应具有提供服务所需的资源，并能够通过一定的流程或程序加以服务；（4）图书馆服务接触，是图书馆与用户之间为了实现服务需求的彼此交互过程，所以说图书馆服务具有服务的一切特征。

（二）图书馆服务的特征

1. 图书馆服务的无形性

与有形产品相比，无形性是服务的最大特点。服务是表现、行动或过程，所以无法在购买和使用前凭借感知器官来感觉、看到或触摸服务的特性并以此判断服务质量的优劣，只能在购买服务后，通过享受服务的过程进行感官上的认识和感觉。图书馆服务也具有这种无形性，通常图书馆用户在选择和使用服务前对于服务具有一定的盲目感，对图书馆服务的认可与否只能通过使用服务后再做出评价。无形性造成了图书馆服务的信息不对称，且不易向用户展示图书馆服务，也不易与用户进行沟通，用户无法通过直观的外在信息感知服务。虽然优质的图书馆服务会令用户感到愉悦，令人不满意的图书馆服务招致用户的抱怨和投诉，但对于本次服务而言，只是在事后才做出的评价。因此，为了增加用户对图书馆服务的认识，必须通过其他方式事先将图书馆服务的具体情况传递给客户，图书馆主动对服务做出标准规范便是一种有效的信息传递方式。

2. 图书馆服务的异质性

服务的提供是依靠服务提供者与用户接触而产生的，服务主体和服务对象都是人，每个人都具有自身个性，服务的品质既受到服务提供人员的素质差异的影响，又受到客户个性特色和个体需求的影响。不同素质的服务者会产生不同的服务效果，同样的服务者为不同要求的客户服务也会产生不同服务质量效果。服务的行为几乎不可能完全一样，服务的异质性因而产生。服务的这一特性要求图书馆重视服务规范，提高馆员自身素质，通过制定服务标准对服务的构成成分和服务质量做出统一认定，加强与图书馆用户对服务要求的沟通，全面实施服务标准，尽量保证服务的一致性，并赋予图书馆馆员适当权力处理用户的个性化要求，进而提高服务质量。

3. 图书馆服务中生产和消费的同时性

有形产品从原材料采购、生产加工、物流运输到分销销售，按照流程发生在不同的时间和地点，是异时的。而服务的产生过程就是客户使用的过程，服务的生产和消费使用同时发生，服务生产与服务消费同时产生，相互依存，不可分离。对于图书馆而言，服务的质量，用户对服务的满意与否都是在服务的过程中产生的，依靠的是服务的交互过程，这个过程包括了图书馆馆员之间、馆员与用户之间的行为。低质量的服务将导致无可挽回的后果。因此，提高图书馆服务质量不是临时的工作，而是要事先做好充足的准备，提升馆员服务素质，保障服务能力，统一服务要求，制定服务准则，才能在为图书馆用户提供服务的过程中将优质服务传递给他们。同时意味着图书馆服务要重视时间开销。由于服务是实时传递的，用户必须在现场接受服务，时间（包括搜索图书馆服务、等待图书馆服务、使用图书馆服务的时间）将全部被列入成本，因此，提高用户对图书馆服务质量的感知，必须通过规范的服务要求实现迅速服务，主动服务。

4. 图书馆服务的不可储存性

顾客在购买有形产品后可以自主选择使用的时机，可以不立即使用而通过合理的方式储存起来，待需要时再使用。图书馆服务的生产和消费是同时发生的，提供者提供服务的过程不可能储存起来待今后使用或转让给他人使用，服务生产过程的结束就代表其消费的完成。图书馆服务具有的同时性也造成服务消费的过程不可储存，因此，重视图书馆用户的服务体验，重视服务过程，重视每个服务环节是提高图书馆用户满意度的重要途径。通过图书馆服务标准的制定与实施，促进图书馆馆员重视每一次服务的提供，认真对待每一个服务环节，按要求保质保量地提供规范的服务。

5. 图书馆服务的用户参与性

对于有形产品来说，客户就是整个产品供应链的末端，意味着产品在最后才能到达客户，客户只能够购买产品和消费产品，并无法参与本次产品的生产过程。但对于图书馆服务而言，由于其生产与消费不可分割，同时发生，因而服务通常需要客户参与其中。因此，图书馆服务质量不仅受到馆员的影响，还受到来自用户的影响。图书馆用户如何参与服务，用户是否能熟练地参与服务过程都将对服务造成影响。这就要求图书馆对整个服务进行合理规划与设计，不仅对图书馆管理员提出要求，对图书馆用户也需要提出相应的要求，进行一定的指导。当然，用户在图书馆服务过程中是否能履行自己的职责往往受到服务提供过程环境的影响，如果服务环境的设计符合用户需要，就能够提高用户的感知服务质量和参与服务的程度。

6. 所有权的不可转让性

有形产品是一种物品，消费者付出一定的代价购买产品就获得实有的物品，产品的所有权从产品提供方转移到了客户。服务是一种行为或过程，在生产和消费的过程中并不涉及物品所有权的转移，服务在交易和消费完成后便消失了。例如，在图书馆享用阅读服务，并不意味着可以将图书馆图书占为己有。

图书馆服务所具有的特性来自服务本身，这些特性要求图书馆管理者和研究者应重视图书馆服务，加强图书馆服务规范的研究和应用，通过有形实在的图书馆服务标准向用户传递无形隐蔽的服务信息，促进图书馆服务双方的有效沟通，从而提高图书馆服务质量和用户对图书馆服务的满意程度。

二、图书馆服务的类型

依照不同的划分标准，服务可以有不同的分类，由此决定了图书馆服务的类型。按照服务工具的区别，服务可以分为以机器设备为基础的服务和以人为基础的服务。图书馆服务二者兼而有之，设施设备和图书馆馆员是开展图书馆服务的必要条件。结合服务活动的本质，服务可以划分为作用于人的服务、作用于物的服务，图书馆服务主要是作用于人，即图书馆读者的服务，即使对图书、文献进行加工处理也是为了满足读者对图书资料或信息的需求。按照服务组织与客户的联系状态可以分为连续性服务和非连续性服务，图书馆用户在需要时使用图书馆服务，因此属于非连续性服务。按照作用于服务组织的目的和所有制的区别可以划分为盈利性服务、非营利性服务、私人服务和公共服务。总体上，图书馆服务属于非营利性服务。按照服务提供的形式可以分为提供实物的服务、提供信息的服务以及提供知识的服务。图书馆向用户提供服务的形式可能是三者之一，也可能是三种的任意组合，如图书借阅主要是提供实物，导读服务则既要提供实物又要提供一定的信息，而学科咨询服务则以提供知识为主。

随着用户需求的改变和图书馆服务能力的提升，图书馆越来越多地向用户提供知识，所以知识服务已成为当今图书馆服务的一大趋势。图书馆服务类别也可以按照图书馆类型来划分，主要包括公共图书馆服务、高校图书馆服务、国家图书馆服务、学校图书馆服务、专业图书馆服务以及企业图书馆服务等。

当然，图书馆服务分类最常见的方式是根据图书馆提供的服务内容进行划分的，随着计算机技术、声像技术、通信技术等在图书馆的广泛应用，图书馆服务方式日益多样化，图书馆服务内容也不断增加。常见的图书馆服务内容有阅览、外借、缩微复制、参考咨询、编译报道、文献传递、情报检索、定题、专题讲座、展览、自助等。不同类别的图书馆，其服务内容也具有一定的侧重点。

三、图书馆服务的要素

（一）来自服务理论分析的要素

服务是多种多样的，服务的多样性是由服务要素的不同组合决定的。而服务要素是构成服务、使服务能够达成用户需求的各种要素，如服务设施、服务环境等。在前面分析图书馆服务内涵时，曾总结了图书馆服务实现的基本要素包括图书馆用户、图书馆服务提供者、图书馆服务能力、图书馆服务接触。然而除了这些基本要素之外，为了构建图书馆服务标准体系，还要从服务理论中发掘更多的相关要素。

服务理论认为，服务要素除了基本要素还应包括服务环境、合同、支付、交付、设备、预防性措施和沟通。而决定服务是否能够达成最重要的因素当属服务能力。服务能力是指服务满足顾客和相关方明确和隐含要求的一组固有特性的能力。服务能力包含服务提供能力。决定服务能力的服务特性是指根据该项服务所需实现或具有的功能及其相关要求，如图书馆提供的文献传递服务具有及时性就能体现图书馆服务能力。服务特性应在服务提供前进行确定。服务特性具有以下显著特点：服务结果取决于服务提供的员工质量和管理；服务过程直接面对客户；服务有若干不同的特性，互相制约，相互影响，如图书馆向用户提供信息的及时性和全面性是互相制约的。作为服务能力的特性，所有的服务特性应该是能评价的，评价的依据有两个，即客户的需求和组织的规定及标准。服务特性的评价就是将服务提供过程、结果与服务组织有关的规定、标准和顾客的需求进行比较。服务提供者的服务能力必须保持相对的恒定性，在服务要求文件中可能指定的服务特性实例包括：（1）设施的数量、能力的高低、人员的数目和材料的数量；（2）等待时间、提供时间和过程时间；（3）卫生、安全性、可靠性和保密性；（4）应答能力、方便程度、礼貌、舒适、环境美化、胜任程度、可信性、准确性、完整性、技艺水平、信用和有效的沟通联络。服务提供的规范需要做出具体的规定。从服务本身的作用机制来看，服务是由服务提供者为满足客户而提供的内容，是由一系列动作环节组成的过程，服务的生产和消费是同时进行的，用户感知服务质量往往也是发生在同时进行的生产和消费的交换作用和交互过程之中。因此，服务交互是服务中的重要问题之一。美国研究者最早提出服务中的交互问题，将其称为服务接触，意思是"顾客与服务提供者之间的动态交互过程"，不过，他们认为"服务接触是服务双方的角色表演，顾客和员工各自承担自己的角色"，服务接触局限于顾客和员工之间的人际接触，因此他们所提出的服务交互是比较狭义的。基于服务接触概念，林恩·肖斯塔克提出服务交互概念：既包括服务人员与顾客的交互，又包括顾客与设备和其他有形物的交互。同时顾客之间也存在交互，而且这种交互还会直接影响顾客对服务过程的评价，直接影响顾客感知的服务质量。另外，实践应用中服务要素中的服务交互也常被称为服务提供，不过，服务交互更强调双方作用机制，突出服务双方的参与。相比之下，服务提供强调单方面作用机制，主要突出提供方的服务能力。服务交互是一个抽象概念，图书馆服务交互是指在图书馆服务过程中的服务接触面，包括馆员与用户的接触面、用户与图书馆物品（包括实体和电子的资源、设施设备等）的接触面、用户与用户之间的接触面。对图书馆服务交互的要求可以转化为对馆员的服务意识和服务技能的要求，对用户运用服务的意识以及与馆员和其他用户协作的能力的要求。

另外，有研究者认为服务实质上体现的是客户需求的价值，因此，将服务包含的要素统称为服务包。服务包是指服务产品是各种有形服务和无形服务的一个集合或者组合，非常形象地道出服务产品就如同一个包裹，涵盖了各种服务，也被称为顾客的价值包。当服务提供者为用户提供服务时，并不仅仅指该服务本身，还包括为了完成服务而具有的各方面特性。因此，服务包的组成要素通常包括：（1）支持性设施，是服务时必需的物质资源，即服务设施，主要包括建筑、空间、环境、基本设备等，如图书馆的阅览室、阅览座椅、书库和照明灯等；（2）辅助物品，是指客户为了享用服务而购买和消费的物质产品，或顾客自备的物品，如图书馆的纸笔、查新报告等；

（3）显性服务，是指可以感官察觉的、为客户提供的基本或具有本质特性的服务利益，是服务包的核心要素，如用户在图书馆借到了想看的书，通过图书馆数据库查到了想要的论文；（4）隐性服务，是指客户在服务中体验到的精神状态，是服务的本质特性，如用户在图书馆阅览图书时感受到图书馆安静的氛围，借书时感受到馆员友好的服务态度。以上四类要素便构成了图书馆服务，其中，显性服务是客户真正需要的内容，其余三者起到辅助作用。服务包的每一方面都会影响用户对服务的感受和体验，从而影响用户对服务做出的评价。

（二）来自图书馆服务研究的要素

为了进一步挖掘图书馆服务的要素，本书将从图书馆服务研究的文献中提取服务要素并采用文献计量法，从中外数据库有关图书馆服务的论文中提取图书馆服务要素，主要运用引文网络分析法和共现聚类分析法。

一是引文网络分析法。每一个研究领域都是不断地由知识积累和知识扩散形成的，具体表现为科学文献间的引用，通过对引文网络的分析，可以追溯领域发展的历史，追踪学科的热点和研究方向以及评价科学的发展趋势。普赖斯是最早应用引文网络关系来探测领域知识结构和变化的。后来，哈蒙和多莱尔提出识别出引文网络中具有最大连通度的系列文献称为主路径。主路径是承载领域知识扩散的核心通路。基于主路径分析的核心通路，便可以主路径为种子文献，对引文网络基于弧线值聚类，利用弧线值的相似性将相关文献聚集成小群体，即主题岛，进而可以通过对主题岛的主题分析得到领域发展过程中的主要研究范畴。

二是共现聚类分析法。即相同特征项共同出现在多篇论文中的现象称为共现，如多篇论文共同出现的关键词、共同出现的合作者、共同出现的合作机构等。对共同出现的特征项进行分析从而反映论文之间的关联则称为共现聚类分析。共现聚类分析法中最常见的是共词分析，又以关键词共现聚类使用最广泛。

不过，需要说明的是，由于软件工具的限制，目前还只能对外文数据库检索的引文数据开展引文网络分析。因此，本书将对外文数据库通过引文网络分析和关键词共现聚类提取服务要素；对中文数据库则以关键词共现聚类提取服务要素为主。

四、图书馆用户满意及服务质量理论

与图书馆服务关系最密切的当属用户，图书馆服务的产生、存在及不断发展，皆源于用户的信息需求及满足。因此，以用户需求为图书馆服务的起点，以用户需求满足为图书馆服务的目标是图书馆服务的最基本导向，而提供高质量的服务是图书馆服务标准的最基本准绳。

用户满意概念来自营销学的顾客满意，ISO9000：2000 标准对顾客满意的界定是"顾客对其要求已被满足程度的感受"。图书馆用户满意是指用户对其要求得到图书馆满足程度的感受。对满意的测度就产生了图书馆用户满意度，是指用户对图书馆提供服务的满意程度，是用户在接受图书馆一次或多次服务经历的内心感受和主观评价，提供用户接受服务的可感知效果与其期望值比较进行测定。在对图书馆用户满意度的调查研究中，研究者分别分析了影响因素或构建了测度的指标体系，这些指标体系或因素指出了图书馆服务通过哪些方面的努力能提高用户满意度，进而提取符合用户期望的图书馆服务标准要素。

科里奇和哈西德考察了高校图书馆后提出，环境是影响高校图书馆用户满意度的重要指标，具体影响因素包括隐私、个人空间和拥挤程度。另有研究认为服务质量和用户满意度是相互影响的，其影响用户满意度的五大因素为：图书馆工作人员愿意帮助用户，在线查询响应，图书馆工作人员积极并及时提供服务，图书馆建筑和标识是清晰的，图书馆工作人员是友好和礼貌的；初景利提出影响用户满意度的因素主要有资源状况，即资源是否丰富，资源是否容易被获取；馆员状况，即图书馆馆员的知识水平、服务水平、工作效率和工作态度；环境状况，即环境整洁、美观、舒适；用户自身状况，即对利用图书馆的认识、利用文献资源技能的掌握程度。王向锋和杨玖波认为影响高校图书馆用户满意度的主要因素可以总结为 4P，即服务提供者（Provider，包括人员、设备、图书、数据库）、服务过程（Process，包括服务态度，服务的及时性、经济性和先进性，服务项目的多少，个性化服务）、服务接受者（Patron，包括用户特征和获取信息的能力）及服务场所（Place，如馆内的布置、摆设与空间的大小，环境舒适、优美、整洁、安静）。鞠建伟和梁花侠从工作人员、文献资源、服务方式、环境、设备、服务结果六方面总结了用户满意的服务要求指标，其指标体系中考察的主要是工作人员的可信、可靠以及亲和性，与其他研究者的观点有所不同。高雯雯等人主要从服务（服务效率、服务方式、服务时间、服务态度）、文献、设备、环境提出了读者满意的指标体系。为了实现用户满意，研究者们提出的用户满意度指标体系都共同强调了图书馆环境、图书馆设备、图书馆资源、图书馆人员。任红娟和赵伯兴提出的指标还包括信息系统、人员的服务能力、用户的期望、用户的需求等。

图书馆服务质量模型的研究来源于质量管理领域。而最具代表性的服务质量模型SERVQUAL 是 20 世纪 80 年代末依据全面质量理论提出的、由顾客填写的服务质量评价体系（调查问卷）。该体系由 22 个陈述项构成，根据服务质量差距模型，每个陈述项又分别从特定角度，同时测度顾客对服务的最低期望水平、理想期望水平和感知到的水平。服务质量取决于用户所感知到的服务水平与用户所期望的服务水平之间的差别程度，因此 SERVQUAL 也被称为期望—感知模型。这 22 项陈述分别体现在五方面的质量指标：可靠性、响应性、保证性、移情性和有形性。

自 20 世纪 90 年代后，服务质量模型在图书馆服务领域得到了广泛的应用，在 SERVQUAL 体系基础上开发出专门用于评价图书馆服务质量的 LibQUAL+TM。LibQUAL+TM 衡量的是图书馆服务质量水平。ARL 和得克萨斯 A&M 大学进行合作，以 SERVQUAL 为基础，采用了 SERVQUAL 的工作原理和评价方法，通过反复进行读者调查并将新发现的质量方面问题融入 SERVQUAL，对其进行不断的修订，提出了 LibQUAL+TM，现已成为图书馆界常用的工具。从 2000 年开始，ARL 利用 LibQUAL+TM 对 12 所大学图书馆进行服务质量测试，取得了比较理想的结果，同时体现出其中存在的一些问题。因此，在实践应用中 ARL 对其进行多轮实验、修正，以使 LibQUAL+TM 更加突出对图书馆的适用性，覆盖图书馆服务的各个领域。

杨志刚等人认为图书馆服务质量可以从图书馆和用户两个角度来衡量。前者通过图书馆标准，也就是图书馆内部的各项规章制度来体现，能够被感知和具体执行，被称为显性标准（或客观标准）。后者指图书馆用户对服务的期望水平，不易体察，不可预知，称为隐性标准，也叫主观标准。二者之间存在正差距、零差距和负差距，可以通过事前与事后两种方式相互转化，图书馆服务工作的重点就是对隐性标准的识别与外化，使服务最大可能接近用户的期望。他们通过研究证明用户体验的图书馆服务质量可以转变为实现确定的图书馆标准。

根据转化模型，Kano 模型可以实现隐性标准的事先识别和外化，通过 LibQUAL 模型实现隐性标准的事后识别和外化。杨志刚等人还阐述了如何更好地改进两种模型的问卷以及更好地收集调查数据，进而更好地将隐性质量标准转化为显性质量标准。根据 Kano 模型设计的 Kano 问卷包括 23 个问题。问项"1.图书馆馆员接待热情友善""2.图书馆馆员仪表整洁，行为举止文明得体""3.图书馆馆员能够正确理解您的需求，并提供可信答复"体现的是对馆员的态度和职业素养等方面的要求。问项"15.图书馆环境舒适、整洁、安静，充满文化氛围""16.馆内设置各种指引标识""18.馆内提供必要的设备（网络环境、计算机、打印机等）""20.馆内温度（空调和暖气）、饮水、卫生间、通风、安全等方面条件适宜"表现了对图书馆环境方面的要求。问项"19.允许您远程（在办公室、家中或宿舍）获取馆内的电子资源""11.图书馆网站对其他资源（如课件、试用数据库、免费网络资源、娱乐资源等）进行整合与管理"体现了图书馆服务方式的要求。问项"5.图书馆帮助您及时获取最新电子资源信息""6.图书馆满足您在交叉学科学习和研究方面的需求""8.图书／期刊（包括电子版）收藏齐全，能够满足您的需求""9.光盘可以借阅""10.图书馆网站对网络学术资源整合，提供统一检索平台"反映了对图书馆资源方面的需求。问项"7.图书馆及时回复您对图书馆工作提出的批评和建议，并及时改进工作""4.图书馆开设利用图书馆和文献检索方面的各种培训讲座或课程""17.馆内提供联合目录检索""12.开展参考咨询服务（包括实地、邮件、网上即时咨询）""13.开展馆际互借和文献传递服务""14.提供科技查新服务""21.适当延长开馆时间""22.馆内设置自习室""23.馆内设置供团队学习、研究用的单独空间"反映了对图书馆服务内容的要求。

归根结底，图书馆的服务质量和用户对图书馆的满意程度都是来源于图书馆服务的。无论图书馆是否对服务有明确的规范制度，图书馆服务都是根据一定的服务要求来开展的，以达到一定的服务质量。因此，从这个意义上，可以根据已经较为成熟的图书馆用户满意和服务质量体系来反推出图书馆服务标准，从它们的因素来反推出图书馆服务标准的具体要素。本书结合上述对用户满意和服务质量的研究分析，归纳出图书馆服务应关注的规范要求包括服务设施设备标准、服务资质标准、员工、职业素养、服务能力、服务态度、服务沟通、个性服务关注和服务补救，主要反映出服务提供过程的要求和规范。

五、高校图书馆服务的作用

（一）支撑教学

教书育人是高等学校的首要任务，是社会衡量高校办学质量的重要指标。高等学校通过教学培养高层次人才，对提高社会文化素养具有重要作用。因此，支撑教学是高校图书馆的主要功能之一。一般而言，高校图书馆可以为教学提供教学的场所，提供教学资源，如教材、参考资料等。在现代信息技术的支持下，高校图书馆提供的教学服务更丰富、全面和及时。除了数字化的文献资源，教学相关的音视频材料都可通过图书馆提供给师生，从而更好地支撑教学全过程。

（二）支撑科学研究

除了教学，高等学校的另一主要任务就是开展科学研究，高校图书馆应支持所在高校各个学科的科学研究。科学研究的起点有赖于及时准确的信息，高校图书馆通过搜集科技动态信息、国家战略规划、学科前沿、市场需求信息等为科学研究提供论证依据。图书馆还拥有支持科研全过程的丰富的信息资源和多种形式的信息服务。图书馆不断扩展学术信息交流空间，组织学术探讨和咨询，为科学研究提供必备的条件。

（三）支撑学习

学生是高校的主体，支撑学生学习是高校图书馆的职责所在。高校图书馆通过图书馆实体为学生提供学习场所和学习氛围，通过图书馆丰富的文献信息为学生提供学习资源，通过图书馆服务为学生提供学习辅助。学生是未来社会的主体，高校图书馆为学生提供的学习服务将对其未来的人生产生潜移默化的影响。培养学生利用图书馆的学习习惯和学习方式，可以促进他们进行终身学习，提高社会成员的文化素质。

（四）支撑文化传播

高校图书馆除了服务本校师生外，为社会服务也是高校图书馆的义务，在高校图书馆为社会服务的范畴中，文化服务是其主要功能。《普通高等学校图书馆规程（修订）》中指出有条件的高等学校图书馆应尽可能向社会读者和社区读者开放。高校图书馆通过其所在地的社区向社区居民进行宣传，动员他们使用图书馆的资源，举办讲座、展览等，向他们传播文化。高校图书馆还应与当地的政府、企事业单位联合发挥文化服务功能。例如，向它们捐赠图书、软件、设备，建立地方文献库和专题库，为企事业单位提供定制信息服务以及提供智力和人力支持，将高校图书馆的文化资源传送到更多公众手中。

高校图书馆服务应发挥的作用是高校图书馆组织信息资源和提供服务的根据，依据高校图书馆服务作用制定的服务标准能准确地反映用户需求和图书馆目标，不仅能成为判定资源和服务合格与否的依据，还能够促使高校图书馆重视服务、改善服务和提高服务质量。高校图书馆采取规范统一的服务制度、服务技术和服务程序，合理使用图书馆人力、物力、财力资源，部分服务效率通过指标可以进行量化，使图书馆服务功能达到最佳，从而在既定投入的情况下提高工作效率，保障图书馆的服务达到最佳的秩序和质量。

第二节 图书馆标准化理论

一、图书馆标准的内涵

我国对图书馆标准的认识源于 20 世纪对图书馆工作规范化、现代化的认识，认为图书馆标准化是指对图书馆行业的发展、图书馆业务技术方法，以及设备用品等实行统一的规范。它是图书馆行业现代化的前提，主要包括图书馆行业标准化、文献分类标准化、文献著录标准化、名词术语标准化、情报检索语言标准化、机读目录款式与结构标准化、缩微制品标准化以及各种设备用品标准化等。我国于 1979 年 11 月 7 日成立了全国文献工作标准化技术委员会，专门从事图书、情报和档案等方面的标准化工作，并相继制定了有关标准。1990 年，《中国百科大辞典》对图书馆标准化做出了正式的定义，图书馆标准化是指主要对图书馆业务技术方法，以及设备用品等实行统一的原则或规范。其内容包括文献分类的标准化、文献著录标准化、名词术语标准化、情报检索语言标准化、机读目录款式与结构的标准化、缩微复制品的标准化等，都将是实现图书馆现代化的要求。研究者也认为图书馆的标准化管理体系一般由工作标准和管理标准两部分组成，其中最主要的是文献工作的标准化，文献工作标准化的范围是情报工作、图书管理业务和有关信息服务，同时包括应用于文献工作的信息系统和互换网络系统的标准化，包含以下两类标准：其一是基础标准，包括文献工作名词术语标准、文献工作代号代码标准、文献工作缩写标准等；其二是用于图书资源检索和报道用的服务性标准，由检索刊物标准、出版物格式标准、代号代码类标准、缩微、摄影技术标准、机读形式文献目录以及记录交换格式标准等组成。在加强高校图书馆标准体系方面，滕德斌认为图书馆馆员要做好文献、信息服务工作，不仅要熟悉本行业的国际、国家标准，还要熟悉图书馆内标准。其中馆内标准化工作的措施主要包括以下两点：一是开展图书馆的标准化管理工作的宣传教育，不断提高图书馆工作人员的标准化工作意识；二是不断建立、健全、完善标准化管理各项规章制度和标准，而且要在工作中以这些规范和标准作为行动的准则，以便为读者提供优质服务，这一观点无疑是正确的，但其在这里将服务划归到文献工作标准化，认为服务标准属于文献工作标准仅是反映了 20 世纪图书馆活动的情况，即当时的图书馆活动主要以文献工作为主，服务性能还不突出。

由此可以看出以前的研究成果只能反映出在当时条件下人们对图书馆标准的认识，集中在图书馆业务工作方面，都没有涉及图书馆服务的标准规范，在今天看来，已经难以反映图书馆标准的全部内涵。

根据前面内容对标准的概念界定，本书对图书馆标准做出如下定义：图书馆标准就是为了在图书馆工作的范围内获得最佳秩序，经协商一致制定并由公认机构批准，共同使用的和重复使用的一种图书馆规范性文件。图书馆标准的内涵包括：（1）获得图书馆活动的最佳秩序，促进图书馆和读者的最佳共同效益是制定标准的根本出发点和最终目标；（2）图书馆标准是经公认的权威机构批准，在一定范围内规范图书馆活动；（3）图书馆标准已经从业务领域延伸到图书馆全部活动中；（4）图书馆标准是对同一事件重复且多次出现的性质进行规范，目的是总结以往的经验，最终选择最佳方案，作为今后图书馆实践的目标和依据，如图书的分类标准就是在一定范围内通用的反复出现的事物；（5）制定图书馆标准要将理论研究成果、新的科学技术与实践经验相结合，经过分析、筛选、对比、综合而形成。图书馆标准是对图书馆工作的科学、技术和经验进行理解、提炼和综合概括而形成的。

二、图书馆标准的类型

从不同目的和角度可以对标准进行不同分类，常见的分类标准包括按标准的约束力大小、不同制定主体、不同形态等。

人们制定标准的目的强制性不同，标准具有不同约束力，强制性标准主要目的是保障人体健康和人身、财产安全，对这方面的要求必须由国家法制强制执行。在我国，冠以 GB 标准代号的都是强制性标准。与强制性标准相对的是推荐性国家标准，其标准代号为 GB/T。推荐性标准不强制执行，而是自愿执行，但具有指导性。图书馆标准都是属于推荐标准。图书馆行业协会通常会积极提倡采用推荐标准，由各个图书馆自主决定是否采用该标准。高校图书馆采用图书馆工作推荐性标准的积极主动性主要是来自用户对图书馆的需求，也来自图书馆发展的需要，此外，图书馆界的标准通常和评估结合在一起，在有国家标准或行业标准的情况下，图书馆通常都会采用标准，根据标准调整自身的建设。

制定标准的主体不同，标准覆盖的范围也就不同，按标准制定的主体，标准分为国际标准、区域标准、国家标准、行业标准、地方标准和企业标准。知晓度最高的国际标准为 ISO 标准，图书馆工作最常参考的国际标准也是 ISO 标准。国家标准是指由国家标准机构通过并公开发布的标准，国家标准机构按专业对标准划分具体种类，在我国，图书馆标准属于文化行业标准，标准代号 WH。覆盖范围最小的标准是企业标准，也是最随机灵活的标准，高校图书馆也可以自行研究并制定自己的"企业级标准"。

除此之外，标准还可以划分为标准和标准文件。前者代表标准所要约定规范对象的内容实质，后者是根据标准内容按照特定的编写原则和体例格式所撰写的标准文件，便于人们阅读和使用。然而，最符合图书馆实际情况的标准分类是根据图书馆活动类型划分的。图书馆活动包括管理活动、业务活动和服务活动。图书馆服务标准对应地分为图书馆管理标准、图书馆技术标准以及图书馆服务标准。不过，从图书馆的实际情况及图书馆标准的研究现状来看，大部分标准都是针对业务活动的技术标准，如文献分类标准、文献著录标准、都柏林核心元数据集、Z39.50 标准以及 MARK 标准等，对图书馆服务进行的规范屈指可数，不能不说是图书馆标准的一大漏洞。

在图书馆领域，较为早期的标准几乎集中在技术标准的文献工作标准化方面。文献工作标准是在第二次世界大战前后首先在欧洲兴起的，1947 年国际标准化组织（ISO）成立。其中组建的第 46 技术委员会（ISO/TC46），即文献工作标准化专门委员会，使文献工作标准化理论研究有了专门的组织保障。在我国，于 1979 年成立了我国图书馆工作相关的第一个国家标准化组织——全国文献工作标准化技术委员会（简称文标会，现改名为中国情报文献工作标准化技术委员会）。文标会负责制定、修订、管理和推广有关文献工作方面的国际标准，各级各类图书馆广泛地采纳了文标会制定的文献工作相关标准。但文献工作标准化仅仅是图书馆标准化工作中的一部分，其目标是为图书馆服务提供基本的保障。此后，包括中国图书馆学会制定的《公共图书馆建设用地指标》，以及由国家文化和旅游部主编、住房和城乡建设部与国家发展和改革委员会批准发布的《公共图书馆建设标准》等相关标准，都还是针对图书馆服务的基本条件而制定的。随着我国图书馆基础条件和服务设施体系的日趋完善，图书馆服务的标准化才开始提上议程。2008年12月9日在国家标准化管理委员会和文化和旅游部领导下，成立了我国图书馆行业真正意义上的国家标准化组织——全国图书馆标准化技术委员会（简称图标委）。国家图书馆原馆长詹福瑞在图标委成立暨工作会议上提出，标准规范是衡量一个行业成熟程度的重要标志，图标委将全面开展图书馆管理、服务工作，图书馆古籍善本的收藏、定级、维修、保护，图书馆环境等领域标准化工作，提高我国图书馆行业的现代化、规范化程度，对图书馆服务规范进行研究标志着我国图书馆行业的标准化工作进入了一个新的发展阶段。

三、图书馆标准的生命周期

著名标准化专家桑德斯提出的标准化理论认为，标准化活动过程可以概括为制定—实施—修订—再实施标准。标准的生命周期是制定标准、实施标准以及修订标准的循环过程。开展标准活动的起点和基础是制定标准，否则标准活动就缺乏规范的依据，将无法开展标准活动；实施标准是实现标准作用，体现标准意义的活动，是整个标准活动的中间环节；在实施过程中，对标准的实施情况进行监督和反馈，收集标准实施的建议和意见，通过监督反馈并客观评价标准的水平；依据实施反馈意见对标准进行修订完善是标准活动的重要过程，促进标准体系不断完善，推动标准活动持续进行。因此，制定标准、实施标准、修订标准的过程不断往复，形成标准活动发展的螺旋式模型，反映出标准不断改进不断完善的生命进程。图书馆标准也具有同样的生命周期。

推动图书馆标准化进程的动力来自图书馆生存环境的不断变化、图书馆行业的不断发展以及图书馆用户需求的变化。

第三节 图书馆服务标准的理论框架

一、图书馆服务标准理论框架的架构

根据上述几节理论分析的结果，本书认为在服务标准理论、图书馆服务理论、图书馆标准化理论基础的共同构建下，才能建立起图书馆服务标准的理论框架。

根据图书馆服务标准理论框架，本书认为图书馆服务标准就是针对图书馆服务工作应达到的要求而制定的标准。图书馆服务标准是以星级服务为目标，为用户提供高品质的规范化服务，实现服务效率最大化，服务管理最优化，服务效益最大化以及服务实现五星级水平。图书馆服务标准体系就是为了获得图书馆服务的最佳秩序，它是由若干相互联系、相互作用、具有特定功能的标准共同组成的有机整体。图书馆服务标准活动的目的是在标准体系的指导下，运用标准原则和方法，制定图书馆服务标准及实施图书馆服务标准，实现服务质量目标，严格服务方法，规范服务过程，从而获得优质服务。这一理论框架成为支撑高校图书馆服务标准研究的基础。

二、图书馆服务标准理论的功能

标准是对实践经验的科学总结，标准的运用使重复出现的需求简单化。"获得最佳次序，取得最佳效益"集中概括了标准的作用和制定标准的目的，指出了图书馆工作者的努力方向，同时成为评价图书馆服务标准的重要依据。图书馆服务的最佳次序是通过实施服务标准，使服务的有序化程度提高，从而发挥出图书馆服务的最好效应。通过上述对图书馆服务标准理论的阐述，可以总结图书馆服务标准的功能具有以下特点。

首先，根据图书馆服务标准，图书馆采用标准统一的服务制度、规范的服务技术和服务程序，合理使用图书馆人力、物力和财力资源，这样可以排除随意性、人为干扰等因素。因此，图书馆服务标准是规范图书馆服务的重要途径。

其次，根据图书馆服务标准，图书馆能以相同的服务流程、服务手段提供同等水准的服务，满足读者的要求，使读者享用同样的服务。因此，图书馆服务标准是保护图书馆用户权益的重要保障。

再次，图书馆服务标准是图书馆组织资源和服务的根据，通过服务标准的应用，杜绝出现图书馆服务工作的无序状态和重复现象，提高服务效率，提升服务质量。可见，图书馆服务标准是提高图书馆服务质量的重要措施。

最后，图书馆服务标准是统一规范要求，有助于服务信息的传播、交流和共享，能促进新的服务、流程之间的相互操作和推广应用。因此，图书馆服务标准是实现图书馆服务现代化的重要手段。正是因为图书馆服务标准具有这些功能，所以研究和实施图书馆服务标准是极有必要的。

图书馆服务标准必须具有上述功能，以支持图书馆服务的规范化。

三、图书馆服务标准理论的原理

任何标准的形成都是在实践过程中对实践活动逐渐摸索和探讨而形成的，标准形成后，又应用于实践，不断地修正标准。标准活动的整个过程就是理论结合实践，二者不断协调并相互促进的过程。依据标准规范，图书馆开展服务的过程，就是不断完善服务标准，不断提高服务实践的双向协同过程。研究者对标准活动的基本规律做出了探索和研究，形成有影响力的成果。例如，英国标准化专家桑德斯提出的七项原理，日本政法大学教授松浦四郎提出的十九条原则以及我国李春田教授提出的四项原理等。在这些原理的基础上，结合图书馆服务的特点，作者认为图书馆服务标准有其自身规律性，图书馆服务标准的原理主要包括以下四个部分。

（一）用户中心原理

研究、制定及应用服务标准的最终目的是满足用户的期望。在服务业领域，把依据顾客要求制定服务标准的原则称为顾客导向的服务标准或顾客界定的服务标准。若服务标准的制定是从图书馆的利益出发，首先满足的是图书馆自身要求，只有当图书馆要求与用户要求完全一致，即图书馆导向的服务标准符合用户要求时，用户才会认为此服务是高质量的服务。但在现实情况中，图书馆利益目标与用户要求完全一致的情况是极少的。因此，若从图书馆角度制定服务标准，不一定能满足用户的要求。只有以用户为中心，从用户角度考察图书馆服务，进而从用户的期望或要求出发研究并制定服务标准，才能更好地满足用户的要求。

（二）标准化与个性化兼容并存原理

标准化和个性化看似矛盾的两个问题，但是在实践中，僵化的标准导致服务缺乏灵活应变，完全的个性化也可能导致服务混乱。因此，图书馆服务的标准化有助于为用户共同期望提供等同服务，提升服务效率，保证服务质量。图书馆服务的个性化有助于更好地满足用户信息需求，提高服务质量。在标准统一的规范要求下，避免了馆员随意凭借自身的喜好、心情、关系等提供服务。在个性化的主导下，有助于馆员发挥主观能动性，及时发现用户个性需求，与用户积极沟通，有效地帮助用户解决问题。因此，服务的标准化和个性化都是紧紧围绕"以用户为中心"的理念，图书馆服务标准应该是以用户为中心，满足用户一切需求的（包括个性需求）的标准。这意味着服务标准对图书馆馆员将提出更高的要求，这种要求来自在掌握规范化服务技能的基础上，拥有更丰富的经验和技术、更好的交流沟通能力以及更多的情感投入。因此，标准化和个性化在面向满足用户需求的基础上，获得了高度统一，是兼容并存的。要避免简单而片面地理解标准化和个性化，要将它们有机融合，制定和实施满足用户一切需求的服务标准，并在实践中不断完善。

（三）系统协调原理

服务标准所指并非一个或某个标准要求，而是指整个服务标准系统。服务标准效应的衡量也不是从单个标准的效应得到，而是从相互协同的整个服务标准体系的效应获得。系统协调原理的思想是贯穿于图书馆标准活动开展的全过程的。根据系统协调原理，图书馆工作人员应树立系统意识、全局观念，从服务标准目标的确定、服务标准体系规划、服务标准工作计划、服务标准实施的方案选择，到服务标准实施过程中依据实施情况进行的协调、控制等都必须运用这一原理。根据系统协调的原理，图书馆服务标准体系的内容组成只有彼此兼顾、形成优化的系统结构，才能在实践应用中产生良好的效果。根据系统协调的原理，图书馆开展服务标准活动不仅仅是一项图书馆内部活动，更是一项社会活动，促进图书馆内、外因素的相互协作，共同推动服务标准活动的实现。

（四）有序发展原理

标准效应的发挥要求标准具有一定的稳定性，但这并不表示标准就是固定不变的。标准系统的稳定是相对的、非绝对的，在一定时间范围和空间范围内发挥其效应。标准系统不发展就会被时代发展和社会所淘汰，所以对图书馆服务标准系统要持续进行监控，不断总结其实施情况，评判标准是否与环境相一致、相适应。及时淘汰其中落后的、低功能的、无用的要素，及时补充新的符合社会发展、用户需求和图书馆服务要求的标准要素，只有这样才能不断使系统从较低的有序状态向较高的有序状态发展，不断保持标准应有的功能。有序发展原理为图书馆服务标准发展、进化机制提供了理论依据。在图书馆服务标准活动过程中，既要积极促进现有服务标准的应用，发挥其应有的作用，又要对当前服务标准进行控制和调整，使其与环境发展协调一致，实现标准的可持续发展，保持标准的先进性。

这些原理能够指引每种类型图书馆理性地考虑其图书馆服务的规范化需求、科学地制定服务标准、有序地执行服务标准，以及不断修订和完善服务标准。

图书馆业务工作体系，一般可以分为藏书工作体系和读者服务工作体系两方面。藏书工作体系主要包括文献收集、整理和收藏、保管等基础性工作；读者服务工作体系主要包括文献流通、参考咨询、文献检索、信息服务和宣传导读；读者组织、读者研究等方面的研究性、服务性工作。从图书馆工作的全局看，藏书工作和读者服务工作是相互联系、互为条件、彼此促进、相辅相成的关系。随着图书馆事业的不断发展、文献载体的多样化及图书馆的数字化，图书馆的全部工作已开始转向以读者工作为重心、全面围绕读者的合理需求组织图书馆工作的发展阶段。

图书馆读者服务工作是指图书馆利用其文献信息及其他条件，通过组织研究藏书、研究读者和研究服务，帮助读者利用馆藏文献并从中获得知识、掌握信息，从而实现图书馆工作社会价值的一种专业工作活动。图书馆读者服务工作的宗旨和中心是为用户提供最好的服务。而为读者服务的最基本原则：服务方式快速、有效；服务态度友好、专业；服务内容可靠、持续；所有的服务要求都要给予响应；服务面向所有人。图书馆读者服务工作是图书馆工作的外在表现形式，是图书馆社会价值和最终目标的体现，也是图书馆最具活力的工作。从图书馆工作的出发点和归宿分析，图书馆读者服务工作的所有活动都是围绕读者进行的，都是为读者服务的。

现代图书馆是一个为社会大众提供文献信息服务的公益性机构，广大读者是图书馆的生存基础。长期以来，图书馆在社会公众心目中的形象总是高高在上，只有知识分子才会利用图书馆，普通民众与图书馆之间的距离显得十分遥远。图书馆也往往自认为是一个文化机构，而忽视了图书馆同时是一个服务机构，肩负着为最广大的人民群众提供基础服务的任务。图书馆事业要发展，就必须牢固地树立起服务是灵魂，服务是核心，服务是基础，服务是一切工作的出发点的价值观和理念，并依据这一价值观和理念来调整完善并创新我们的管理体制和服务方式。

第四节　读者服务工作的内容与方法

图书馆是一座知识宝殿，它收藏着古今中外多种学科、多种语言、多种载体的文献。为了使读者更好地了解图书馆的服务工作体系和内容，特做如下介绍。

一、文献借阅服务

借阅服务是图书馆的主要服务内容，是图书馆工作的前哨，借阅服务质量的高低直接反映了图书馆的工作水平。

（一）外借服务

外借服务是指图书馆将部分文献让读者借出馆外，满足他们在馆外阅读的一种服务方式。读者根据自己的需要挑选文献，借到的文献应妥善保管并充分利用，在规定的期限内归还，而后才可以借阅另外一些书刊。外借服务是图书馆的一项基本服务内容，也是图书馆最经常、最大量的服务工作，它是读者利用图书馆中各种文献的主要渠道，也是文献传播的主要窗口。

（二）文献阅览服务

阅览服务是图书馆的一项重要的服务内容，是图书馆工作前哨之一，是读者利用书刊资料进行学习和科学研究的重要形式。大力开展阅览服务，可以提高馆藏文献利用率；同时在阅览室中，读者还可以得到工作人员的辅导或其他形式的帮助。同其他服务相比，阅览室具有服务读者的如下特定功能。

1. 环境良好

阅览室有适宜读者学习、研究的良好条件：宽敞的空间、舒适的桌椅、精良的设置、明亮的光线、整洁的环境、安静的气氛。因此，在众多可供选择的学习场所中，阅览室最受读者欢迎。

2. 文献丰富

阅览室配备有种类齐全、内容丰富新颖、使用价值较高的各种书刊资料，包括不外借的文献资料，如期刊、报纸、工具书、二次文献、特种文献等，这些文献都优先提供阅览室，供读者阅读参考。

3. 方便使用

读者可以直接利用阅览室内大量的书刊文献，按专业、课题需要，自由选择特定知识信息阅读参考。读者除利用书刊外，还可利用馆内特殊设备，如计算机设备、显微设备、视听设备、复制设备等，阅读电子期刊、缩微文献，及复制所需的知识信息。因此，无论对自学读者、研究读者、咨询读者，图书馆都可提供极为方便的阅读参考条件。

4. 精心辅导

读者在阅览室阅读学习的时间多、周期长，有的读者甚至长期连续利用阅览室学习研究，馆员接触读者的机会多，便于系统观察了解读者的阅读需要、阅读倾向、阅读效果，便于有针对性地进行推荐文献、指导阅读、参考咨询等服务。

二、参考咨询服务

图书馆的参考咨询服务始于 19 世纪晚期的美国，当时美国工业高速发展，经济实力增强，巨大的社会和经济活动促使教育向更大众化发展，而科学研究和大学教育的发展，迫切需要图书馆为读者提供帮助，由此促使了图书馆参考咨询服务的产生。1876 年美国参考工作之父缪尔·格林（Samuel Swett Green）发表了有关图书馆参考咨询服务的文章《图书馆与读者之间的人际关系》，首次提出了图书馆参考咨询服务理论。他在美国图书馆协会年会上的发言明确指出，图书馆应帮助读者学会如何利用图书馆。但在当时他的理论并没有被社会所接受。直到 10 年后"参考咨询"一词才流行起来，格林的文章使"参考咨询服务"的概念广泛流传。因此，直到现在图书馆界还是认为，参考咨询服务维持了"图书馆和读者之间的个别联系"。咨询馆员发挥四个基本作用：一是教育读者如何使用图书馆；二是帮助读者查找资料；三是回答读者的疑问；四是提升图书馆在服务群体中的形象，指导读者如何利用图书馆。

参考咨询是图书馆帮助读者检索文献和搜求信息的服务方式，图书馆参考咨询人员针对读者提出的疑难问题，利用参考工具、检索文献及有关书刊，帮助查询或直接提供有关文献及文献知识、文献线索，通过个别解答的方式为读者服务。

参考咨询服务的类型按读者所提问题的性质可分为事实性咨询、方法性咨询与专题性咨询三种类型。参考咨询服务的实质是直接或间接地帮助读者解决对所需文献或某一方面知识了解不足、掌握不全面的困难。读者在科研、教学、学习、生产或工作中，往往会遇到一些与利用文献有关的疑难问题。出现这种情况的原因：一是从浩如烟海的文献中，迅速准确地查到某种符合特定需要的事实或资料是很不容易的；二是很多问题往往要通过查检工具书去解决，而工具书的使用并不是每个读者都十分熟悉的。所以，借助图书馆把自己的需要与某种情报源联系起来，得到文献的提供或参考答案，对于读者来说是非常必要的。所以，参考咨询服务是图书馆一项不可缺少的服务形式。

三、新媒体下的参考咨询服务特色

在新媒体环境下，图书馆参考咨询服务呈现以下新特点：

（一）信息资源的电子化

参考信息源是参考咨询服务的物质基础，出色的参考咨询服务必须依赖丰富的信息源。传统的参考咨询信息源主要局限于各种馆藏文献，而网络环境则突破了"馆藏"的物理空间转向无围墙的全球性的"虚拟图书馆"，除了传统的文献信息源外，大多数图书馆还充分利用检索速度更快、更方便的馆藏电子工具书、书目信息数据库和其他光盘数据库、网络数据库。互联网（Internet）不仅是世界最大的信息资源中心，而且其所提供的现代化检索技术能以比手工检索快无数倍的速度提供信息资源。这些资源包括电子出版物、专题数据库、书目数据库、网络资源指南、网络检索工具、图书馆联机公用目录、联机数据库等。可以说，网上电子化的信息资源将会成为咨询服务最重要信息源之一。现代参考咨询服务的开展是以各种印刷型信息资源的数字化和电子信息资源的有效组织为基础的。

（二）服务对象的社会化

随着网络技术的发展，信息不再仅仅是技术研究人员的特殊需求，而是各行各业人员从事实际工作所必须掌握的东西，甚至还是每个社会成员生活的必需品。参考咨询不再限于本馆读者，而是面向全社会，主动地为社会各界提供信息服务，参考咨询对象逐步社会化。政府机关、科研机构及企事业单位需要决策咨询服务，科研单位与研究人员需要科学咨询服务，公司、企业、商贸团体需要社会经济动态信息咨询，普通民众需要与其工作生活密切相关的信息咨询。

（三）服务职能的综合化

21世纪图书馆的参考咨询服务，既要搞好传统服务——解答读者在查找和利用文献信息过程中遇到的问题和疑难，又要开展多媒体资料阅读、网络信息传递、情报检索、情报编译、定题跟踪、回溯检索、课题查新，编制二、三次文献及读者导读、用户培训，开设文献检索课，帮助用户建立自己的信息资源库，为用户信息上网提供咨询，协助用户建立自己的网页等多种服务。当今，技术辅导、考研信息咨询也是网络环境下图书馆不可忽视的一项工作。同时，检索的重点将由整体的图书向文章的段落甚至单个句子转移，对网络书刊的利用将由传统择册择期过渡到网络择目择篇择全文。咨询馆员还必须在有限、无序的网络信息中筛选、整理出用户所需要的内容。既要解释电子式检索的各个步骤，又要辅助用户构建检索式，与用户一起检索各种不同电子资源的选择方案。

（四）服务范围的远程化

网络环境下图书馆咨询服务向众多图书馆间、国际间远程数字化合作发展。通过远程合作咨询服务将全球图书馆结为一个整体，整个图书馆网络间不仅文献信息资源可以共享，各图书馆咨询馆员的知识智慧、成功咨询案例、各类课题调研成果等均成为共享资源。信息咨询服务不再是以单个图书馆为中心，而是在大图书馆的整体运作下进行远程合作服务。

四、学科服务

随着信息化社会中知识概念的逐渐明晰，高校图书馆服务于读者已不仅仅依赖于先进的计算机网络技术和丰富的文献信息资源，不再过分强调"拥有"，而是更凸显专业化与学科特色服务，更多强调对资源的"获取"，图书馆服务观念了发生重大的转变。为适应社会的需求，学科馆员和图情教授的培养和聘用显得十分重要。

高校图书馆为了加强图书馆与各院系的联系，建立通畅的"需求"与"保障"渠道，帮助教师、学生充分利用图书馆的资源，开始建立学科馆员制度。学科馆员的职责：

一是主动与对口院系的教师和资料室联系，了解教师对书刊、电子资源的需求；二是熟悉本馆以及国内外对口学科的文献信息源情况，掌握其使用方法；三是负责试用、评价对口学科的电子资源，为教师有效利用这些资源提供技术支持；四是及时通告图书馆的新资源、新服务，定期编写、更新相关学科的读者参考资料，包括利用图书馆的主体指南和新资源使用指南等；五是适时开展问卷调查或召开座谈会，征求对口院系对图书馆资源建设和服务的意见与要求；六是按学科进行电子资源的整合与链接，定期在网上发布新文献信息，负责收集、鉴别和整理相关学科的网络信息资源，并在图书馆主页上按学科大类建立学科网络导航；七是开展定期自选服务和其他各类咨询服务，详细了解学术带头人、知名教授及博士点的科研课题，主攻一两个课题，主动为研究项目提供情报咨询；八是不定期地为对口院系的教师、研究生提供利用图书馆的指导和培训，即提供图书资源的讲座，包括数据库介绍及使用培训等。

五、讲座、培训、展览

图书馆作为社会信息集散中心，为社会提供多种形式的信息服务，在信息影响方面的地位是举足轻重的。讲座作为图书馆的读者服务形式之一，为广大听众提供了丰富的信息和资源，拓宽了信息获取的途径和渠道。

图书馆开展一系列讲座、培训等活动有如下五方面作用：

（一）指导读者利用图书馆

帮助读者了解图书馆的性质、职能、任务和发展状况，介绍图书馆藏书资源的范围、重点、布局结构及其使用方法，介绍本馆的服务机构分布、服务手段、设施、借阅规则、程序、手段方法等。介绍的方法通常采用新读者集体入馆参观、现场介绍，印发图书馆简介资料，馆内播放录音、录像磁带，以及设置专门的咨询台，随时回答读者的询问等。

（二）指导读者利用图书馆目录

图书馆目录有"打开人类知识宝库钥匙"之称，读者要查阅图书馆藏书，首先必须学会查目录。帮助读者了解图书馆设有哪几种读者目录、各种目录的作用及反映藏书范围，介绍目录卡片的著录事项、索书号的组成及其组织方法，目录组织体系说明、分类目录、字顺目录的组织体系及检索使用方法，说明本馆采用分类法的分类体系、大类类目表、标记符号及特殊分类规则、字顺目录排列取字方法与查找方法，以及填写借书单的方法和要求。指导读者利用图书馆目录，可采用集中讲课的方式，也可设置目录辅导员，随时指导读者查找各种中外文馆藏目录，并在目录厅公布各种目录的体例表。

（三）指导读者利用参考检索工具

各种专业的目录、文摘、题录、索引，是教学科研人员掌握文献资料线索、查找文献资料的一把钥匙。掌握了它的使用方法，就能迅速、准确地查到与自己课题有关的文献资料。掌握中外文工具书，可以有效地提高学习与工作效率；掌握科技文献检索工具，能使科技人员在短时间内，迅速、准确地查找到自己研究课题所需的文献资料线索等。

（四）指导读者阅读图书

阅读指导是图书馆对读者的阅读目的、内容和方法给予积极影响的教育活动，目的在于提高读者的阅读能力和阅读效率。指导读者阅读图书，包括两层含义：一是对读者阅读内容的指导；二是对读者阅读方法的指导。要引导读者掌握正确的学习与阅读方法，如在什么情况下采取浏览法阅读、什么学科应采取精读法，以养成良好的自学习惯，提高学习效率和自学的效果。

（五）指导读者利用图书馆数字资源

随着网络的日益普及，数字资源在馆藏资源中所占的比重越来越大，指导读者学会使用图书馆各种中外文数字资源是每个图书馆义不容辞的任务，也是网络环境对图书馆提出的要求。

第五节　读者服务工作在图书馆中的地位和作用

国际图联、联合国教科文组织于 2001 年 8 月在美国波士顿召开的第 67 届国际图联大会上正式出版发行的《公共图书馆宣言》中明确指出："每一个人都有平等享受公共图书馆服务的权利，而不受年龄、种族、性别、宗教信仰、国籍、语言或社会地位的限制。"因此，图书馆的一切工作都是为读者服务创造条件，图书馆的价值是通过服务于社会与人类来实现的，图书馆所有的活动都是围绕着如何服务于社会与人类来展开的。服务观念、服务手段、服务方式始终贯穿于图书馆整个实践过程中，图书馆服务的态度和思想，服务的思维活动所形成的服务理念，是直接影响图书馆服务对象对于文献信息资源的需求能否实现的关键。反过来，以用户在图书馆馆员心目中的定位和如何满足用户需求为主要内容的服务理念，又是图书馆实现其自身价值的基础和思想保障。即服务是图书馆存在的社会价值，服务是图书馆活动的核心，服务是图书馆的基本宗旨。

一、服务是图书馆存在的社会价值

就目前而言，图书馆正处于从传统图书馆向未来概念图书馆——数字图书馆、虚拟图书馆过渡阶段，与其他所有过渡阶段的事物一样，此时的图书馆处在传统图书馆和未来图书馆的中间，兼具两者的特点，这造就了此时图书馆的矛盾地位。何去何从，图书馆学界和业界也就此话题言论颇多。但目前的不争事实是，无论过重倚向哪一方，都会有不可忽视的"服务危机"存在。所谓"服务危机"，是指在图书馆活动过程中出现的读者信任危机。信任危机极大地影响着图书馆的社会形象和图书馆事业的发展。

（一）传统服务方式带来的危机

众所周知，改革开放以来，我国国民经济发展迅速，各行各业呈现出勃勃生机，图书馆事业也得到空前发展。但图书馆事业在全面发展的同时，图书馆服务尤其是公共图书馆服务在制度、体系、方法、态度等众多方面却存在着问题。而这些问题对于图书馆的发展和未来生存的影响，从一定程度上讲都是至关重要的，甚至是生死存亡的问题。学界和业界对此已进行了很多的理论研究和实践。

从宏观方面来看，图书馆事业确实得到了迅猛发展，无论在馆舍建筑、馆舍面积、馆藏数量等方面都较之以前有质的提高。但就单个图书馆而言，在经过 20 世纪 80 年代初期稳步发展以后，开始出现了生存危机。事实上，当一个图书馆每天仅有极少量的读者造访，它所提供的服务已不能满足绝大多数读者的需求时，或者当图书馆已丧失了与时俱进的能力时，尽管这个图书馆是免费的，事实上它已危机四伏。如果此时还有其他行业服务者能提供类似的服务，图书馆无疑是雪上加霜，其危机将更为严重。

另外，来自图书馆外部的社会压力也在一定程度上引起图书馆生存危机。

（二）技术进步带来的服务危机

20 世纪末，以计算机技术和网络通信技术为主导的现代信息技术得到了迅速的发展。它在改变世界面貌的同时，给图书馆带来了一场深刻的变革。在技术生产力的推动下，传统图书馆发生了天翻地覆的变化，如计算机管理下规范化的"采、分、编、流"，简便迅捷的全文数据库检索，网络化的文献信息资源共享，Internet 资源利用等。我们几代图书馆人的梦想，今天都已成为现实。这一切当然要归功于现代技术的应用。正是由于现代信息技术在图书馆如此广泛而成功的应用，给图书馆的发展注入了新的活力，使得技术生产力无可争议地成为这一时期图书馆发展的第一推动力。

高新技术为图书馆的发展提供了日益先进的技术支撑，社会的网络化逐渐使图书馆成为一个资源的共同体。在一个以信息、文化和公共资源为主要生存轴心的社会平台上，只要拥有一台主机，通过网络，任何一个图书馆，都可以进行超馆藏、超时空超地域的服务；任何一个读者也可以把图书馆"带"回家，或"带"到他需要的场所，远离实体图书馆，在互联网上就能很便利地寻找到自己所需的文献信息。随着数字图书馆概念的出现及其优越的便利性的展示，读者对图书馆的依赖也将削弱。在法国图书馆新馆面世后，有人便预言大型的图书馆建筑将不会再建，也有人因此预言图书馆将会被淘汰。

随着时间的推移和技术的进步，这些预言一个一个地破灭，这并不完全因为图书馆所提供的服务不可能被他人所替代的缘故，更主要的是因为图书馆所拥有的文献信息资源的优势尚未被他人完全拥有。坦白地说，如果当图书馆的这些优势丧失、淡化或者市场竞争机制导入业界时，凭借现有的人力资源优势和服务优势，相当数量的图书馆是难以在激烈竞争的市场中占有先机的。

二、在传统与技术之间正确定位服务工作

传统图书馆向数字图书馆、复合图书馆过渡的时期,我们暂且称之为转型期图书馆。在转型期图书馆，图书馆馆员应该思考图书馆目前与将来的发展方向，关注图书馆所提供服务的水平质量，关注用户信息需求的满足程度及相关问题来促进自身进步。图书馆馆员应采取灵活多样的服务方式，变被动服务为主动服务，变一般化借阅为多样化、特色化服务，变粗浅的单层次服务为多层次全方位服务。但在网络化进程中，图书馆的许多传统工作内容及其工作方式还会继续发挥作用。即使到了网络发展的高级阶段，

优良的服务思想和服务传统仍将是我们工作的保障。在此，不能因为网络化时代的美好蓝图和数字化图书馆的美好前景而盲目乐观，更不能忽视和放弃眼前图书馆的基础工作。因为网络化发展毕竟要有一个过程，不是一蹴而就；而数字化也不是一项简单的工作，说实现就立刻实现，它需要我们实实在在的努力和大量细致的基础工作。那种过分相信和依赖网络技术，以为有了网络就有了一切的看法，有失偏颇，是对网络的一种错误解读。

（一）认识传统图书馆服务优势

对于预言无纸社会的出现，必将导致图书馆的灭亡，现在看来还为时太早。应该说在相当长的历史时期内，实体图书馆仍将存在，并继续发挥重要作用。转型期的图书馆作为公众服务机构，仍将承担着为社会服务的重任；传统服务作为信息传递手段仍然担任重要角色；传统印刷型文献载体，仍然保持优势地位。

传统图书馆提供的服务主要是印刷性文献，从现阶段看，用户仍然习惯于阅读印刷性图书和杂志，无论是研究，还是消遣，人们数十年来养成的阅读习惯使印刷性文献已经成为不可缺少的东西。图书与期刊的发行量，仍在不断地增长。因此，图书馆仍然是收藏文献最集中的地方，用户的信息需求，仍然需要图书馆的帮助。图书馆除提供原始文献外，二次文献、三次文献的提供，仍然是非常受读者欢迎的信息。我国公共图书馆近20年来迅速发展，到馆查阅书刊的读者呈上升趋势。因此，图书馆要根据用户需求，收藏有特色的文献，并尽可能利用现代化手段提供相应的服务。

（二）传统服务方式的提供

传统图书馆在服务工作的时间内摸索了一整套服务方式，如馆内借阅、文献外借、参考咨询、文献复制、书刊展览、专题讲座等。这些服务既满足了众多用户对文献的需求，又方便图书馆保存和管理文献，以便更好地为用户服务。传统服务方式仍然是用户使用文献的主要方式，一般图书馆向用户提供文献服务，均是公益性的。传统服务方式在图书馆的经费支出较低，因此一般的服务不收费或收取少量的成本费。目前我国公共图书馆的服务工作是面向大众的，传统服务仍然是主流，被公众认可。由于我国网络化发展比较快，有些费用比较高，一般公众难以接受，这也是传统服务受欢迎的原因。因此，在转型期图书馆仍然要做好传统服务工作，不能一味追求新的服务方式和盲目地改善设施条件。

（三）图书馆设施和环境的提供

在传统图书馆，宽敞明亮的大开间阅览室、卡片式目录、手工式外借手续与证件等，仍为公众所喜爱。传统图书馆是一个特定的场所，它以其特定的环境吸引着广大用户，它的馆舍包括书库、阅览室、外借处、复制台、读者休息室、餐厅等服务设施。许多读者来图书馆阅读图书，查阅文献和信息，是为了享受图书馆的服务和氛围，因此，图书馆的环境和服务仍然是用户选择的主要场所。

（四）理性对待现代技术

图书馆是社会文化机构，而不是技术机构，也不是为技术而存在的。就图书馆自身而言，既不是图书馆最新技术的创造者，也不是 IT 行业的先驱精英。图书馆存在的价值在于为社会所提供的信息服务，在于以最短的时间、最快的速度，为最多的读者找到最多的书（信息）。从表面上看，图书馆的现代化进程表现出的是一个图书馆不断技术化的过程。因为在这一过程中，我们能明显地看到，技术正以点滴的方式向图书馆渗透，逐渐改变和替代了图书馆传统的工作方法，使图书馆的技术含量和现代化程度越来越高。但在实质上，图书馆的现代化进程是图书馆不断利用先进技术手段改进传统服务，提高自身服务能力和服务水平的过程；是为了满足社会对信息服务日益增长的需求，使图书馆的价值在社会进步的过程中不断得以再现的过程。

信息技术的变化改变了读者利用文献与图书馆的方式，但图书馆服务的宗旨不能变。正如谢拉所言："服务，这是图书馆的基本宗旨。"最新信息用最快的速度传递，并不一定能获得最大的效益，而经过有目的的整序，有针对性的分析、评价和再加工所得到的情报产品，在社会上往往获得广泛利用，成为最受情报用户欢迎的情报产品，由此情报效益得到高质量显现。无论何种信息环境下，读者都希望图书馆工作人员能迅速准确地提供最有价值、最有针对性的文献信息。因此，对文献信息进行认真分析、鉴别，对有价值的信息进行指导性、科学的评价，对有传递价值的信息进行综合处理和再加工，是服务的基础工作，也是图书馆情报职能的最基本体现。

在过去的 30 年，图书馆经历了两次大的冲击。第一次发生在 20 世纪 80 年代中期，由于计算机技术和通信技术的结合推动了互联网的发展，有人预测随着无纸社会的来临，图书馆将走向消亡。确切地说，是无纸预言引发了信息社会的图书馆消亡论。一些人对图书馆的未来表示悲观，认定图书馆存在的时日已不多，到 20 世纪末 21 世纪初，随着图书馆完全电子化，图书馆将大部分消亡。图书馆消亡论认为，剩下为数不多的图书馆，只是专门用于保存过去的印刷型文献。图书馆消亡论者最具代表性的人物，首推美国图书情报专家兰卡斯特，他肯定地认为："我们正在迅速地不可避免地走向无纸社会"，"图书馆主要是处理机读文献资源，读者几乎没有必要再去图书馆，地方图书馆已无足轻重，甚至消失"。他还毫无根据地推出预测的时间表，"再过20年，现在的图书馆可能完全消失"。这个时间表是他在20世纪80年代初做出的。事实上，20世纪已经成为历史，我们不但没有在世纪之末看到图书馆行将消失的迹象，恰恰相反，摆在眼前的却是图书馆持续发展的一派进步景象。无论数量还是质量，都呈现出增长与提高的状态。图书馆顶住了第一次生存危机，并取得了迅速发展。

第二次冲击发生在20世纪90年代末，并一直延续到现在。由于互联网的大量普及，电子信息以几何级数迅速膨胀，有人认为互联网的导引系统和搜索引擎会代替图书馆的功能，成为人们获取信息的重要途径。于是人们怀疑图书馆还有没有存在价值。

今天，图书馆正在面临第二次考验：图书馆能否向人们提供比互联网的导引系统和搜索引擎更有效的服务手段，继续成为人们获取信息的"第一手段"？ 2001年5月，在上海图书馆举行的一次国际中文元数据应用研讨会上，与会代表都有这样的共识，时代赋予图书馆馆员一个新的使命，就是通过网上资源编目，把无序的网络空间变成有序的数字图书馆。实践将证明，图书馆馆员需要互联网，而互联网更需要图书馆馆员。网络的发展，使得"网络用户在网上能够找到甚至只能找到他所不需要的东西"成了互联网信息检索定律。这就使得图书馆馆员利用网络信息检索技术与方法成为网络导航员和知识工程师，利用网络开展培训和继续教育成为网络环境下图书馆服务向深层次发展的重要内容。

在两次冲击中，图书馆都是在激烈争论和尝试中获得了生存的机会。如今数字图书馆建设的波澜壮阔已经将图书馆与网络更加紧密地融合在一起，同时一些引领时尚潮流的虚拟图书馆如雨后春笋般不断涌现。图书馆仍然在人们的需求之中继续前行，巍然屹立于潮头浪尖。图书馆人正以一种执着而热烈的追求和无私奉献的精神在图书馆行业艰苦奋斗，开拓创新。因此，人们不得不承认，图书馆具有生存和发展的核心竞争力。

毋庸讳言，现代信息网络的普及、信息资源的数字化和信息系统的虚拟化使得包括图书馆在内的信息提供机构的"中介性"的作用大大降低，网络化信息库体系已经成为主流性的服务形式，同时信息用户的行为模式也发生了很大变化。但不能以服务方式和服务内涵的变化甚至下降来否定图书馆在现代信息服务体系中的地位和作用。图书馆服务面临的问题和挑战是巨大而艰难的，因此改革和变化更为必要和急迫。在改造和变革传统服务体系的过程中不仅要面向新的理论、技术和服务方法及方式和创新服务体系，也应挖掘其原有系统的内外在价值，使图书馆服务在信息社会中能够发挥真正的作用。

第二章　新形势下图书馆读者服务现状

第一节　现代图书馆服务现状与创新趋势

在当今竞争激烈的时代，读书逐渐变成了一种趋势，多读书，读好书，在喧嚣的世界里找一个属于自己的清静角落，静心养性，让浮躁的心灵归于平静。当下我们处于信息爆炸的时代，科技的发展让我们选择读书的方式有很多，很多人相对于传统的去图书馆读书的方式而言，会更倾向于使用互联网查找自己所需要的信息，图书馆不再是人们学习读书的首要去处了，当今图书馆的形势不容乐观。

一、当代图书馆服务现状及问题的阐述

（一）当代社会图书馆的服务现状

随着时代的发展和科技的进步，计算机和网络发展迅速，网络信息以其信息涉及面广和传播速度快深受人们的喜爱，所以图书馆逐渐被人们忽视。图书信息资源的质量在不断提升，人们对图书馆的要求也很高，传统的图书馆的模式越来越不能满足人们的需求。由于我们所处的时代是信息化的时代，每天都有很多的数据资源在不断地增长，每天的信息都在不断地更新变化，所以图书馆就必须对数据进行判断，分析其价值。图书馆的资源很多，信息系统复杂，不仅有一些文献信息还有服务信息，信息一旦多了就会很乱，有时候就会出现编码和格式无法对应的情况。此外，为了不被时代淘汰，传统的图书馆也开始向信息化转变，比如网络服务之类，这样就会导致信息量变多，整理信息也就变得复杂，尤其是环境之类的。虽然我国图书馆的形式已经发生了改变，但是还远远达不到人们所需求的标准。

（二）当代高校图书馆的服务现状

随着信息时代的到来，高等教育模式也在发生着变化，越来越趋近网络化，高校传统的文献中心地位受到了威胁，所以高校图书馆必须不断地进行改革。由于环境的不同，从原来的小数据时代到如今的大数据时代，高校图书馆要接受的挑战和转型是无法避免的。在传统的教学模式中，都是老师作为课堂的主角，图书馆被动地提供给老师所需要的文献，这不符合教育的发展需求，所以，高校图书馆必须进行服务的创新，对于服务的方式以及模式进行探索，争取为师生们提供更好的服务。

二、当代图书馆的创新趋势简述

（一）对于服务技术创新

技术是图书馆服务的心脏，必须对图书馆进行技术方面的创新。要注意进行数据挖掘，一般都会选择智能处理技术对数据分析，仔细研究数据背后的信息，通过数据挖掘了解人们的需求，掌握人们阅读规律，发现图书馆存在的实际问题，以此来提高图书馆的服务质量。人们的阅读量和需求量也在不断地增加，需要通过技术来对于信息资源进行数字化。而且，图书馆应该把电子资源作为图书馆资源的重点组成部分，让人们足不出户就可以享受图书带给人们的乐趣。

此外，还可以打造出移动图书馆，比如，可以通过手机 App 了解自己的借阅信息，推送电子期刊，让读者第一时间掌握最新文章信息，还可以增加图书预约功能和检索功能。也可以设置二维码，通过公众号进行推送，为读者创造更好的阅读环境起到积极作用。

对于借阅服务也需要技术来进行创新。比如说，通过自主借还机或者是移动借阅机来自行地借书还书，还可以通过网络平台来进行社交媒体的实时互动，等等。

（二）对高校图书馆创新

随着时代发展，教育的方式不断地进行改变，高校图书馆也需要突破传统的束缚，不断地进行发展创新。图书馆应该是学生们学习知识的地方，应参与到学生的学习生活中来，而不应该孤立地存在于学校中。图书馆直接参与到教学中，设置专门的阅览室和电子服务平台，有利于学生查找资料，还可以通过课堂教学或远程视频授课等方式直接对学生进行授课，也可以在校内开设信息检索与应用课程，让学生对图书馆有更深层次的了解。同时，图书馆还应该创办形式多样的阅读活动，通过举办传统文化讲座提升人文精神，评选优秀读者来增加学生的阅读兴趣。而且图书馆还需要建立素质实践基地，如读者协会等。讲座、展览、图书推荐等都需要结合时政，这不但可以引起学生的阅读兴趣，还可以实现教育的意义，真正发挥图书馆第二课堂的作用。

（三）培养专业人才加强图书馆管理

专业人才的研究和创新对于图书馆服务发展有重要的意义。只有拥有相关专业的技术人才才能更好发展图书馆服务。完善有关图书馆的法律法规也刻不容缓。图书馆关乎读者的利益，将法制和管理结合起来才能更好发展。加强管理是使图书馆稳定发展的基础。

阅读能够增长知识，开阔视野，在这里，图书馆的作用就十分明显了。而且，我们所处的时代是信息时代，科技的发展十分迅速。如果图书馆服务不进行创新的话，那么势必会被时代所抛弃。我们分析了社会图书馆和高校图书馆的现状，并且针对图书馆现存的问题进行了分析，对图书馆服务的发展趋势进行了探讨，希望以后能够满足新时代图书馆服务的需要。

第二节　图书馆服务现状与应对策略

如今，我国提出了"终身学习"的理念，而图书馆作为实现"终身学习"的重要渠道，对提高当地人民群众文化素质有着重要影响。因此，图书馆怎样才能够充分发挥公共图书馆的积极作用，是当今图书馆亟待解决的问题。

一、图书馆服务体系基本特征

（一）公共性

公共图书馆的核心内容在于其"公共"二字上，是指图书馆内容服务资源应该为社会全体人民群众所共有。公共图书馆与其他类型图书馆有本质上的区别，即公共图书馆的主体是公共部门。并不是他人的私人机构，公共图书馆的一切活动都是以人民群众作为出发点，为了满足人民群众对信息文化的需求。

（二）开放性

公共图书馆是一个面向全社会的信息文化服务机构，其服务对象是群众。公共图书馆与科研图书馆、学校图书馆有着本质差别。上述所说公共图书馆的均等性、公益性、公共性就决定了公共图书馆的开放性原则。其主要表现在以下两点：①人民群众进入公共图书馆不需要提供专门证件，也无须任何中间手续。即只要人们走进公共图书馆内，就是公共图书馆的服务对象，都可以阅读馆内资源，这也是公共图书馆给予人民群众的一种基本权利。②公共图书馆有保障群众获取相应的文献信息权利。虽然馆内资源极少部分不对外开放，但是绝大多数的馆藏文献都可以向群众开放。

（三）创新性

公共图书馆的本质是一种公共服务。既然是服务就离不开创新，可以说创新就是公共图书馆服务体系的核心与基础。公共图书馆是一个公共服务性机构，因此必须不断创新自身的服务体系，推动公共图书馆服务机制改革创新进程。公共图书馆应向企业学习现代化管理模式，制订公共图书馆长期发展战略与规划，实现循序渐进的发展。

二、当今图书馆服务现状与原因

（一）公共图书馆服务现状

图书馆服务对象大多是退休干部或学生，缺乏重点信息读者。图书馆的服务方式也有待加强，其服务方式也还是被动的借还，没有树立"走出去"的服务理念，自然就很难扩大服务对象。这种服务情况已经无法满足群众对文化知识的增长需求，无法构建学习型和谐社会，更无法落实"终身学习"理念。

（二）造成图书馆落后现状的主要原因

1.宣传力度不到位

如今信息技术已经融入社会的各个角落，许多人时常会沉迷于网络世界中，在网络中获取一些信息资源。他们喜欢在网络上看书，而不愿意真正拿起书本读。可以说社会形态变化是传统图书馆没落的主要原因。但是书本知识依然有其存在的道理，如果图书馆对自身的宣传力度不够，当地居民会普遍对图书馆的作用认识不足，缺乏利用图书馆的意识，甚至有些居民都不知道图书馆的具体地点。

2. 网络建设落后，设施不健全

随着信息技术不断发展，想要实现资源共享就必须构建"互联网＋图书馆"的模式。但纵观公共图书馆，真正实现数字化图书馆少之又少，不同类型的图书馆各自为敌，开放程度也比较局限，无法实现资源共享，其服务质量势必会大打折扣。

三、提高图书馆服务质量的有效策略

（一）明确服务定位，加强管理

明确服务定位，加强管理是图书馆发展的一大保障。因此，图书馆必须充分利用馆内资源，做好常规服务，以人们的信息需求作为出发点，不断丰富馆内资源。同时，公共图书馆的基本职能是提供公共服务，所以必须提高图书馆的开放程度。

（二）加强网络建设，构建信息共享网络系统

不断向"五级"公共图书网络系统发展，即国家—省—市—县—乡镇。充分发挥"互联网＋图书馆"的积极作用与优势，进而满足当地居民的文化信息需求，推动图书馆的信息化建设进程。

（三）充分发挥辐射作用，服务于当地经济建设

影响经济发展的因素有很多，如当地企业、当地农业、科学技术、生产技术、劳动者等因素。因此，虽然图书馆对经济发展没有直接的影响，但可以通过自身的辐射作用来推动经济发展，即间接影响。

（四）创新服务理念

任何一件事物的发展都脱离不开理念的支持。想要加强上级部门的重视程度，必须看到图书馆在当地发展的积极作用，即图书馆所创造的社会价值和经济价值要能够显而易见，只有这样才能够加强社会各个阶层的关注程度。因此，图书馆管理人员必须增强自身的创新力与创造力，更新自身的服务观念。

图书馆在各级城市中发挥着不可替代的作用，不仅能够提高当地居民的综合素质，实现"终身学习"的同时能够间接推动当地经济发展，提高人们的生活质量。因此，有关部门必须重视图书馆的发展与建设，加大图书馆的资金投入力度，推动图书馆信息化建设，加强图书馆的辐射作用，进而提高图书馆的影响力，保障图书馆能够长足发展。

第三节　高校移动图书馆服务现状调查与分析

随着国内移动网络技术的发展和智能终端设备的普及，移动互联网迎来了高速发展的时代。高校图书馆作为高校重要的知识交流存储中心，在移动互联网时代迎来了新的机遇与挑战。如何利用移动智能新技术，开展更有特色、更能满足读者需要的信息服务是高校图书馆面临的新问题。

信息技术的不断发展推动着移动通信技术的飞速更新，使手机、平板电脑的普及率逐渐提升。同时，图书馆也在探索新时代下能满足用户随时随地享受到图书馆服务的新型服务模式。手机等电子设备的普及为图书馆创新服务模式提供了可能，移动图书馆服务也逐渐发展起来。欧美学者认为移动图书馆是实体图书馆馆藏资源的运输者，2010 年国际图书馆协会和机构联合会联合发布了《移动图书馆指南》，书中认为"任何非固定地点的图书馆均可称作移动图书馆"。我国学者认为移动图书馆是图书馆为读者提供的一种新型服务，人们能借助智能手机、电子阅读器等移动终端设备来访问实体图书馆中的网上资源来查找自己所需要的知识信息。2004 年以来，我国图书馆界的学者对移动图书馆服务这一新型服务模式的探究日益增多，然而大部分学者将手机图书馆与移动图书馆视为同等事物，这样既忽视了移动图书馆区别于传统图书馆的特点，也没有注意到移动图书馆的本质特征。移动图书馆不应仅仅是手机图书馆，还应包括物理空间含义上的移动图书馆等。

从高校图书馆移动服务发展过程来看，在网络普及的初期（20 世纪末），以"网页＋电子邮件"的平面营销模式为主。在手机普及时期（2007—2009），图书馆移动服务向短信服务模式发展。在 3G（3rd-GenenItion）移动网络、4G（4th-Generation）移动网络、无线网络广泛普及的当今社会，初级的营销策略已经远远不能满足读者"移动"以及"实时"获取信息的需求，取而代之的是无障碍、无差别的信息获取服务，即"移动服务＋社交传媒"的立体化营销模式。随着移动网络的不断发展，基于移动网络的 So Lo Mo（社交＋本地化＋移动）营销模式已经在互联网行业得到推广应用。这种新模式对高校图书馆移动服务营销模式的发展具有重要的借鉴意义。

一、So Lo Mo 模式概述

（一）So Lo Mo 模式的定义

So Lo Mo 营销模式的概念，是 2011 年 2 月由美国 KPCB（Kleiner Perkins Caufield & Byers）风险投资公司合伙人、硅谷创业投资教父约翰·杜尔（John Doerr）首次提出的。他把当代移动互联网最热的三个关键词整合在一起，即 So-Social（社交）、Lo-Local（本地化）和 Mo-Mobile（移动），提出 So Lo Mo 移动互联时代营销新模式。短短数月之后，So Lo Mo 理论风靡全球。现在，So Lo Mo 营销模式已经被公认为移动互联网营销发展的新趋势。

（二）So Lo Mo 模式的特点

从 So Lo Mo 的概念组成上看，在原有服务的基础上，引入移动互联和社交网络的营销模式，突出"位置""实时性""身份"和"交互性"四大特点，通过个人信息需求和现实应用，构成全新的社交化、本地化、移动化三位一体的网络营销模式，从而达到通过智能移动终端实现人与人、人与网络、人与信息机构之间随时随地的信息连接，进而满足以人为本的个性化、实时信息需求。

在 So Lo Mo 模式的定义中，三个关键词从人、地域、环境三方面体现了现代营销的三个特点。So 社交即人与人之间的人际网络联系。特别是在"熟人链效应"的影响下，社交网络实现了社会化关系链的传播方式，提升了人与人之间的关联度，聚集了人气。Lo 本地化即在同一地域范围内的联系。本地化提高了社交的关联性和信赖度，使沟通更加便捷、高效。其中 LBS（Location Based Service，基于位置的服务）就是本地化最具代表的应用。它不但能够确定移动设备或用户所在的地理位置，而且能够提供与位置相关的各类信息服务。通过本地化服务，能够实现机构与用户、用户与用户之间的精准对接，使服务有的放矢。Mo 移动服务是信息服务的发展趋势，也是社会化营销模式的新载体。移动网络时代的到来，让网络营销从固定的 PC 机转移到了移动着的人本身。这种革命性的进步必将给信息服务行业带来巨大的发展机遇，从而使用户真正随时随地享受到社交互动以及基于位置的信息服务。

（三）So Lo Mo 模式对高校移动图书馆服务的意义

高校图书馆移动服务从技术设备条件、服务地域范围、读者需求情况三方面来看都非常符合 So Lo Mo 的营销发展模式。首先，高等学府是人才与技术的聚集地，对于移动网络的普及与应用反应迅速。现在，很多高校的教学楼、图书馆已经实现了 wifi 无线网络全覆盖。其次，从服务地域范围上讲，高校图书馆是学校的文献信息中心，是为教学、科研服务的学术性机构，服务对象即高校范围内的学生、教工，地域性明显。最后，高校图书馆的读者群属于学历较高、更易接受新事物的青年和教师。线下，读者之间是亲密相关的群体。线上，他们同属于一个社交圈，因此对于移动网络服务的开展具有良好的人际基础。

对高校图书馆的移动服务而言，So Lo Mo 模式可以大大提高图书馆移动服务的营销效果。它的移动服务模式完全适合当今高校读者移动阅读的需求，从而增加读者对图书馆服务的依赖性；它的本地化服务模式可以满足高校读者的即时信息需求与信息交流，从而增加图书馆移动服务使用的频度，提升图书馆信息服务的水平与地位。

二、高校移动图书馆建设现状调查分析

（一）调查方法

有学者对高校移动图书馆进行了调查，调查方法以网络检索、登录主页浏览信息为主要手段，辅以在线参考咨询的方式收集资料。根据 2022 年 2 月 23 日，中国科学评价研究中心 (RCCSE)、中国教育质量评价中心联合中国科教评价网隆重推出的《2022年中国大学及学科专业评价咨询报告》的 2022 年中国大学排行榜，选取了排名前 30 名的高校图书馆并对其移动服务的建设与推广进行调查研究，研究结果基本代表了目前我国高校图书馆移动服务发展的前沿水平。

调查时间为 2022 年。调查过程为：首先，进入高校图书馆网站，在其主页上的搜索界面、新闻公告、服务指南等栏目查询移动图书馆服务网址和移动图书馆服务内容，并使用电脑、苹果手机、安卓系统智能手机访问高校图书馆已开通的移动服务。其次，通过百度等搜索引擎，使用"高校图书馆名＋移动图书馆""高校图书馆名＋掌上图书馆""高校图书馆名＋手机图书馆"关键词进行搜索，从而获得高校图书馆开展移动服务的信息。最后，关注近年流行的图书馆微博、微信公众平台、人人网等网络社区服务，调查高校图书馆微博与微信公众平台的使用和推广情况。

（二）调查结果与分析

1. 高校图书馆移动服务开展时间分析

截至 2023 年 3 月，上百所高校图书馆全部不同程度地开展了移动信息服务，清华大学图书馆最早开始研发图书馆移动服务。随着无线网络的不断发展，多所高校图书馆陆续推出了服务功能更全、服务范围更广的移动服务。北京大学、复旦大学、武汉大学、浙江大学、中国人民大学、南京大学等 24 所高校图书馆相继开通了移动服务。

2. 高校图书馆移动服务开展形式分析

高校图书馆移动服务开展的形式主要有自主研发、购买成型的移动系统和与商家合作开发三种模式。模式的选择与高校图书馆的科研实力、支持资金有密切联系。例如，2007 年清华大学自主研发了第一个移动服务——流通通知短信服务。几年来，一系列支持学术资源检索和全文阅读、馆藏书目查询和预约、培训讲座通知等功能的移动服务相继上线，读者可以通过下载客户端应用或者手机浏览器直接访问。厦门大学图书馆利用汇文掌上图书馆系统，在手机上就能够实现图书查询、预约、续借，扫描图书条码进行快速查询续借、评价与评论图书、分享心得等移动服务。北京理工大学图书馆利用汇文管理系统开发手机短信通知服务。重庆大学图书馆依托馆藏数字资源，将移动图书馆服务嵌入"五层图书馆 2.0 系统"架构的知识服务层中，从而为用户提供图书借阅、预约、证卡挂失等移动服务。北京大学、清华大学、华中科技大学等多家高校图书馆与书生之家、超星数字图书馆合作，开发图书馆移动服务。读者可以通过账户注册，随时随地地登录移动图书馆，阅读各类信息资源和享受图书馆移动服务。华中科技大学利用微信公众平台开展了借还书实时提醒、过期图书催还提醒等多项移动服务。

高校图书馆依据科研实力及经费情况选择适合的方式开展图书馆移动服务。

3. 高校图书馆移动服务开展内容分析

高校图书馆移动服务开展的内容主要分为个人借阅服务、全文阅读服务和生活类信息服务等。个人借阅类服务是移动图书馆的基本服务，移动图书馆也是以此为基础逐渐发展起来的。目前调查的 30 所开通移动图书馆的高校全部开通了个人借阅类服务，主要包括个人借阅信息的查询、续借、图书预约、馆藏书目查询以及到期提醒等。南京大学图书馆、南开大学图书馆以及厦门大学图书馆开通了利用移动设备通过扫描条码查询、续借服务。

全文阅读服务是移动图书馆发展的第二个阶段。移动终端全文阅读的实现给读者带来了全新阅读体验，也是真正意义上的移动图书馆。目前调查的30所高校移动图书馆中有25所实现了图书、期刊、报纸的全文阅读。其中武汉大学图书馆、中国人民大学图书馆、吉林大学图书馆、北京航空航天大学图书馆实现了使用文献传递到邮箱功能帮助读者获取未购买的文献资源服务。清华大学图书馆、哈尔滨工业大学图书馆、中南大学图书馆等实现了读者个性化订阅服务，浙江大学移动图书馆具有强大的推送功能，读者可以根据专业订阅推送信息。同时，阅读与交流也是移动图书馆发展的重要方向。复旦大学实现了读者手机阅读的同时写书评、做批注、记笔记、发微博的实时互动功能，厦门大学图书馆、南开大学图书馆也实现了写书评、分享给好友的互动功能。

除此之外，很多高校图书馆还将图书馆动态、借阅排行以及预约自习座位等信息与功能添加在移动图书馆中，丰富了移动图书馆的内容。清华大学图书馆在移动图书馆中添加了馆藏地图功能，东南大学移动图书馆设有图书馆布局导航。上海交通大学、中国人民大学图书馆可以通过移动终端预约研修空间、自习座位、查询电子阅览室座位等。中国科技大学图书馆通过微信公众平台开通了快递查询、天气查询等生活服务。同时，图书馆微博、微信公众平台、人人网图书馆社区也成为移动图书馆一道亮丽的风景线。30所高校图书馆已有22所开通图书馆微博，21所开通图书馆微信公众平台，7所开通人人网图书馆社区。诸多移动功能的实现不仅丰富了读者的移动应用体验，更拉近了图书馆与读者的距离。

4. 移动图书馆的推广方式分析

高校图书馆基本采用网站设置专栏，介绍移动图书馆服务项目及使用方法的方式向读者推广。根据移动图书馆栏目设置的层次分类，基本可分为主页设置醒目二维码推广、主页设置一级栏目推广和主页二级栏目及以下层次推广三类。在调查的30所高校移动图书馆中，北京大学图书馆、中国人民大学图书馆等12所高校图书馆在主页上设有移动图书馆二维码，读者可以通过扫描二维码，直接下载并安装移动图书馆App。清华大学图书馆、武汉大学图书馆等11所高校图书馆在主页醒目位置设有移动图书馆或掌上图书馆栏目，读者可以准确找到移动图书馆的下载方式及阅读移动图书馆功能、使用方法。复旦大学图书馆、上海交通大学图书馆等7所高校图书馆在一级目录下设有移动图书馆介绍及下载方式说明，在主页上位置不够突出。就移动图书馆推广的效果来说，在图书馆主页醒目位置设置二维码或者标题，更有助于移动图书馆的推广。

三、高校移动图书馆 So Lo Mo 模式发展策略

移动图书馆是高校图书馆新形势下的个性化服务品牌。完善移动图书馆的服务内容，做好移动图书馆的推广与应用，是现代高校图书馆移动服务的重要内容。

（一）利用社交（So）网络提升服务质量

移动图书馆的最大特点就是突破了时空的界限，拉近了图书馆与读者、读者与读者的距离，在图书馆移动服务中增加社区交流形式的平台是必要的。目前，很多高校图书馆开通了微博、微信、人人网等网络平台，根据读者的留言和评价，及时了解读者信息需求，完善信息资源，加强信息资源与读者、馆员与读者的耦合程度，进而提升图书馆的服务效率与资源利用率。

此外，高校图书馆可以将移动信息服务与学科馆员服务相结合，利用社交网站的不同板块为有需要的科研团队建立相对独立的交流空间，及时了解学科团队的信息需求，提高图书馆信息服务的质量与效率。

（二）完善本地（Lo）服务实现无缝互动

技术的不断革新给读者带来的是全新的使用体验。图书馆在物联网、云存储等技术的推动下逐渐走向智能化。图书馆可以利用网络定位系统、搜索记忆系统等软件开展数据分析服务、数据挖掘服务、知识发现服务，追踪读者在实体图书馆的浏览位置，分析读者兴趣爱好、专业背景，并根据分析结果向读者推送文献信息，供读者参考选择。美国联机计算机图书馆中心（OCLC）移动应用中的红色激光器，能够根据用户地理位置生成本地化的美国图书馆结果，为用户提供图书馆馆藏、图书馆位置、联系方式和地图信息。美国俄勒冈州立大学图书馆自2010年起就利用图书馆收藏的历史图片提供基于手机GPS定位的导游服务。这些基于定位的信息服务是移动图书馆的扩展空间。

同时，高校图书馆可以根据大学生的兴趣爱好建立不同主题的社区，增加读者的

阅读交流。在移动服务中发布图书馆最新动态、培训活动、新书通报等本地信息，增加与大学生学习生活相关的咨询信息，如天气预报、快递查询、学校电话查询、自习室座位查询等实用功能，让读者体会到图书馆就在身边，实现真正意义上的无缝互动。

（三）发挥移动（Mo）特色满足"碎片"阅读

移动服务的根基是信息资源，拥有优质的信息资源是开展移动图书馆服务的前提之一。高校图书馆在资金有限的情况下，应侧重数字资源的建设，构建适合手机等移动设备阅读的数据库，满足读者的"碎片"式阅读。同时，图书馆可以尝试与数据公司合作，开发信息资源检索一站式平台、互动交流平台等 So Lo Mo 服务。图书馆也可以根据本馆的特色，建立图文并茂的特色数据库，推送以图片、视频为主的信息，吸引读者眼球，达到良好的宣传、推送效果。如清华大学图书馆推出了 LAB 新体验栏目，包括清华学者、智能聊天机器人、电子期刊 RSS 订阅等基于移动服务的子栏目。在清华大学图书馆官方微博上，推出了百年馆庆献礼短片《在这里起航，我的图书馆》，从一个普通读者的角度介绍了图书馆的各项服务，取到了良好的宣传效果。

随着信息技术的迅猛发展，高校图书馆开展移动服务，满足读者随时随地访问图书馆信息资源的需求，增加读者的交流与互动，已经成为一种顺应潮流的迫切要求。高校图书馆应结合本馆的实际情况，基于社交化、本地化、移动化的服务模式，拓展移动服务内容，创新移动服务形式，利用新兴信息技术，最大限度地满足新形势下读者的信息需求。

四、移动图书馆服务发展趋势

（一）服务功能更具有层次性

我国图书馆界一直以来都认为图书馆功能单一，主要为人们提供信息知识，所以开展的移动图书馆服务的主要功能都是以信息知识为中心开展而来的，和传统图书馆服务没有什么本质的区别。这不免会给用户带来一种服务落后、内容陈旧的感觉，创新程度不高，并没有体验到移动图书馆服务的便捷，因此不能对用户产生足够的吸引力。图书馆提供的移动图书馆服务不应仅仅为用户提供知识信息，要进一步挖掘用户需求，与用户的生活信息结合起来为用户服务。国外移动图书馆服务在这方面的做法值得借鉴。例如，康奈尔大学移动图书馆服务功能主要由传统图书馆服务、课程服务及探究服务三部分功能模块组成,并且将这些功能模块按照服务层次由低到高的顺序来排列,层次性较高,能够很好地满足不同用户的需求。

(二)服务功能更具人文特色

很大部分的读者不知道移动图书馆的存在或移动图书馆有哪些特色,从而严重影响了移动图书馆的使用效率。

近几年来,我国图书馆移动服务已取得了一定的成果,但是仍存在着一些不足,在现今移动技术突飞猛进的时代背景下,图书馆更应该适时变革,增强创新意识,提高对技术的敏感度,不断更新服务以提高竞争力。图书馆的发展充满着机遇,移动图书馆服务一定会在未来的发展中继续履行和实现图书馆的核心价值,不断为用户带来贴心服务。

第四节　图书馆微信服务现状及建议

《图书馆学五定律》中第五定律所述:"图书馆是一个生长着的有机体",图书馆界要积极转变服务理念,并重视对有关领域新技术的引入和利用。正因为微信多形式的便捷即时交流与信息共享,所以目前大多数图书馆都开通了微信公众平台。

目前,图书馆微信公众平台主要依托于传统图书馆信息化系统、数据库资源或移动图书馆,旨在提供图书馆通知、公告、书目查询、推荐、读者服务、体验及与用户进行交流互动的信息平台。经过文献调研其研究主要包括:①图书馆微信平台的构建:如孔云等总结了微信公众号的常见应用模式,说明和探究了建构基于微信公众号的信息服务方式,提出了符合图书馆业务特点的微信信息服务平台设想;赵洁等总结了国内图书馆微信公众平台构建情况以及基于微信的新服务模式发展现状,在此基础上构建出一种图书馆微信服务新模式,并阐明了其内涵;李丹等人完成了基于微信应用程序编程接口(API),集成馆内各系统数据接口,利用 Apache Tomcat+JSP+MySL(普通服务器＋动态网页技术标准＋关系型数据库管理系统)架构图书馆微信平台的工作。②图书馆微信服务现状分析:如张秋等从微信号命名开通时间、发帖数和发布内容几个纬度分析图书馆微信发展现状,并提出提升微信服务内涵的建议;马大艳等人对"985

工程"大学图书馆微信服务的认证方式、账号类别、推送内容、推广手段、营运模式等进行调查，分析了当下图书馆微信存在的问题，并提出了发展对策和建议；马爱芳等人采用手机应用法与网络检索法就我国高校图书馆微信服务状况进行了调查和分析；甘春梅等人调研已经开通且正在使用的 38 所副省级以上公共图书馆微信公众平台，通过分析统计开通时间、服务方式、服务内容后发现公共图书馆正在越来越多地利用微信公众平台来拓展和创新自身的服务。③图书馆微信实践经验、营销策略研究：如王保成等调研了国内图书馆微信公众平台的应用实践，总结了微信公众平台的功能应用，提出了几点实践经验及改进措施；张钱梅以湖南图书馆微信公众平台为例，从用户订阅、模式推广、内容推送等方面统计分析了其运营状况，提出了公共图书馆在微信推广上的优化策略；黄国凡等利用微信传播指数（WCI）统计了图书馆微信公众号的影响力排名，并结合厦门大学图书馆与湖南省图书馆的微信营运实践，提出了基于内容的微信营销策略；史梅等通过南京大学图书馆的微信营运实践，得到了成功的微信经营策略。④对图书馆微信传播效果进行定量分析；如万慕晨等通过抽取"985"高校图书馆微信推文阅读推广有关信息，运用微信传播指数（WCI）量化研究了图书馆阅读推广效果；李晓蔚等利用方差分析法进行微信图文信息的传播效果研究，并提出了强化传播效果的策略。但是，对基于获取的海量、长期微信推文的内容挖掘研究鲜有报道。

基于此，有研究者以清博指数——新媒体大数据平台为数据源，利用 Python 语言编写爬虫系统，将 2016 年 1 月 1 日至 2016 年 12 月 31 日有代表性的国内图书馆的所有微信推文外部特征（标题、发布时间、阅读量、点赞量、推文链接、发布图书馆名称）及传播指数推文的文本信息作为初始研究数据，结合微信传播指数（WCI），单篇推文传播指数（WACI）以及高频词共现网络，深入揭示并分析了图书馆微信公众号的传播现状和推送文章的特征及内容规律分类，以期能从微信公众号推文内容角度为国内图书馆微信推广提供参考与借鉴。

一、研究过程

（一）数据源

研究人员使用的数据源为清博指数——新媒体大数据平台，选择该大数据平台的原因如下：①平台权威较高，其独特权威的算法公式，如微信传播指数（WCI）、微博传播指数（BCI）、品牌价值指数等。目前已有超过 19000 家单位使用该平台来制作榜单。②数据收集规则说明清晰，可信度高。③微信推文收录完整。

（二）数据爬取及分析

为了得到准确、规范的结构化数据，其使用 Python 语言与 mongoDB 数据库来进行数据爬取与数据分析。在数据爬取时其使用了 Beautiful Soup、time、re、uests、string 等模块，其中 Beautiful Soup 库的作用是从 HTML 或 XML 文件中提取所需数据。在文本挖掘时启用了"结巴"中文分词模块。在数据库上其选用了非关系型数据库（mongoDB），这是一个跨平台、面向文档的数据库，可以存储比较复杂的数据类型。

1. 数据爬取

（1）查找 39 所"985"高校图书馆以及 45 个中国图书馆学会八届常务理事单位微信公众号，人工收集已开通微信公众号且正在使用的账号名（如南京大学图书馆：njulibrary）。"985"高校图书馆（35 所正在使用）与中国图书馆学会八届常务理事单位有部分重复，且常务理事单位中很多没有微信公众号，经过筛选，共获得 58 个微信账号名。

（2）构造列表将 58 个账号名放入其中，运行自编的爬虫脚本，爬虫就会依照脚本遍历所有微信公众号的列表页，并爬取 2016 年 1 月 1 日至 2016 年 12 月 31 日每个账号名下的所有推文的外部特征。将这些外部特征以字典形式的数据结构保存到 MongoDB 数据库 wx.all 文档中的 wx-exinfo 集合。

（3）依照脚本抽取 wx-exinfo 集合中高单篇推文传播指数推文的链接，运行自编的爬虫脚本遍历所有这些推文页面后，得到推文中的文本、是否原创、图片数等。同样将这些抽取到的信息以字典形式的数据结构保存到 wx.all 文档中的 wx.xinf 集合。

2. 数据处理与分析

（1）微信传播指数（WCI）以及单篇推文传播指数（WACI）的计算。清博指数——新媒体大数据平台中微信传播指数 WCI(V12.0) 设计的步骤是：设计一级指标与二级指标，将这些指标数据用标准化方法处理，加权统计计算出整体评估值。该指数值与整体样本量无关，而且没有假设条件。它是通过微信公众号推文覆盖范围、传播度和账号影响力来计算微信加权后热度发展趋势的。

（2）数据统计及高频词的共现矩阵。日推文量和全年各图书馆推文阅读量、点赞量统计通过运行自编的脚本得到相应的结果。对 12446 条爬取的推文标题进行分词处理时启用了"结巴"中文分词模块，分词模式选用精确模式，这可以将标题最精确地分切，适合文本分析。之后运行自编的共现分析软件对词频进行统计，并对高频词共现网络进行分析。

二、讨论与分析

（一）微信推文外部特征分析

运行自编的统计脚本对 12446 条爬取的推文进行时序统计，将统计的结构数据导出为 CSV 格式文件。

下半年月均推文量为 1102.17 篇，大于上半年月均推文量 972.17 篇，说明微信的使用频次整体是增加的。因为统计的图书馆中有 35 所高校图书馆，在 1 月、2 月、7 月、8 月放假期间其推文量较少。

同样，他们得到各图书馆的推文量统计。推送文章数是指 2016 年 1 月 1 日—12 月 31 日某图书馆微信公众号推文量总和。其中排名靠前的多为公共图书馆。湖南图书馆、黑龙江省图书馆、湖南大学图书馆的推文分别为 938、803 与 681，分别占推文总数的 7.54%、6.45%、5.47%。

图书馆微信推文阅读量是指截至数据收集日（2017 年 1 月 4 日），2016 年内各图书馆的所有推文阅读量的总和，篇均阅读量是指各图书馆的推文阅读量除以各图书馆的推文量。点赞量是指图书馆所有推文点赞量的总和，篇均点赞量指各图书馆的推文点赞量除以各图书馆的推文量。湖南图书馆、上海图书馆、国家图书馆的推文阅读量排前三位，分别为 6362312 次、707687 次、581391 次。篇均阅读量前三位是湖南图书馆、南京图书馆、四川大学图书馆，分别为 6782.85 次、4242.12 次、2975.64 次。其中湖南图书馆的微信推文阅读量、篇均阅读量都为第一，且远远大于第二名。点赞量前三位是湖南图书馆、四川省图书馆、国家图书馆，分别为 40749 次、8453 次、6253 次。篇均点赞量前三位是四川大学图书馆、湖南图书馆、南京图书馆，分别为 51.43 次、43.44 次、40.80 次。

可以大致看出篇均点赞数与篇均阅读量可能存在一定的关联性，即篇均阅读量越多，篇均点赞量就会相对大一些，这很好理解，是因为阅读的人越多才有可能点赞的人越多。根据统计图书馆微信推广效果可以分为：①篇均阅读量、篇均点赞量排名远大于微信推文数量排名，如四川大学图书馆、南京图书馆；②篇均阅读量、篇均点赞量排名与微信推文数量排名相当，如湖南图书馆、四川省图书馆；③微信推文数量的排名远大于篇均阅读量、篇均点赞量排名，如黑龙江省图书馆、湖南大学图书馆。其推文传播效果上差异的形成原因及推广建议将在后面讨论。

（二）推文内容分析

在 Python 中利用"结巴"中文分词组件中适合文本分析的精确分词模式，通过对 12446 条微信的标题过滤标点符号后进行结巴分词共得到 110053 个词，不同的词有 16322 个。将这些词按着频次排序，选取频次大于 100 且去除无实际意义的词，如结构助词、语气词、数词、介词、非语素字、连词后得到 73 个高频词。

分析 73 个高频词共现网络后可知，图书馆微信推文的主要内容涉及：①各类推荐，包括好书推荐、经典图书推荐、电影推荐、电子书推荐、资源推荐、期刊推荐、主题类图书推荐；②图书馆服务，包括资源服务、信息服务、知识服务、电子资源服务、数字资源服务；③开展讲座、讲坛，包括周末讲坛，学术、艺术、生活、历史、人生讲座及讲坛；④预告、通知，包括图书馆开展的各项活动、服务、讲座、讲坛、展览、开放时间等；⑤少儿图书的书单、预约、展览，以及针对少儿的教育、服务；⑥各类免费的电影、数据库、文献讲座及培训；⑦数据库、电子资源及期刊的开通、试用、培训；⑧图书馆组织的各类沙龙，包括读者沙龙、英语沙龙、电影沙龙、艺术沙龙；⑨阅读分享，包括世界图书和中国图书阅读分享；⑩古籍图书的介绍、展览，古籍数据库等。

（三）WCI 和 WACI 指数排名

因为清博指数——新媒体大数据平台是按照日、周、月这三个周期进行采集统计的。他们选用目标图书馆微信公众号均已开通且推文最多的每一年 9 月作为 WCI 的统计月。每一年的 9 月图书馆微信公众号推文总阅读量大于 150 万，总点击量 15663，其中单篇推文最大阅读量为 46771，单篇推文最大点赞量为 353。其中湖南图书馆的微信传播指数为 804.99，远远大于排名第二的四川大学图书馆和排名第三的上海图书馆，排名 2~10 的图书馆微信传播指数差别不是很大。所有 58 个图书馆的 WCI 平均值为 354.60，大于平均值的图书馆共有 29 个，微信运营效果存在参差不齐的现象。

为了更加直观地识别具有参考价值的图书馆微信推文，运行自编的计算脚本统计了单篇推文传播指数 WACI。分析后可知，WACI 大于 580 的推文 41 篇，其平均图片量为 11.07，最大图片量为 35，推文平均字数为 2098.63。分析说明的传播指数的推文总体还是短文较多且图片量较多，这也和当下浅阅读时代中的碎片化阅读特征相吻合。WACI 大于 580 的 41 篇文章按照内容可划分为网络热门文章、阅读推荐、公告通知、阅读体验、读者服务、微阅读。其中，网络热门文章占据多数且均非图书馆原创内容，包括人文历史、人物品论、读书与爱情、读书励志、子女教育、家庭亲情等。这些推文符合企鹅智酷在 2016 年微信影响力报告中用户微信分享新闻三要素：价值、趣味、感动中的一条或几条。公告通知中原创推文"南图少儿馆（0~6 岁）正式开放啦！"，介绍了南图首创的适合于 0~6 岁的"南图少儿馆"，自此南图少儿借阅的入室年龄从 6~15 岁扩展至 0~15 岁，实现了少儿借阅服务全年龄覆盖。读者服务中原创推文"2016 年度阅读对账单"是图书馆利用新媒体以及数据挖掘与分析技术提供信息服务的优秀案例。读者服务中原创推文"江安闭馆音乐大放送——无论何时，唯愿你听歌如见我"将十年间图书馆与读者的情感纽带——闭馆音乐作为服务升华点，并以音频方式给受众提供情谊绵长的感受。原创推文"吐槽大会——你在图书馆经历过最痛苦的事情排行榜"中图书馆为了更好地倾听同学们的意见和建议，特地"召唤"出了一面吐槽墙，让大家用便笺尽情吐槽。该活动形式新颖，互动性强，得到了广大受众的强烈回应。阅读体验中原创推文"这场马拉松你可以和 1000 人一起艳遇中"，提出的当阅读遇上马拉松成就了一个动静结合的新词"阅读马拉松"（Readathon）。阅读马拉松是个人专注和毅力的终极竞赛，如同众所周知的马拉松比赛一样，成绩并非参赛者的参赛原因，能否坚持完成这次自我挑战才是每个人的追求。推文"边运动边看书，闵行图书馆新体验"提出将普通的座椅置换成运动器械，这点小小的改变就能让读者轻松实现运动与读书两不误。微阅读中微阅读系列推介中提出"摆一张静几，读一本好书，让思想随文字激荡，让文字在心田流淌，可使人心态归于平和，汲取前行的力量"的阅读理念。阅读体验中"阅读 2016，微书评有奖征集活动"要求受众将触动心灵的阅读体验用微书评的方式与图书馆互动，与大家分享。

三、图书馆微信运营推广建议

通过分析，可以看出大部分图书馆虽开通了微信公众号，但是其中很多图书馆开通微信公众号的目标较为模糊，跟风开通后人力、物力资源投入难以持续，致使"僵尸"微信公众号存在，如中国海洋大学图书馆、华图小微、吉林省图书馆、中央民族大学图书馆、中国地质图书馆、北航图书馆、北京理工大学图书馆全年推文量均少于30篇。除此之外很多图书馆微信运营效果也不尽如人意，很多图书馆的微信推文数量排名远大于篇均阅读量、篇均点赞量排名，如黑龙江省图书馆、湖南大学图书馆，说明该类图书馆的运营投入大于平均产出。因此，如何提高图书馆微信公众号运营推广能力就显得尤为重要。

（一）建立量化考核指标体系

量化考核指标体系的建立是图书馆微信运营的核心要素。通过构架合理的运营指标体系可以使图书馆获得及时、客观的评价，明确所要达成的目的，找准自己所在的定位，进而更加有效地提高微信公众号的影响价值。通常可量化的微信公众号指标一般分为显性和隐性两类，其中，显性指标主要由阅读量、点赞量、推文量等构成，WCI指标就是代表性的显性指标。隐性指标主要是每条推送消息访问量、每日独立访客数、订阅人数、活跃度等指标，需要通过微信公众号后台进行统计分析。各图书馆应该定期分析WCI、WACI指标，结合微信公众号后台隐性指标发现并解决问题（如研究推文内容规律，发现高WACI推文等），而不是主观盲目地制订运营计划。

（二）提升推文内容全面性、选择合理性

以上统计可知，各图书馆的推文量差别较大，部分图书馆推文数量远低于平均水平，如中国地质图书馆、北航图书馆、北京理工大学图书馆。低的推文数量必然不能包含图书馆想要传播的信息，图书馆推文的内容可以参考对微信推文标题高频词共现网络的分析，作为图书馆官方微信账号的推文信息至少要包括图书馆的各类通知、预告、安排（如开馆、闭馆、假期）；图书、期刊的各类推荐；数据库、电子资源及期刊的开通、试用、培训；各类阅读分享、阅读推广活动；图书馆组织的各类讲座、沙龙。同时，提升推文选择的合理性也十分重要。部分图书馆对微信公众号推文没有筛选，虽有大量的推文，但推文的影响力较低，这主要是由于不经过筛选的随意转发其他微信推文造成的。

（三）打造高质量的原创推文

图书馆微信运营者要做到兼顾微信推文内容全面以保证阅读量，同时尽力做到推

文分享三要素：价值、趣味、感动中的一条或几条以保证点赞量。其中简单的方法就是转载传播指数高的原创推文，但是该方法会因为其他公众号转载次数的增加而使得转载推文的阅读量、点赞量骤降，同时不利于微信品牌的树立，还面临着侵犯知识产权的风险。与其追，不如造，打造高质量的原创推文是各个图书馆应该努力的方向。

通过分析高 WACI 的推文内容，可以发现，期望打造出优质的微信推文有以下几点可作为参考：

1. 有价值

有价值，俗称"干货"，为服务对象提供具有实用价值的内容。从以上单篇推文传播指数 WACI 大于 580 的推文中可以发现实用价值对服务对象的重要性。推文"南图少儿馆（0~6岁）正式开放啦！""请正在使用的宝宝马上离开座位！""校友福利——校图书馆开发新平台为校友提供终身服务"，给读者一种获得独家资源或特有资格的满足感。得到这样的资源或资格后读者将会不自觉地作为信息扩散源，向别人传播。

2. 有温度

无论微信推文传递什么样的内容，其本质不能脱离的都是面对人这样一种服务对象。每个个体都有其独特的需求，而人具有的情感才是唯一的共通点。图书馆微信推文针对服务对象的情感需求去创作，往往能取得意想不到的传播效果。如原创推文"江安闭馆音乐大放送——无论何时，唯愿你听歌如见我"将十年间图书馆与读者的情感纽带——闭馆音乐作为情感升华点，勾起了无数已经毕业学生对"不悔梦归处，只恨太匆匆"的大学岁月无限的追忆。即使是图书推荐、讲座、阅读分享这些较为理性的题材，也只有融入情感的因素才可以引发服务对象的阅读以及点赞的冲动。如"这场马拉松你可以和 1000 人一起艳遇中"提出的当阅读遇上马拉松成就了一个动静结合的新词"阅读马拉松"（Readathon）。满足了服务对象希望通过完成"头脑马拉松"来实现超越自我的情感体验。

除了以上两点，从微阅读系列推荐中还发现有特色、有品质的推荐书单经常比普通图书推荐更容易被分享，因为这些推荐书单一定程度上表达了服务对象的阅读品位和价值取向，分享书单实际上等同于分享了一种态度，具有"社会标签"功能。

四、高校图书馆微服务现状及对策

（一）微信公众平台在高校图书馆中实际发展状况

1. 应用范围广

根据相关数据统计，全国高校图书馆已经获得认证的微信公众平台超过 75 个，在认证时，这些高校或是采用本校校名，或是利用图书馆拼音缩写结合图书馆后续等英文缩写组合而成。

2. 功能齐全、种类丰富

某些高校图书馆微信公众平台为公众呈现的服务导向单元非常清晰，如"我的馆藏""自主服务板块""动态资源""服务共享板块""开馆时间"及"最新公告"等板块设置，不难发现高校图书馆微信公众平台功能齐全，种类丰富。

3. 先进的管理方法

当前，一些开设微信公众平台的高校，其管理方式主要有两种，即编辑与研发方式。其中编辑方式主要指用户根据相应回复提示数据，微信公众平台自动回复设置的自主选择功能。研发方式则需利用现代科技才能实现，主要是在编辑方式基础上，使得高校图书馆微信公众平台更加简便与人性化，激发用户自主选择积极性，享受更优质的服务。当前，在全国已开通微信公众平台的高校图书馆中，有近 20 所高校采用编辑方式，其余大都以新型研发方式为主。

（二）微信公众平台提供信息服务的优势

1. 用户数量多

目前，我国新媒体已开始"微"时代。全球微信用户超过 6 亿人，超过 200 多个国家与地区，信息发布语言超过 20 种。微信公众账户的浏览量也以每日 8000 多次的速度在增长，信息交互超过亿次，其中大学生占比最高，是微信主要用户。因此，高校图书馆借助微信公众平台实施信息服务，能够扩大信息服务范围，极易被学生接受。

2. 低运行成本

由于微信软件是免费的，不会产生费用，且所需互联网流量也很低。过去，在信息服务宣传推广活动中，高校图书馆宣传手段以发传单及打印海报为主，活动结束意味着宣传推广同时结束。相同的工作，需要不断重复宣传，且资金投入大。而利用微信公众平台，高校图书馆可以定期或不定期向用户推送信息，公众对图书馆服务认知度也会得到提高。

3. 精准的内容定位

微信公众平台在设立时就制定了"精选"原则，每日推送 1~2 条优选精品信息为主，引导用户主动发掘信息包含的内容。且微信公众平台可对用户分组，利用微信接口绑定用户账户，提供身份认证服务，如个人借阅信息查询等，用户还可选择性地接受自身信息管理与新服务模式。

4. 多元化的信息传播形式

相较之传统媒体，移动互联网技术的广泛应用是新媒体技术的显著特点之一，借助手机终端用户随时浏览资讯、传递最新信息，充分利用碎片化时间。基于对讲功能，使得微信社交逐渐由文本传输转向包含图片、文字、声频等多元化媒体形式，用户所见所闻分享更加便利。同时通过微信朋友圈，转载、转发及 @ 等功能，使用户可以快捷地为好友分享所需内容。

5. 便捷的信息服务

微信公众平台以一对多传播方式为主，直接将信息传输到用户手机，信息传递率与收看率达到了 100%。用户接收到回应后，沟通机制模式为一对一，用户与平台管理者进行单独交流，具有很强的私密性。相较之 App，微信公众平台无须另外下载安装，使用快捷方便。

（三）基于微信公众平台的高校图书馆微服务存在问题

1. 易被校内外微信公众号覆盖

在各大高校内部，党政部门、院系、科研所及学生社团竞相开设微信平台。相关调查显示，在某市高校，各个高校设立的微信公众号超过 20 个，不断加强建设微信公众平台及其内容，在此基础上扩大本校微信公众号影响力及服务能力。在高校发展中，图书馆属于一个普通部门，因而其微信平台极易被其他微信平台覆盖，其相应资源与服务也会遭到覆盖。

2. 内容简单缺乏个性

有关调查显示，相较之社会及高校其他微信平台，学校图书馆微信公众平台内容比较简单，缺乏个性。例如，一些高校图书馆微信公众平台经常利用图书推介方式进行阅读推广，内容以简单文字与图片为主，有生动丰富的视音频资源及用户类型划分，但是图书分类不足，专题图书不多，使得图书推介没有实际意义，难以得到用户关注。

3. 交流互动不强

相较之社会及其他微信平台，很多高校图书馆微信平台交流互动明显不足，且用户与图书馆间也没有建立起功能强大的反馈机制。例如，高校图书馆微信公众平台所设置的咨询参考及图书推介大都属于"我发你收"状态，与读者间的实时交流互动功能明显不足。如果用户咨询的不是常见问题，就无法及时将这一问题反馈至高校图书馆。不完善的反馈机制导致高校图书馆不能及时改善读者提出的意见与建议，为用户提供的个性化服务也受到很大影响。

4. 信息资源比较分散，共享性不高

高校图书馆包含很多部门，资源包含纸质与数字资源等，且这些资源分别由不同部门负责，受版权限制及部门分散等众多因素影响，较多的数字资源很难在微信公众平台得到共享。例如，目前很多学生由于学业紧张，面临较大的就业压力，阅读方式以碎片化及浅阅读为主，促使高校图书馆微信公众平台必须要具备内容丰富的电子书及数据库等资源，利用图书馆用户可以及时开展资源推介。同时在检索到馆藏书目后，可获得与阅读相关的各类图书及数据资源，但实际上这一功能实现难度较大。

5. 专业人才不足

众所周知，微信属于一种现代化科技产物，因此高校图书馆要利用微信公众平台为师生提供更好的服务，所以专业服务人员必不可少。目前很多高校图书馆微信公众号线下服务人员以实体工作人员为主，其主要由退休老师或其他人员构成，年龄较大，难以掌握现代智能手机，手机微信更是不言而喻，因此也就无法回答同学提出的一些较为专业的问题。同时在高校公众微信平台中，越来越多的学生开始加入，微信公众平台人员比较复杂，包含学生、老师及其他社会人士，因此如果没有专门人员进行管理，不做好分类就无法为学生提供帮助及优质的服务，甚至会为学生带来一些麻烦。

（四）高校图书馆提高微信服务水平的建议

1. 为师生提供特色服务，塑造微服务品牌

微信服务日益同质化，使其服务缺乏特色，没有吸引力，质量不高，从而使高校图书馆不重视微服务。高校图书馆要积极塑造自身特色服务，塑造微服务品牌。高校图书馆层次及类别不同，必须要结合自身情况，以服务对象特点为契机，为用户提供更好的微服务。同时，高校图书馆管理部门要深入师生，全面了解全校师生实际需求，积极采纳师生提出的意见与建议，不断完善服务内容，提高服务质量。只有从根本上做到"以用户为中心"，不断创新自身微服务，才能促使高校图书馆微服务成为用户重要服务内容，而并非可有可无的附属品。

2. 积极嵌入电子资源服务模式

在图书馆建设发展中，数字图书馆早已成为一种必然趋势，且电子资源逐渐成为高校图书馆资源的重要内容构成。通过高校图书馆微信平台，用户只能查询到馆藏纸质书目，由于没有嵌入电子资源服务，使得图书馆内涵得不到充分体现，无法满足用户多元化需求。所以，加快嵌入电子资源，并提高服务质量，成为目前高校图书馆工作的重中之重。同时，在设置电子资源搜索项目时，要秉承公益图书馆原则，不但要为有图书证的用户提供服务，还要做到馆外读者也能享受电子资源搜索服务，从而为专家学者提供更好的信息资源服务。

3. 积极开发微信社交功能，构建微社区

一般高校图书馆微服务社交功能并未得到体现，社交互动不足，用户被动地接受讯息，管理员与用户对话不畅等，削弱了微信吸引力。所以，高校图书馆要重视合理开发利用微信社交功能，从根本上建立管理员与用户、用户与用户间可互动交流的微社区。一方面，积极利用微信界面用户与微信号间的聊天及视频等功能，管理员要及时回复用户问题。同时，积极恢复某些程式化问题自助功能，缓解工作压力。另一方面，设置专门的微社区，或为用户提供相应的学习生活服务模块，同时为用户提供与其生活、工作或学习联系紧密的电影学术沙龙、报告、旧书买卖、文艺演出、寻找书友、纳新招募、经典赏析及志愿者服务等分类信息，满足用户实际需求。

4.加强微信公众平台服务营销宣传

利用微信公众平台，高校图书馆为用户提供微服务，缩短信息获得时间，提高信息传播速度，从传统的被动接收到以用户信息需求为主的转变。高校图书馆加强建设微信公众平台，首先提高平台影响力及营销宣传力度，满足互联网环境下用户实际资源需求以及阅读习惯的改变。因此，高校图书馆要增强品牌传播意识，制订完整的运营计划，在微信公众平台基础上加强用户互动。比如，丰富线上资源传播及线下产品宣传，利用O2O模式（线上到线下的商业模式）宣传图书馆资源品牌，从而为图书馆微服务营造良好的网络营销氛围。

5.积极引进计算机专业人才

基于微信发展时间不长，很多微信平台专业问题亟待专业人士才能解决。同时微信公众号人员复杂，因此后期必须要引进专业人才，加强微信公众平台信息安全。学生利用学号登录账号，校外人员必须要用身份证号才能登录，在此基础上预防不法分子侵入。同时高校还要安排专门负责人管理微信公众平台，及时回复用户问题，在条件允许的情况下安排教师到其他学校或地方深造学习，全面做好高校图书馆微信公众平台管理工作。

（五）微信公众平台在高校图书馆微服务中准确定位

在新形势下，信息媒介、内容及活动微型化趋势日益明显，因此以微信公众平台为基础的高校图书馆微服务模式随之出现。微信公众平台服务内容以为用户提供相关咨询与有效信息为主，从本质上来讲，其功能定位是为用户提供展示自我及信息交流的机会，扩大自身社会影响力，增强服务意识。所以，随着微信公众平台的诞生，高校图书馆服务范围、方式及内容不断扩大，在微信息环境下，有效满足了图书馆用户的各类需求，完善了图书馆地域与时域局限性。但机遇与挑战是同时存在的，高校图书馆微服务工作还处于探索阶段，还未建立利用微信公众平台为用户提供信息服务模式，服务内容有待进一步完善，同时微信公众平台信息推送数量有限、功能简单及个性化定制不足，这些因素能够直接影响到高校对图书馆微信公众平台的资金投入，从而影响其服务效果。所以，目前高校图书馆微信公众平台无法为用户提供完全服务。

目前随着现代科技水平日益提高，在服务行业微信公众平台得到了广泛应用，服务功能不断增强，服务内容更加丰富，是其作用的主要表现。在此新形势下，要正确认识高校图书馆，全面思考其资源框架、技术应用及服务模式等，在新媒体环境下，为高校图书馆未来发展找到正确方向，促进其全面发展，而微信公众平台恰恰能满足这一需求，必须要合理利用。

第三章 图书馆新形势下的个性化服务

计算机的发明、网络的产生以及与之相关的所有发明，是人类社会划时代的巨大变革，直接推动信息时代的到来。信息时代，信息总量的增长非常迅猛，呈爆炸式的发展趋势。但与此同时，读者对信息的需求量更大、要求更高、层次更深，并逐步向需求个性化、差异化方向发展。本章主要对图书馆新形势下的个性化服务进行详细的讲解。

第一节 图书馆个性化信息服务模式及策略

然而，面对信息的海洋，我们经常陷入无所适从之中，不知道该从什么地方去找，不知道自己找到的是不是正确的。于是，如何更加有效地对这些信息资源进行利用，并更好地为读者进行服务，成为信息时代一个必须解决的问题。作为保存、利用和传播信息的专门机构，图书馆应该在解决这一矛盾中发挥出独特的作用。

图书馆现行的以文献保存为中心，以借阅服务为重点的传统服务模式在信息化的大潮中显现出来的弊端越来越明显，供需之间的矛盾越来越突出。这就促使图书馆需要转变传统的工作模式，将个性化服务的理念与实践贯穿到传统的业务中去，达到更好、更高效的服务，在解决海量信息与人的需求不对称这一矛盾上扮演最重要的角色。基于这种认识对图书馆个性化服务的研究越来越得到人们的认可，许多专家学者都热衷于研究这一课题，并提出了许多具体的模式，而且继续进行着更深入的探索。

一、图书馆个性化服务的概念和特点

图书馆个性化服务，就是指图书馆根据读者的需求，依据各种渠道对读者所需的资源进行收集、整理和分类，向读者提供和推荐相关信息，以满足读者的需求。公共图书馆个性化服务也是指图书馆在数字信息环境下，主要利用传统技术、网络和信息技术为个性化用户提供充分满足其个体信息需要的集成性信息服务。主要包括服务对象、服务时空、服务方式和服务内容的个性化。区别于传统的定题服务,定题服务不属于完全意义上的个性化服务,是典型的早期的个性化服务,由于受到环境和条件限制,服务的深度和广度也受到局限,个性化服务表现得不充分;而个性化服务则是针对不同的用户,即使提出相同的检索课题,所提供的信息也应该是有所不同的。

(一)需求个性化

以读者群阅读、科研等需求为导向,广泛提供传统纸质和网络技术以及数字化的资料,包括政府公开信息,学科发展前瞻信息等查询服务。这种阅读需求具有确定性和不确定特点,作为公共图书馆既要满足读者群明确表述的需求,同时要提供尚未表述清楚或者边缘学科的需求,一并为读者群提供智力支持。不仅如此,作为公共图书馆的服务者应做好备课,不但要了解读者个体的知识结构情况,还要了解读者个体所要研究的这一学科领域大体的发展前沿,从而提供完善的读者个体所需信息。

(二)内容个性化

尽管公共图书馆为读者提供的内容具有多样性和集成性特点,但是其信息内容更具有专属性,信息的提供和获取及选择具有双向性、互动性,借助于技术手段可以及时、准确地进行传递交流。

(三)形式个性化

现代化信息技术在图书情报领域广泛应用,因此为用户提供的个性化服务不再局限于人工、非数字信息服务(纸质的传统媒介),而是广泛采取自动化、网络化、数字化服务。读者与图书馆之间通过互动式的服务,可以真正达到效率高、资源共享的效果。

二、图书馆开展个性化服务的必要性

(一)读者信息需求的复杂性和差异性增加

由于读者来自各行各业,每个人的知识水平、生活阅历、价值取向、意图目的等都存在很大差异,因此读者的信息需求很复杂,彼此也差异甚大。这就要求图书馆在帮助读者解决困难的时候,不能搞一刀切,敷衍了事,而是要针对不同读者实行个性化的服务,要向人性化的方向发展。

（二）网络资源的激增是图书馆开展个性化服务的客观要求

网络技术的出现，为人类的传播带来了史无前例的变革。它提供了一个平民化、虚拟化的平台，各种网络资源纷纷而出，并成几何倍数增长。面对总量如此庞大的信息资源，我们要精确地查找到自己想要的信息就不是那么容易。作为信息存储和提供机构，图书馆必须实行个性化的服务，有针对性地对读者的需要进行分析，提供并满足读者所需的信息，删除那些不相关的信息，排除干扰，为读者提供最合适、最符合他们需要的信息服务。

（三）个性化服务是图书馆自身发展趋势的必然要求

21世纪是信息的时代，信息资源的总量呈爆炸式增长的趋势。信息服务机构数量也在不断增多，信息的获取渠道不断拓宽；还有就是读者对信息使用的意识和方式有了相当大的改变，不再只满足于自己去查找和借阅图书，他们对图书馆的要求也越来越不同，越来越具有个性。

三、制约拓展图书馆个性化服务的因素

提供图书馆个性化服务实质上是提供完善用户个体知识结构所需信息和知识，实现高效的知识转移的过程。个性化服务必将成为图书馆发展的主要趋势。进一步拓展个性化服务是图书馆软硬件提升的过程，资金供应对公共文化的支持、人员的知识结构、系统技术的开发与应用等是重要保障。

（一）馆员的个性化服务意识和水平尚需提高

目前许多公共图书馆只能提供基本的搜索功能，尽管有些高校图书馆具有比较完善的个性化信息服务系统，但其功能尚未得到充分发挥，并未实现信息资源共享。许多图书馆馆员的计算机与网络综合运用能力、搜索专业学科知识的能力以及文献信息处理能力都与实现个性化服务存在一定的差距。

（二）馆藏不足及数字化水平共享程度不够

全国共出版图书47.6万种。例如，大连市拥有公共图书馆13所，藏书总量903.5万册，其中大连图书馆总藏书量为451万册，平均图书年藏书量3.8万种，平均报刊入藏量5011种，而作为区级图书馆的沙河口区图书馆藏书量只有45万册，明显存在馆藏不足现象。图书馆在信息资源建设中，信息资源共享工作虽取得了可喜的进步，但随着中国信息化的进一步发展，图书馆信息资源数字化程度有待提高，特别是信息资源的共享程度需要进一步加强；数字化信息资源的质量和深度不能满足用户的需求。

（三）信息资源保障体系不够丰富和完备

信息资源是图书馆信息服务的物质基础和源泉，同时是确保个性化服务的质量和水平的关键。在传统图书馆逐步向网络化图书馆、数字化图书馆发展过程中，印刷型文献、数字文献都需要书目组织，形成统一体系的书目数据库，图书馆书目报道体系需要不断加以完备。

四、图书馆个性化服务模式

当前图书馆的个性化服务模式主要包括以下几个类型。

（一）个性化定制服务

它包括界面定制、内容定制、检索定制、服务定制及提示型定制等内容。这种服务是最直接而简单的个性化服务，就是读者从图书馆已经准备好的各种类型的服务中，选择自己所需要的。这要求图书馆尽可能多而广地开发出可供读者选择的定制模式。

（二）信息推送服务

目前常用的推送服务可以分为两大类：一类是通过人工借助于电子邮箱进行信息推送；另一类是由智能软件自主完成的信息推送。

（三）互动式信息服务

互动式信息服务提供包括网上定题服务、网上参考咨询、网上文献传递、网上馆际互借等内容。其中，网上定题服务是图书馆工作人员根据读者提出的需求，对读者提供的针对性服务。网上参考咨询是指读者在上网搜索信息时，确定自己的检索主题，其他的工作交由服务提供商完成。网上馆际互借指在本馆资源中没有读者需要的文献，则工作人员要从其他馆的资源中借用，来提供给读者。

（四）词表导航服务

词表导航是满足读者个人的各种检索需求而提供的一种检索帮助。系统能根据在线读者输入的检索词，自动显示与输入检索词相关的词。

（五）个人研究咨询服务

个人研究咨询服务（individualresearch consultation service，IRCS）。在高校 IRCS 主要是帮助和辅导师生进行信息获取与分析评价，对于读者不同的信息需求给予针对性的指导，提高文献信息资源的利用效率。

五、拓展个性化服务领域的创新思路

服务具有互动性，用户要有个性化服务要求，图书馆自身具有满足个性化服务的能力，拥有丰富的信息资源；图书馆具有满足个性化服务需求的服务支撑技术，包括用户建模技术、个性化推荐技术等。

图书馆拓展个性化服务需要具备以下几个条件：

（一）坚持以满足用户需求为出发点

结合用户需求的特点，根据用户的习惯差异采取迥异的个性化服务。因此，完善和建立用户档案信息数据库是扎实推进图书馆个性化信息服务的基础，通过用户档案信息数据库建立起用户搜索习惯，进而提供更多相关领域的信息，便于用户更好地查找信息内容。数字图书馆更新数据时，可以根据建立的用户个人信息数据库，第一时间向用户提供与其领域相关的信息，满足搜索需求。

（二）坚持技术优先原则

信息技术的不断更新发展有利于完善数字图书馆个性化信息服务系统，充分发挥技术优势，更好地为图书馆提供个性化服务。一是广泛借鉴先进的管理模式和技术，尤其对国外图书馆个性化信息服务发展的新方向新动态，必须坚持引进来原则，为我国图书馆发展积累经验；二是建立完备的资源整合共享机制，进而发挥我国在信息科技方面的研究成果，提高信息技术在我国数字图书馆个性化信息服务的科技转化率，努力提高我国数字图书馆个性化信息服务的智能化和自动化水平。

（三）重视人的因素

数字图书馆个性化信息服务发展关键还是要靠人在观念、技术上的发展，因此数字图书馆个性化信息服务发展过程中要坚持两点。一是图书馆人员的素质。图书馆人员不能只是坐在图书资料室对所借图书登记的闲人，而应该是对某一领域特别是信息技术方面具有一定造诣的专业人员，这样既可以根据自己对数字图书馆个性化信息服务的体验找出个性化信息服务的不足，也有利于个性化信息服务的进一步改进。二是图书馆服务模式。图书馆作为信息交流的重要平台，其服务操作应具有模式化，以避免管理的混乱。而数字图书馆个性化信息服务必然要求新的服务模式与之配套，进而发挥个性化信息服务管理的有效性。

（四）加强用户推广

人民群众对数字图书馆个性化信息服务发展还不太了解，这也是我国数字图书馆个性化信息服务发展的瓶颈。因此，必须加强用户推广工作。一是图书馆要加强对数字图书馆个性化信息服务的宣传。数字图书馆个性化信息服务宣传过程中要第一时间回应用户对数字图书馆个性化信息服务的疑问和质疑，树立起良好的信息服务形象，帮助用户更好地了解和使用数字图书馆个性化信息服务，发挥数字图书馆个性化信息服务在资源共享方面的优势。二是要正确引导用户使用数字图书馆个性化信息服务。数字图书馆个性化信息服务对很多人来说是一个新事物，新事物代替旧事物必然需要一个过程，因此，图书馆要根据实际需要采取多种不同方式，对数字图书馆个性化信息服务进行推广。

（五）加强读者的隐私安全与保护

图书馆的个性化服务应该使读者相信其个人信息只是用于满足读者的需求，不会被用于其他方面。这就要求我们，首先需要制定完善的保护政策，进行公示，使读者可以充分了解并运用足够先进、可靠的保护技术。其次，提供的个性化服务不能不负责任地使用大规模的推送，强行向读者推送读者不需要的信息，而是应该做好读者需求分析，提供给读者真正需要的信息资源。

（六）加强对知识产权的保护

我们必须遵守法律，不能为了最大化地满足读者的信息需求就把尚在知识产权法律保护之内的信息公开给读者，应该向其解释清楚相关政策。

（七）提升服务效率与反馈质量

同其他服务满意度一样，服务反馈是进一步改进个性化服务质量和提高服务满意度的重要基础。这不仅反映读者的满意度，更是可以有针对性地对读者的反馈进行整改，以便更好地开展个性化信息服务工作。

（八）提高图书馆工作人员的业务素质

通过教育从根本上转变图书馆馆员的思想观念，把个性化服务的新思想灌输给他们，把积极的工作态度找出来，切实为读者服务。没有高素质的工作人员就不可能提供高水平的个性化服务，图书馆要培养员工的职业道德，加强其工作责任感，使工作人员对此项工作认可并贯彻下去。图书馆还可以大力引进具有个性化服务意识的大学生，为本单位注入新鲜血液，焕发生机。

（九）促进技术与理论方面的研究

图书馆个性化服务的理论正在讨论发展中，相关的技术也很不成熟，一方面，要在理论研究上下功夫，要有创新，不要一味地照搬照抄国外的研究成果；另一方面，注意国外最新的图书馆软件，并争取能早日研究出适应于中文环境的相似软件。

（十）实现图书馆间的资源共享

可以加强图书馆间的资源共建、共享，多方面进行合作，资源互补，减少读者多方获取信息资源的难度，尽可能多地为读者提供更多的资料和服务。现代信息技术的迅猛发展使图书馆具有了新的发展动力和空间，网络和移动技术的不断更新，也为图书馆开展更多内容和形式的服务提供了坚实的基础，图书馆只要坚持不断紧随时代发展和坚持以读者为中心的宗旨，就一定会在个性化服务领域中取得新的成就，图书馆服务也一定会迈向一个崭新的阶段。

第二节　我国图书馆个性化服务管理机制

图书馆作为一个具有服务性能的场所，要把用户的体验作为建设的核心，因此，在电子信息技术不断发展的推动力下，进行人性化的建设是一种必然。发达国家很早就开始了这项建设的研究，目前已经处于比较成熟的阶段，而我国要学习国外是如何实现高效的个性化服务，从而让用户能够获得更好的体验。

一、现阶段需要攻克的四大难题

（一）用户的体验感不强，服务效果差

个性化服务的对象是用户，因此，用户的体验感是评价服务质量的标准，然而现阶段存在的最大问题就是用户对于 My Library 系统的体验感不强，他们认为如果要使用这个系统，就需要经过一个非常麻烦的登录过程，然而能不能得到他们想要寻找的信息还是一个未知数，因此他们没有选择使用这个系统。正是由于用户的体验感不强，不能让图书馆服务系统真正的作用发挥出来，服务的效果没有发挥出来。

（二）发展不全面，缺乏统一的标准

个性化服务系统是一个涵盖了各方面技术的一个综合性的系统，不仅是服务技术这一个方面，还包括数据的收集、整理，信息的传递过程，因此，单纯的提高服务技术是不够的，整个服务系统的建设需要得到全面发展。发展水平不平衡也是造成现阶段图书馆系统的服务水平不高的重要原因之一。与此同时，在发展的过程中也缺乏相应的统一标准，用户在体验的过程中无法获取到统一明确的信息，因此导致了用户的使用率低下。

（三）网络安全问题需要解决

网络的安全性问题成为当今网络发展中不能忽视的重要环节，系统的建设就是利用网络的优势，然而登录注册时，需要填写大量的个人用户信息，这些个人电话、身份证号码等信息关乎大众的个人利益，因此，图书馆网络的建设要以保障用户个人信息的安全性作为一个大前提，决不能让用户由于注册登录了图书馆系统而存在安全隐患。另外，图书馆系统将各种图书、信息资源进行整合，这些信息往往会涉及版权的归属问题。因此，图书馆系统的建设还要保证版权的安全性，保障出版人的权益不受损害。

（四）服务人员的水平和能力偏低

尽管图书系统是网络发展的产物，但是依旧需要服务人员来配备服务，而这些服务人员的服务质量就成为影响图书馆系统质量的重要因素之一。然而，服务人员的个人能力不足，无法为用户提供充足的服务，对于用户在使用系统的过程中遇到的种种问题不能够及时地给出相应的解决办法，那么用户对系统的热情也会大大降低。

二、可行的服务模式和管理机制

（一）提高系统使用的便捷性

系统是要服务于用户的，因此用户使用的感受就是评价系统服务质量的标准。因此，建设图书馆系统时需要从用户的使用角度出发，提高便捷性，利用方便快捷的操作方式才能让用户更加满意，用最快的速度、最少的步骤，来找到最有价值的信息资源。

（二）提高资源的丰富性

丰富的资源是图书馆的基本属性，而用户选择图书馆也是基于图书馆的丰富性来寻找自己想要的资源。因此，加强系统资源的建设也是非常重要的一个环节，系统要尽可能地收集更多的资源，建立储量丰富的数据库，让用户可以在图书馆找到需要的任何信息，还要尽可能地为用户提供下载的服务，从而方便用户的使用。

图书馆服务系统的建设需要以服务用户的感受为主，充分发挥图书馆的资源优势，同时利用先进的网络技术，才能为用户提供更好的服务。

第三节　教练技术在图书馆个性化服务中的应用

图书馆个性化信息服务的基础是对用户需求的充分理解，在这方面无论是国外还是国内的图书馆都存在不足。鉴于此，我国图书馆针对个性化信息服务能力和质量问题应引入教练技术的核心能力和流程模型，引导用户更清晰地表达自身需求，进而提升图书馆工作人员对用户需求的理解，提高图书馆馆员的服务质量。

一、教练技术介绍

（一）教练技术的起源

教练的提法最早由英文 coach 翻译过来，英文 coach 的原义是马车，马车的作用是一对一的，以最适合主人的路径和速度带主人到他想去的地方。教练技术源于体育行业，如网球教练、篮球教练、足球教练等，教练关注未来的可能性，而不是过去的错误。教练工作的成果在很大程度上取决于教练与被指导者之间的支持关系以及沟通的方式与风格，使被指导者通过教练的启发获得对事实的认知。教练作为一种工具，是一对一的，能以最适合被指导者的方式帮助被指导者实现目标，这与图书馆个性化信息服务的目的不谋而合。

（二）教练的核心能力

教练的核心能力即对话技术，对话技术包括倾听、提问和反馈三方面。

1. 深度倾听

深度倾听是指站在被指导者的立场上听到语言背后的情绪和需求等，让被指导者感受到理解和信任。在倾听的过程中，教练首先要摒弃自己的想法和判断，一心一意地体会被指导者；其次使用语言或动作等要素，让被指导者感受到被倾听；最后向被指导者表示与对方已经产生共鸣。

2. 有力提问

有力提问是指运用提问的方式启发被指导者思考，帮助被指导者自行找到解决方法，教练在提问的过程中尽量避免个人的建议。每个人的世界都有自己内在的逻辑，在这个逻辑里他是对的，他不需要被旁人纠正和修改，而旁人无论多么高明多么智慧，都无法代替当事人去思考和行动。

3. 有效反馈

有效反馈是指运用观察到的方式对被指者的行为用语言给予反馈的技术。玛丽埃塔·科普曼斯在《掌握给予和接收反馈的艺术》一书中指出，供反馈使教练有机会告诉被指导者的行为和影响。

（三）教练的流程

1. 聚焦目标

虽然很多时候与教练对话是从被指导者谈论现状开始的，但并不意味着教练要顺着被指导者的思路延续对现状的探讨，教练要迅速地从被指导者谈论的现状中发现其背后的需求和目标，如果没听出来也要通过提问来确定目标。原因有二：首先，教练是以结果为导向的，以终为始是教练的准则，只有明确了方向才能知道从哪里出发，目标对任何讨论的价值和方向都是最重要的。其次，对问题的讨论如果仅仅基于现状更容易倾向于负面，将会变成对问题的抱怨。

2. 了解现状

在了解现状，问题通常由询问类的什么、何时、何地、谁和多少等开始，这些问题引出的都是关于事实的描述，有助于进一步分析和判断。教练不需要了解所有的情况，只需要确认被指导者了解现状就可以了，了解现状的目的是提升被指导者的觉察力，为下一步探索行动方案打下基础。

3. 探索行动方案

该阶段不以最快找到正确答案为目的，而是要列出尽可能多的方案。在最初可供选择的数量比质量更重要，激发大脑收集所有选择的过程能够激发创造力，只有从广泛而富有创造性的各种可能性中进行筛选，才能制订具体的行动计划。

4. 强化意愿

在强化意愿阶段，教练让被指导者总结对话的全过程并坚决按行动计划实施，根据教练的原则，教练应支持个人实现组织目标的合作过程。因此，让被指导者充分认识到教练会全力支持他的行动也非常重要。

二、图书馆个性化信息服务的现状及可行性分析

（一）图书馆个性化信息服务的现状分析

我国对图书馆个性化信息服务研究的论文最早发表于 1999 年。虽然我国在个性化信息服务方面起步较晚，但随着国内数字图书馆的快速成长，图书馆在个性化信息服务方面已经形成了相对完善的模式，主要有个性化定制、个性化推荐两种形式。

1. 个性化定制

个性化定制主要是根据用户的个人信息需求，提供有针对性的信息服务。它运用对话或优秀的信息技术，获取用户的个人信息，了解和推测用户的需求，从而为用户提供个性化的信息服务。个性化服务在实体图书馆读者服务中和网上个性化信息系统的开发中都有很好的运用，实体图书馆个性化服务，如图书馆参考咨询工作人员，这种服务包括为读者推荐特定主题或领域的图书、定制化的研究帮助，以及针对个人兴趣的数字资源建议。通过深入了解读者的阅读历史、学科偏好和研究目标，工作人员能够精准地指导读者使用图书馆的资源，提供个性化的信息检索策略，并解决读者在

获取信息过程中可能遇到的问题。此外，他们还可能提供有关学术写作、文献管理工具和信息素养方面的个性化建议，以帮助读者更好地利用图书馆的服务，满足其独特的信息需求。通过这些方式，图书馆参考咨询工作人员能够提供更加贴近读者需求的服务，提升图书馆的信息服务质量和读者体验。

2. 个性化推送

个性化推送服务是一种主动性和个性化较强的服务方式。其主要是图书馆根据用户的特性，如专业、兴趣、爱好等各方面关联分析和了解，从中发现资源的关联以及访问行为相似的用户群，然后把挖掘结果推送给用户，实现图书馆主动向用户推送其可能需要的信息。

（二）教练技术在个性化信息服务中的可行性分析

信息服务的目标是满足用户的信息需求，而用户的信息需求又与其决策相关，即用户对信息需求的主要目的是解决特定环境下的特定问题，同时用户利用信息解决问题时的方式、方法、过程又与用户自身的能力、知识范围、经验和行为方式等有密切关系。信息服务的目标是满足用户的信息需求，而用户的信息需求又与决策相关。因此，从本质上讲，个性化的、有效的信息服务一定是针对具体用户的问题、环境、心理、知识等特征来实施的。图书馆的个性化服务具有服务方式互动式多元化、服务层次纵深式专业化、服务手段数字化网络化等特征。

起源于体育行业的教练技术以结果为导向，通过一对一的方式，应用 GROW 模型配合倾听、提问和反馈等技巧以帮助被指导者达成其目标，这与图书馆个性化信息服务的目标不谋而合。图书馆个性化信息服务的本质是在对用户需求理解的基础上为用户提供信息资源，针对其服务人群的复杂性，对其采用教练技术的模型和技巧，更能指引用户清晰地表达自身需求，进而提升馆员对用户需求的理解和服务质量。

三、教练技术在图书馆中的应用

（一）图书馆应用实例

1. 聚焦目标，引导用户明白自身需求

读者到图书馆进行信息咨询时往往对需求的描述比较简单、精练。比如，有读者

到图书馆报刊部查找一篇以侨房变迁及原主人事迹为内容采写的文章，因为读者对标题、作者和具体内容等信息印象模糊，只能用"一幢侨房与主人历程""刊登在《海南日报》""时间是80年代至90年代"这样简单的信息进行表述。由于早期的报纸只有纸质装订本，无法通过搜索的方式快速定位，工作人员只能通过读者提供的这些简单信息，从1980年1月的报纸逐月查询，工作量较大，严重影响馆员的服务效率和服务质量。假如图书馆馆员将教练技术应用到图书馆参考咨询服务中，针对上述读者的需求，采用教练流程确定三点方向引导读者提供更多有效信息，如文章刊登时的背景，文章刊登时当地省、市是否有大事项发生，文章主要写什么内容。馆员即可采用提问、指导、引导、倾听、反馈的方式从读者的有限记忆中筛选出可用信息，缩小查找的范围。

2. 了解情况，聚焦核心问题

（1）工作人员向读者提出的第一个问题。该文章刊登时"落实侨房政策"是否已经出台？读者反馈"落实侨房政策"已经实施。工作人员根据其信息反馈，从网络上检索到"落实侨房政策出台"的情况分为：1982年、1983—1990年、1990年以后三个时间段，工作人员从提问、倾听、反馈、网络检索的相关情况可以确定是政策出台后的几年，即应为1986年以后的报纸。

（2）工作人员向读者提出的第二个问题。该文章刊登时海南是否已建省？读者从当时的大事项中回忆确认当时海南尚未建省。海南是1988年建省，以海南建省时间为一个时间节点，应为1988年前的报纸。

（3）工作人员向读者提出的第三个问题。该文章主要描写的什么内容？读者反馈文章主要是依据侨房变迁及原主人事迹的内容采写的。工作人员根据读者反馈的信息，初步确认其文章刊登在海南新闻综合、民生、社会版面。

3. 探索行动方案，解决用户需求

图书馆工作人员通过聚焦目标、了解情况后，汇总以上三点线索推测出该文章刊登时间应为1986—1987年间的报纸，工作人员依据相关信息选定1987年的报纸查找相关信息，结果仅用10多分钟就在1987年的《海南日报》中查找到读者所要的这篇文章。

（三）应用经验

图书馆工作人员类似教练，读者类似被指导者，工作人员采取三点查找方向的步骤也类似于 GROW 模型，即第一步明确目标、第二步了解情况、第三步解决问题。首先，工作人员以"政策出台"的前后为时间节点来排除早几年的报纸，推导晚几年的报纸。其次，工作人员引导读者回忆大事项，以建省大事项发问，提醒读者回忆。启发性的发问可以打开读者的内心和思维，能够使读者提供解决实际问题的线索。最后，工作人员以文章内容确定报纸版面，把查找的范围再进一步缩小。

教练技术在图书馆个性化信息服务的日常工作中有时也会运用，但该方法并未被明确化和概念化，也没有在图书馆得到深度推广和普遍应用，因此，其运用效果不是很理想，笔者尝试将教练技术的核心能力和流程提取为程式化的内容，并应用于个性化信息服务中，以求对图书馆信息服务工作者提高工作效率有所帮助，从而更好地服务读者。

第四节　大数据环境下图书馆提升个性服务质量的方式及途径

随着互联网和移动数据的发展，以搜索引擎为代表的个性化服务方式，越来越深受用户关注，用户获取信息开始选择 Web 搜索信息资源。然而面对信息服务行业的激烈竞争，高校图书馆要不断扩大用户群，吸引用户，满足用户需求，就必须解决信息服务中的各种局限性和技术问题，特别是 Web2.0 环境和云环境的出现，高校图书馆如何把搜索引擎、云计算技术和云服务应用于图书馆，为实现个性化服务提供新的途径，将会对图书馆的管理和服务方式产生重大的影响。网络环境下图书馆如何适应 Web2.0 环境和云环境，建立搜索引擎的个性化服务模式和基于云平台的图书馆个性化服务系统模式，这种新型的服务模式，将会使用户享受到更为方便快捷、高质量的服务，更有助于提高查全率和查准率。

一、Web2.0 环境下搜索引擎的个性化服务模式

（一）Web2.0 环境下搜索引擎的个性化服务方式

国际上把 Web2.0 的技术方法和服务方式应用到图书馆已经比较普及。美国很多大

学图书馆利用 RSS 聚合、Alert 订阅等 Web2.0 手段开设图书馆服务。Web2.0 的核心理念及服务原则就是为用户提供满足其个性化需求的服务。Web2.0 服务，特别是搜索引擎的个性化服务内容丰富、类型多样，搜索引擎的个性化服务方式包括信息聚合、博客、微博、tag、bookmark 和 SNS。

1. RSS 主要应用在新闻、维基和博客等网页，加大了可利用的信息范围。

2. 博客和微博，博客是一种发布个人信息的网页形式，可以随时显示自己的信息状态，微博以短小性的特点吸引用户，随着博客和微博在用户中的广泛应用，就形成了一种有效的网页信息源。

3. tag 和 bookmark，tag 是用户自己定义相关信息的标记。bookmark 是用户按照需求把信息进行分类，整理和保存的收藏夹。搜索引擎利用对用户的账号管理的方式提供 tag 和 bookmark 的存储功能，实现个性化信息组织服务。

4. SNS 是通过 SNS 社交网站这一信息环境，满足社会性需求，用户利用 SNS 构建个人的网络平台，创建属于自己的网络空间，传播、共享和交流信息。

（二）Web2.0 环境下搜索引擎的个性化服务模式

个性化首页集成模式和浏览器辅助模式是 Web2.0 环境下搜索引擎的个性化服务模式中最重要的两种模式，个性化首页集成模式实际上是集中提供搜索引擎个性化服务的一站式搜索平台，它的主要功能是面向用户推送信息服务，通过账号管理实现个性化信息存储服务和利用 tag 和 bookmark 实现个性化信息组织服务。个性化首页集成模式与浏览器辅助模式相比成本相对较高，并且浏览器越来越多地集成和整合个性化首页中的功能，因此浏览器辅助模式将逐渐代替个性化首页模式。

1. 个性化首页集成模式

个性化首页是搜索引擎针对用户的特点进行信息整合和量身定制的首页，其集成模式体系一般包括个性化信息定制、个性化信息组织、个性化信息推送、个性化信息聚合、个性化信息存储这五种服务形式。个性化首页集成模式的体系架构实际是用户通过个性化首页集成的个性化服务平台与搜索引擎之间的闭合回路反馈流程。个性化首页集成模式的主要功能是搜索引擎通过用户账号建立用户档案，实行记录管理，即个性化信息存储。搜索引擎在向用户主动推送信息服务中允许用户按照自己的喜好进行个性化信息定制，而后搜索引擎根据用户的定制提供符合用户需求的针对性信息推送。在搜索引擎的个性化信息组织服务中实现了用户参与的信息组织方式,如用户利用 tag 和 bookmark 自主添加和命名标签页,对网页信息进行分类、整理、保存。

2. 浏览器辅助模式

搜索引擎的个性化服务模式,包括个性化首页集成模式和浏览器辅助模式。浏览器是万维网服务的客户端浏览程序,用于显示网页服务器或档案系统内的文件,并让用户与这些文件互动。浏览器辅助模式主要通过三部分:一是通过搜索栏添加搜索引擎;二是实现全能搜索,使用几种主流搜索引擎,同时搜索多种资源;三是导航主页,把多种资源类型实行分类、归纳和整理,引导用户及时、准确地获取个人需求的信息。搜索栏、全能搜索和导航主页向用户提供便利有效的搜索方式,帮助搜索引擎推广和利用其个性化服务。

随着浏览器和移动应用的发展,浏览器辅助模式的优势显而易见,首先是浏览器越来越多地集中了各种搜索引擎,方便用户在搜索时选择使用更好更多的搜索引擎,并能对检索结果互相补充。其次浏览器中的搜索服务不受搜索引擎类型和信息来源的限制,可以在搜索引擎之外,实现对搜索引擎内的信息资源的检索。另外,通过利用浏览器的网页记录收藏功能,用户不必登录搜索引擎来收藏和管理已检索到的信息,可以直接用 tag 和 bookmark 收藏在浏览器中,还可以利用 RSS 提供订阅功能、利用 SNS 和 blog 实现分享功能等。

二、"云"与图书馆

云计算就是通过网络把尽可能多的计算资源整合在一起,借助云的强大计算处理能力,由软件自动完成管理与服务的超级应用系统。

云图书馆是指利用云计算技术和理念在互联网上构建的虚拟图书馆。云图书馆体系结构为应用软件、管理平台、数据库资源、服务器机群、存储中心等。云计算技术和云服务应用于图书馆,将会对图书馆的管理和服务方式产生重大的影响,将会从根本上颠覆传统图书馆服务模式。互联网时代图书馆的发展急需引入云计算的理念和相关技术,更需要建立云图书馆体系,建立面向用户需求的图书馆云平台个性化服务系统,让图书馆用户只拥有一个上网终端就可以检索和下载图书馆的资源,通过门户网站访问和利用云图书馆,享受各项服务。

（一）云环境下的图书馆用户需求的特点

在云环境下，图书馆利用网络为用户提供服务，不断地扩大着用户群体，服务的范围也更加广泛。图书馆应用云计算技术为用户开展云服务，包括软件、平台、基础设施、数据库等服务形式。图书馆运用这种新的服务模式，就是要找到云计算技术在图书馆领域应用的契合点，探索云计算环境下图书馆满足用户信息需求的路径和方法，让用户在信息资源需求方面发生了质的变化。云环境下的图书馆用户需求的特点：开放性，不受时间地点限制，自由获取；专业性，可以根据自己的需求和专业获得本专业权威性的学术论著，及时了解本学科的发展动态；多元性，网络化与数字化扩大了图书馆的服务功能，在资源结构上遍及各个领域，呈现多元化的趋势；时效性，网络能让用户在最短的时间里获得最新的信息资源，时效性强；集成性，云图书馆的要素是数据库资源、各种应用软件等，集成性的特征极为明显。

（二）云环境下的图书馆个性化服务

云环境的图书馆个性化服务可以利用云平台个性化服务系统依据用户的需求，为用户设置定制空间，数据加工整理专区并开通用户在线编辑服务。系统还能够根据不同层次的用户在个性化定制空间里预设了定制模块，开展多层次多元化的信息服务。用户一旦按照自己的需求定制属于自己的检索界面、服务方式和内容等，就可以对检索的结果进行保存、整理和加工。用户在定制和整理中一次不能完成还可以进行多次操作。

（三）基于云平台的图书馆个性化服务系统模式

1. 基于云平台的个性化服务流程

基于云平台的图书馆个性化服务流程：首先是用户向云平台个性化服务系统输入个性化申请信息进行登记注册，注册通过验证后，系统就会按照用户提供的信息进行个性需求定制，然后通过云图书馆进入互联网中进行信息资源检索，系统检索到符合个性化需求的有用信息后，就会依据个性化的要求进行筛选、删减、淘汰和整理，充分体现了人性化，开通在线编辑服务，增加用户的操作权限。用户在资源获取利用的同时如果遇到不满意和新的要求或者建议可以反馈给云服务平台系统，有利于图书馆及时改进。

2.基于云平台的个性化服务系统模式

云平台个性化服务系统模式的建立，首先要重视图书馆当前的基础建设，如软硬件资源和网络资源的建设，具备了基础设施，才能够更好地构建云计算平台，开发、应用、管理云服务系统和云存储系统。

云平台个性化服务系统模式结构如下。

（1）云计算平台包括基础设施、网络云和网络终端。基础设施由物理设施和虚拟设施组成，是建设和支撑云计算平台重要的两个部分，缺一不可。网络云起到连接基础设施和网络终端的作用，通俗地说就是把图书馆的服务和用户紧密地连在一起。网络终端就是图书馆管理人员和用户登录云平台个性化服务系统使用的软硬件设备，用户通过网络终端登录到云计算平台获取信息资源，图书馆管理员通过网络终端登录到云计算平台实现管理与维持。

（2）云服务系统包括个性化定制，是用户实现云平台个性化服务的基础；资源检索，以个性化定制作为根据，对云存储系统数字资源进行信息搜索；知识整理，用户可以把检索以及接收到的信息资源，通过知识整理模块自己在线编辑、归类、删减，把有用的、需要的随时保存在个人文档空间里，同时可以多次登录到云服务系统进行整理；信息交流，通过集成于系统上的邮件收发功能，用户利用云服务系统和管理员随时进行沟通，用户与用户之间同样也可以进行互动。这种信息交流有利于用户及时提出问题，便于管理人员处理和解决问题。

（3）云存储系统包括用户资料库、信息知识库和计算资源库等。用户资料库就是用户把已经查找到的信息资源收藏到用户个人存储空间里，便于以后加工、整理和利用；信息知识库即系统的数据总库，用户检索的信息来源中心；计算资源库是云存储系统的重要组成部分，是云平台个性化服务系统中不可或缺的资源。

三、基于微信的图书馆个性化信息服务

信息服务是指利用计算机和通信网络等现代科学技术对信息进行生产、采集、加工、处理、存储、传导、检索及利用，并以信息产品为载体为用户提供的专业化服务。信息服务是图书馆的核心服务，国际图联在法国里昂世界图书馆和信息大会上发布的《信息获取与发展里昂宣言》中指出，信息获取与有效利用信息的能力是可持续发展之必需，图书馆与联合国可持续发展目标之间的联系在于国际图联相信高质量的图书馆和信息服务有助于确保获取信息。通过高质量的信息服务，图书馆不仅能够推动用户个体及社会整体发展目标的实现，更能够通过保障公民平等的信息权利，推动社会教育公平，缩小数字鸿沟。图书馆传统信息服务是指根据读者的文献需求，充分利用馆藏资源直接向读者提供文献信息的一系列活动，其目的是通过开发利用图书馆的各项资源来满足读者的各种文献需求。随着人类迈入数字信息化时代，图书馆传统信息服务受到前所未有的冲击。首先是信息载体的多元化发展突破了纸质文献的单一模式，以电子书、图片、数据、音视频文件、流媒体文件等为代表的电子资源大量出现，这对图书馆传统的围绕纸质文献开展的信息服务提出了极大挑战；其次是信息传播途径的多元化发展。随着互联网、移动终端设备等信息技术的飞速发展，人们可以随时随地、方便快捷地获取其所需的各类信息，信息技术催生了人类信息获取模式及信息使用模式的变迁，用户信息模式的变化对图书馆信息服务提出了新的要求。

（一）图书馆信息服务的发展趋势

互联网数字化环境下，社会的发展对图书馆提出了越来越高的要求，要想更好满足用户日益增长的服务需求，图书馆需要转型。转型绝不是一蹴而就，而是在先进服务理念的指导下，从服务到战略和执行的逐层推进。信息服务是图书馆传统服务的核心，在新的时代背景下，图书馆职业的核心价值和核心能力仍旧围绕信息服务展开，只是被赋予了新的内涵。简而言之，信息服务转型是图书馆转型升级的一大重点。未来，图书馆需要着重通过信息服务发挥其在推动知识传播、文化交流中的作用；图书馆的功能不再局限于阅览，它更重要的作用是成为知识、文化交流的平台。图书馆信息服务在新环境中呈现如下发展趋势。

1. 多元及个性化发展趋势，这种多元化发展趋势覆盖如下层面：用户不仅希望图书馆为其提供所需的信息，还希望图书馆能够帮助其提升获取信息的能力，提供分享、交流知识的场所，以及支撑内容创建、创新制作的辅助平台等。在互联网环境下，用户信息需求还将进一步呈现出其多元化、个性化特征。

2. 移动化发展趋势。随时随地的信息获取、利用将成为用户信息模式的主流，工信部于2015年11月公布的《2015年10月通信业经济运行情况》报告显示，截至2015年10月，中国移动互联网用户达到9.5亿户，使用手机上网的用户数再创历史新高，总数达到 9.05 亿户，用户越来越习惯通过手中的移动终端享受互联网提供的全面信息服务，包括阅读、订票、网上购物、观赏影视节目甚至召开视频会议。因此，图书馆信息服务的转型同样应着力于日常应用的扩展，将信息技术充分融入传统信息服务（包括电子书、参考咨询、数字素养培育、学习促进等），以便促进图书馆服务的转型和移动服务的更好发展。

（二）基于微信的图书馆个性化信息服务优势

移动信息服务是图书馆开展个性化信息服务的发展方向之一，作为一种新的及时性通信产品，微信从开始出现就备受各界关注。基于微信的图书馆信息服务相较于传统信息服务具备以下优势。

1. 完全符合图书馆信息服务需求多元化、个性化及服务方式移动化的发展趋势。

2. 图书馆可随时随地为用户提供信息和服务，信息和服务能够到达的效率更快，通过微信公众平台的一对多传播方式，图书馆可直接将消息推送到用户手机，因此达到率和被观看率几乎是 100%。

3. 营销和服务的定位更加准确。图书馆可通过微信公众平台对用户进行分组，采集用户信息需求、信息使用、行为模式相关大数据，获知用户特性，从而开展更为精准的服务营销和推送。

4. 富媒体内容，便于分享。借助微信，图书馆可以实现和用户群体及用户个体以文字、图片、语音为内容的全方位沟通与互动。

（三）基于微信的图书馆个性化信息服务设计

1. 基于微信的图书馆阅读推广方面

阅读作为一项国家战略及重要工作部署，已经连续数年被写入政府工作报告，通过阅读推广活动，充分挖掘图书馆特别是数字图书馆在人们生产、生活、工作、学习中的重要作用，培养公众的阅读习惯、阅读素养及能力，在全社会营造终身学习的良好氛围，是图书馆阅读推广的指导原则。在阅读推广过程中，图书馆可以利用微信开展如下层服务。

（1）利用微信公众平台提供书目服务。建立"我的图书馆"以及检索发现模块，在"我的图书馆"模块中，用户可以直接开展图书查询、图书馆续借。在发现模块，用户可以查找附近的图书馆、开展数字化阅读。

（2）利用微信公众平台推广阅读。图书馆的阅读推广活动包括新书发布、新书推介书友会、讲座、研讨会等多种形式。传统模式下，图书馆需要通过制作宣传海报、网络通知等方式进行活动宣传，而微信公众平台则为图书馆提供了各类信息发布的统一端口，以前在线下开展的新书推荐、活动宣传、讲座、研讨会通知等都可通过线上，直接推送到用户手机，保障百分之百的达到率和被观看率，这样不仅节约了海报，宣传单的制作成本，更能取得较高的宣传成效。

（3）利用微信朋友圈推广阅读。利用微信朋友圈的高互动性及"熟人+陌生人+圈子"的营销模式，图书馆可以为阅读爱好者建立分享交流的平台，吸引具有共同阅读兴趣、研究背景或交叉学科背景的用户建立各种书友会，利用微信群聊功能共同讨论问题、扩大影响。

（4）利用微信公众平台与用户互动。包括设立微信书评投稿专栏，变更用户的阅读兴趣，采集用户阅读需求信息，由用户直接点单参与图书馆的采购决策，以及一对一地开展阅读引导及阅读技能培训。

2. 基于微信的图书馆参考咨询方面

参考咨询服务是图书馆信息服务的重要分支，数字化环境中的参考咨询服务同样面临变动，咨询的形式和内容都发生了根本性的改变，在线咨询、实时资讯、互动咨询、可视化咨询等多种咨询模式的涌现，推动参考咨询服务朝着实时、动态、便捷、高效的方向发展。微信在信息传递及信息服务上的优势引发了图书馆参考咨询服务领域对其关注，越来越多的图书馆开始将微信与参考咨询服务相连接，让微信的及时性、主动性、效率性优势融入图书馆参考咨询服务中，让图书馆参考服务能在短期内提升服务质量，从而达到社会对图书馆参考咨询服务的基本要求。借助微信图书馆可从以下层面设计其参考咨询服务。

（1）组建微信答疑参考咨0询团队，通过智能手机或 iTouch 等移动互联网设备，与咨询者通过一对一的语音对讲、文字图片传输等形式开展实时交流，及时、高效、便捷地帮助咨询者解决问题。

（2）利用微信参考咨询嵌入课堂教学，在信息技术革命引发的教育变革浪潮中，多媒体教学、可视化教学、翻转课堂、大规模公开在线课程等现代化教学模式不断呈现，图书馆要更好地履行信息服务的职能，就必须依托先进的信息技术和工具，嵌入现代化的教学过程中，培养学生的信息素养、数字素养，微信参考咨询为图书馆提供了嵌入式信息服务的有效路径。

（3）利用微信参考咨询进入用户科研、知识的全过程。借助微信公众平台，图书馆可以根据数字内容搭建知识分享与试验平台，支持对科学、技术和创新的发展、体系结构和异常现象的跟踪、探测、分析和揭示，以数字化、网络化和计算化的方式，融入用户的知识过程。

3. 基于微信的图书馆学习促进方面

除了传统的阅读推广、参考咨询服务，21世纪图书馆的信息服务职能不断深化发展，朝着知识化、学习促进的方向迈进。具体体现在图书馆对用户早期教育、成人教育、劳动发展、职业继续教育、数字素养培训的参与及推动。同时，图书馆可借助微信工具，通过信息推送、资源提供、智力支持更好地适应用户学习模式的变化，发挥自身在推动用户学习、求知过程中的作用。

（1）早期教育。在早期教育方面，图书馆可以利用微信公众平台向各个社区家庭推送早教资讯及父母学堂、家长沙龙、亲子体验班等早教活动，鼓励符合条件的家庭及早为适龄婴幼儿报名，享受图书馆提供的优质专业的早期教育社区指导服务。

（2）成人教育、职业培训和劳动力发展。图书馆应按照年龄层次、职业背景、专业背景、兴趣爱好等因素对关注其公众号的用户进行详细划分，分析不同群组在就业、职业培训、劳动力发展方面的异质化需求，为其推送分类的市场招聘信息、劳动力技能培训活动及其他文化活动。

（3）数字素养培育。互联网参与机制下，数字文化社会的发展与社会整体数字素养息息相关，公众通过提升数字素养，有能力参与到数字文化社会的行动中，图书馆在提升公众数字素养进程中发挥着不可替代的作用。数字素养是一种综合素养，其不仅包括利用信息技术、工具获取知识实现自我发展的能力，还包括与他人协作、知识挖掘、共同创造、分享成果的能力和作用，而且这种分享和协作的精神在互联网时代将变得越来越重要，图书馆应通过微信公众平台为公众或其用户群提供一个分享交流的平台，通过合作、共享，共同创造氛围，在潜移默化中实现公众数字素养水平的不断提升。

（四）基于微信的图书馆个性化信息服务的未来展望

由于微信平台所具备的高度交互、方便快捷、传递高效等优势，图书馆在与用户联系、提升图书馆信息服务质量和效能方面有着巨大的推广和应用价值，开始有越来越多的图书馆利用微信开展个性化信息服务。未来图书馆基于微信的个性化信息服务，有以下重点发展领域。

1. 基于微信大数据的分析及探索，大数据最大的价值在于通过数据分析优化组织决策，进而提升组织效能及社会生产力。大数据红利可以转化为整个行业的发展机遇，大数据环境下，图书馆可以通过微信数据记录用户的需求模式和行为模式。例如，用户在"我的图书馆"中的浏览记录、检索记录、电子书阅读记录等都会自动转换为用户大数据，通过对大数据的长期追踪和分析，图书馆不难掌握用户的信息需求模式、消费模式，以及个人的兴趣爱好，每当有与用户需求类型相符合的新书上架，或有用户感兴趣的展览、讲座、文化活动时，图书馆便可通过潜在需求与对口信息的用户开展更为精准的微信推送，使用户感受图书馆更为体贴和人性化的服务。

2. 利用基于微信的信息服务支持用户的个性化学习。个性化学习是指以反映学习者个性差异为基础，以促进学习者个性发展为目标的学习方式，具体表现为针对个体学习者特定的学习需求、兴趣、意愿或文化背景而推出的一系列教育项目、学习经验、教学方法和学术支持策略。《新媒体联盟地平线报告 2015 高等教育版》指出，个性化学习是制约高等教育领域技术应用的艰难挑战，个性化学习的最大阻碍是那些能有效促进个性化学习、科学、数据驱动的方法直到最近才开始出现。以"学习分析"为例，其在高等教育中的应用仍在不断演进并需要获得发展动力。无论是公共图书馆，还是高校图书馆，都要获得发展动力。无论是公共图书馆，还是高校图书馆，都必须参与用户个性化学习的促进，除了通过微信公众平台为用户提供个性化的学习资料、交流平台，图书馆还可利用微信公众平台整合多种线上、线下教育资源，正式、非正式的学习资源，通过追踪采集学习者信息，包括点击的数量、花费在在线课程、网络培训上的时间，用在其他活动（如阅读）上的时间等，辅助高校或其他社区教育机构进行定量分析并分类，从而为每位学习者提供更加个性化的学习建议。信息服务是图书馆的核心服务，信息获取与有效利用信息的能力是可持续发展之必需，其不仅有利于个体及社会整体发展目标的实现，而且更能够从根本上解决社会的教育公平、数字鸿沟、贫富差距等一系列问题。互联网数字化环境下，社会的发展及信息技术的进步对图书馆的信息服务提出了越来越高的要求。微信公众平台有着信息发布便捷、传播速度快、影响面广、互动性强、沟通即时、富媒体等诸多优势，在联系图书馆与用户、提升图书馆信息服务质量和效能方面有着巨大的推广和应用价值。图书馆可利用微信平台工具进行服务设计，在其传统的阅读推广、参考咨询服务，及新兴的早期教育、成人教育、劳动发展、职业继续教育、数字素养培训服务中融入新的创新元素，基于微信大数据的分析及挖掘，以及利用基于微信的信息服务支持用户的个性化学习是今后图书馆基于微信的信息服务的未来发展方向。

四、数字图书馆个性化服务技术

（一）数字图书馆个性化服务及其系统概述

1.数字图书馆个性化服务

数字图书馆的个性化服务就是以用户为中心，在研究用户行为、兴趣、爱好、专业和习惯的基础上，根据用户的个性化需求而开展的信息服务。它具有很强的针对性、主动性、易用性、知识性、专业性和安全性，能够充分提高用户对数字图书馆信息服务的满意度。

根据技术标准，数字图书馆个性化服务的主要形式有以下三种：一是个性化推送与定制服务。即根据用户的兴趣偏好，采用定制的 web 页面、分门别类的信息频道（或信息栏目）发送 Email 等方式，把具有针对性、特色性的信息传输给具有特定需求的用户。二是个性化推荐与报道服务。即通过智能化推荐和主动报道的途径，深入分析用户的专业特性、研究兴趣，从而主动地向用户推荐其可能需要的信息，是一种比较深层次的信息服务方式。三是个性化知识决策服务。这种服务强调充分运用数据挖掘语义网络、知识发现等先进技术，对有用的信息内容再进行深层次的分析与挖掘，向用户提供能够用于决策支持智能查询、科学研究等知识服务方面的规则和模式。

2.数字图书馆个性化服务系统

数字图书馆个性化服务系统，即把用户感兴趣的信息主动推荐给用户的一种应用系统。该系统通过记录和分析用户的个人信息及关键行为，识别出用户的各种特征，建立起相应的用户模型，并根据这一模型主动收集用户所需的专题资源，向用户推送潜藏的有用信息。通过个性化服务系统，图书馆可以收集到用户的个人信息，并根据这些资料有效地组织资源，使用户享受到最贴心的服务。个性化服务系统是根据每个用户的特定资料和后台资料库动态生成的，无须为每个用户和每项资源制作静态的网页，减轻了数字图书馆技术人员的工作难度，提高了系统的灵活性。个性化服务系统会定期自动检查用户定制的各种网络链接和数据来源，并将更新信息发送给用户。用户可以实时维护这些链接并及时跟踪相关学科的最新发展动态。此外，系统还会分析用户的兴趣和行为，利用现有的资源向用户推送附加信息。

（二）数字图书馆实现个性化服务的技术路径

数字图书馆的个性化服务在整个数字图书馆服务系统中占有十分重要的地位。它始终以用户为中心，以满足用户个性化的价值追求为目标。数字图书馆要实现其个性化服务，首先要追踪、学习用户的兴趣和行为，并设计一种合适的表达方式；其次，为了把资源推荐给用户，必须有效地组织资源，选取资源的特征并采用合适的推荐方式；最后，必须考虑系统的体系结构，考虑在服务器端、客户端和代理端实现的利弊。下面，我们从用户描述文件的表达与更新、资源描述文件的表达、个性化推荐以及体系结构这四方面，来讨论数字图书馆实现个性化服务的技术途径。

1. 数字图书馆用户描述文件

对数字图书馆个性化服务系统来说，最重要的是用户的参与。为了跟踪用户的兴趣与行为，有必要为每个用户建立一个描述文件，刻画出用户的特征以及用户之间的关系。在制定用户描述文件之前，需要考虑收集什么数据、数据来自哪里、数据收集的标准是什么、如何收集和整理数据等一系列问题。

（1）用户描述文件的表达

不同的数字图书馆个性化服务系统，其用户描述文件各有特点。用户描述文件从内容上划分为基于兴趣的和基于行为的两种类型。基于兴趣的用户描述文件可以表示为类型层次结构模型、加权语义网模型、书签和目录结构等；基于行为的用户描述文件可以表示为用户浏览模式或访问模式。在具体实现时，往往采用基于兴趣和基于行为的综合表达方式。用户描述文件可以用文件来组织，也可以用关系数据库或其他数据库来组织。目前，数字图书馆的个性化服务系统，通常采用的是基于 XML 的 RDF

来表达用户描述文件，并利用支持 XML 的数据库系统来保存用户描述文件。这样不仅利用了 XML 的优点，也保持了系统的良好性能。

（2）用户信息的收集与更新

在用户第一次使用数字图书馆个性化服务系统的时候，系统可以要求用户注册自己的基本信息和感兴趣的内容，也可以隐式地收集用户信息。在定制好一个用户描述文件之后，系统可以让用户自主修改，也可以由系统自适应地修改，这样系统就可以随用户兴趣的变化而变化。用户跟踪方法可分为显式跟踪和隐式跟踪。显式跟踪是指系统要求用户对推荐的资源进行评价和反馈，隐式跟踪则不要求用户提供什么信息，而所有的跟踪由系统自动完成。隐式跟踪又分为行为跟踪和日志挖掘。显式跟踪简单而直接，但一般很难收到实效，因为很少有用户主动向系统表达自己的喜好。因此，比较实际的做法是行为跟踪，因为用户的很多动作（查询、浏览页等）都能暗示用户的喜好。

目前，基于 Web 日志的挖掘技术得到了迅速发展，为数字图书馆开展个性化服务提供了可靠的技术保障。利用 Web 日志可以获得用户页面的点击次数、页面停留的时间和页面访问顺序等信息，而通过分析 Web 日志可以获得相关页面、相似用户群体和用户访问模式等信息。数字图书馆个性化服务系统则可以利用上述信息，创建或更新用户描述文件。

2. 数字图书馆资源描述文件

个性化服务系统所应用的领域决定了它所处理的资源。有一些个性化服务系统并不面向特定的领域，它们用于导航、推荐、查看或搜索。目前，数字图书馆个性化服务系统所处理的资源都属于文本范畴。资源的描述与用户的描述密切相关，一般的做法是用同样的机制来表达用户和资源。资源描述文件可以用基于内容的方法和基于分类的方法来表示。

（1）基于内容的方法

基于内容的方法是从资源本身提取信息来表示资源，使用最广泛的方法是加权关键词矢量。对文档来说，关键的问题是特征选取，这要达到两个目标：一是选取最好的词；二是选取的词最少。要抽取特征词条，需要对文档进行词的分割，在切分的同时，利用停用词列表从文档特征集中除去停用的词。在完成词的切分后，还要除去文档集中出现次数过少和过多的词。经过这些处理后，特征数目一般还很大，还需对特征进行进一步的选取，以降低特征的维数。在完成文档特征的选取后，还得计算每个特征的权值，使用最广泛的是一种用于信息检索与数据挖掘的常用加权技术（term frequency–inverse document frequency，TF-IDF）方法。对某一特征，TF 表示该特征在文档中出现的次数，IDF 表示 log（所有文档数 1 包含该特征的文档数）。为了加快处理速度，有时只考虑 TF 或 IDF 项，但单独考虑的结果会使效果显著下降。为此，综合考虑 TF 和 IDF 是目前技术条件下的合适选择。

（2）基于分类的方法

基于分类的方法是利用类别来表示资源。对文档资源进行分类，有利于将文档推荐给对该类文档感兴趣的用户。资源的类别可以预先定义，也可以利用聚类技术自动产生。大量研究表明：聚类的精度高度依赖于文档的数量，而且由自动聚类产生的类型对用户来说可能是毫无意义的。因此，可以先使用手工选定的类型来分类文档，在没有对应的候选类型或需要进一步划分某类型时，才使用聚类产生的类型。

3. 数字图书馆个性化推荐

数字图书馆个性化推荐可以采用基于规则的技术、基于内容过滤的技术和基于协作过滤的技术。

（1）基于规则的技术

规则可以由用户定制，也可以利用基于关联规则的挖掘技术来发现。利用规则来推荐信息依赖于规则的质量和数量。规则可以利用用户静态属性来建立，也可以利用用户动态信息来建立。为了利用规则来推荐资源，用户描述文件和资源描述文件需用相似的关键词集合来进行描述。信息推荐时的工作过程是这样的：首先根据当前用户阅读过的感兴趣的内容，通过规则推算出用户还没有阅读过的感兴趣的内容，然后根据规则的支持度（或重要程度），对这些内容进行排序并表达给用户。

基于规则的系统一般分为关键词层、描述层和用户接口层。关键词层提供上层描述所需的关键词，并定义关键词间的依靠关系（在该层可以定义静态属性的个性化规则）；描述层定义用户描述和资源描述（由于描述层是针对具体的用户和资源，所以描述层的个性化规则是动态变化的）；用户接口层提供个性化服务，即根据上述两层定义的个性化规则，将满足规则的资源推荐给用户。

（2）信息过滤技术

信息过滤技术分为基于内容过滤的技术和基于协作过滤的技术。基于内容过滤的技术是通过比较资源与用户描述文件来推荐资源，其关键问题是相似度的计算。其优点是简便、有效，缺点是难以区分资源内容的品质和风格，而且不能为用户发现新的感兴趣的资源，只能发现和用户已有兴趣相似的资源。基于协作过滤的技术是根据用户的相似性来推荐资源。与基于内容的过滤技术不同，它比较的是用户描述文件，而不是资源与用户描述文件，它的关键问题是用户聚合。由于它是根据相似用户来推荐资源的，所以有可能为用户推荐新的感兴趣的内容。

4.数字图书馆个性化服务体系结构

基于 Web 的数字图书馆个性化服务体系结构，与用户描述文件分布的位置有很大的关系。用户描述文件可以存放在服务器端，也可以存放在客户端，还可以存放在代理端。大部分个性化服务系统的用户描述文件都存放在服务器端。其优点是可以避免用户描述文件的传输，除了支持基于内容的过滤，还可以支持协作过滤；缺点是用户描述文件不能在不同的 Web 应用之间共享。也有一些系统的用户描述文件是存放在客户端的。这种体系的个性化服务可以在服务器端实现，也可以在客户端实现。其优点是用户描述文件可以在不同的应用之间共享，缺点是只能进行基于内容的过滤。还有一些系统的用户描述文件是存储在代理端的，这种体系的个性化服务可以在服务器端实现，也可以在代理端实现。其优点是不仅可以支持基于内容的过滤和基于协作的过滤，还可以支持用户描述文件在不同 Web 应用之间的共享；缺点是可能需要传输用户描述相关文件。

（三）数字图书馆个性化服务关键技术分析

目前，信息领域的个性化服务技术已日益成熟，推送技术、智能代理技术、智能搜索引擎技术、网页动态生成技术、过程跟踪技术、安全身份认证技术、数据加密技术等，都可以为数字图书馆的个性化服务提供技术支持。

1.推送技术

推送（push）技术是一种按照用户指定的时间间隔或根据发生的事件，把用户选定的数据自动推送给用户的计算机数据发布技术。这种技术的开发应用不过 10 年的时间，而应用于数字图书馆的个性化服务，也是近几年的事。与传统的拉取技术相比，基于 push 技术的信息推送服务减少了用户盲目的网上搜索，具有主动、灵活、智能、高效的显著特点。

基于 push 技术的数字图书馆个性化服务，其首要的任务是收集和更新用户信息（这一点在前文已做了分析）。运用了 push 技术开展的个性化服务，主要方式有频道推送、页面推送、电子邮件推送、移动通信推送等。其工作流程为：首先是建立用户需求管理数据库，用户需要在这里完成注册，表述自己的信息需求，经过统计分析做成一个有效的电子身份证。其次是建立信息库，即从 Web 上收集信息并进行分类整理、确定目标，把个性化的信息标准设立出来并输入进信息库。最后是 push 服务器的信息推送，即 push 服务器根据已建立的用户和信息的对应关系，在适当的时间以适当的方式、把适当的信息主动推送到用户的计算机上。

2. 智能代理技术

智能代理是人工智能研究的产物，被称为"会思维的软件"。它由自含式软件程序构成，利用储存在知识库里的信息执行任务，特别适用于分布计算或客户端服务器环境，能彼此间进行交流，共同执行单个智能代理软件所不能胜任的任务。智能代理能够在用户没有具体要求的情况下，代替用户进行各种复杂的工作（如信息查询、筛选及管理，猜测用户意图自主制订、调整和执行工作计划等）。智能代理具有一定的推理能力，能够通过学习获得知识，能够随计算机用户的移动而移动，还能够通过协作和切磋来共同完成复杂的任务。从一定程度上说，智能代理服务是信息推送服务的一种变化和发展。

基于智能代理技术的数字图书馆个性化服务，主要表现在以下几方面：其一，信息导航。用户上网查找信息时，智能代理能够充分发挥它的储存和分析功能，根据用户爱好分析出该用户当前感兴趣的主题，提示用户链接与其专业领域更相关的页面。其二，智能检索。当用户指定了信息需求之后，智能代理能够自动探测到信息的变化和更新，进而将其下载到数据存储库存放起来，同时将该信息自动地提示给用户。其三，生成页面。智能代理能根据存放的信息动态地生成网页，用户可以通过这个友好的浏览界面进行互动式的交流。其四，信息库管理。智能代理能够管理用户个人资料及其个人目录下的信息库，可以方便自如地帮助用户从信息库中存取信息。

3. 智能搜索引擎技术

智能技术引擎是搜索引擎运用先进的人工智能技术的新一代产物（又称第三代搜索引擎）。它以其高度的智能化功能和突出的个性化优势，在数字图书馆个性化服务系统的构建过程中，起着十分重要的作用。它以其良好的自然语言理解、知识逻辑推理能力，来判断、分析和处理用户的各种信息需求提问，发挥着数据挖掘和知识发现的作用；从知识（或概念）面域上同时匹配处理基于关键词的精确检索模式，以及基于自然语词的非规范表达句式，给用户提供检索问题的精确答案以及相关资料，使用户获得较高的检全率和检准率。

基于智能搜索引擎的数字图书馆个性化服务系统，既能体现智能搜索引擎综合现有系统许多功能的集成优势，简化、节约系统的技术结构内容，又可凭其良好的智能化与人性化功能，大大提高系统的工作效率，加速业务流程运行，使用户获得更为主动、快速、准确的个性化信息服务。在个性化服务系统中，知识库是智能搜索引擎的基础和核心，它是在数字图书馆信息资源库的基础上提炼、拓展而成的，是对数字图书馆信息资源库的判断、抽取、分析与概括。因此，智能搜索引擎的信息"源泉"，是极为丰富的数字图书馆信息资源。

4. 动态网页生成技术

动态网页生成技术可简要表述为：一个用户可以将一个 HTML 请求发送到一个可执行应用程序（而不是一个静态的 HTML 文件）；服务器将会立即运行这个限定的程序，对用户的输入做出反应，并将处理结果返回客户端，或者对数据的记录进行更新。通过这个模型，就可以在服务器和客户之间有效地进行交换。动态网页生成技术主要包括公用网关接口（GGI）、动态服务器网页（ASP）、超文本预处理器（PHP）、Java服务器网页（JSP）等。其中，SUN 公司的 JSP 和 Microsoft 的 ASP 是目前两种比较成熟的动态网页生成技术。

JSP 和 ASP 都是面向 Web 服务器的技术，客户端浏览器不需要任何附加的软件支持。两者都提供了在 HTML 代码中混合某种程序代码、由语言引擎解释执行程序代码的能力。在 ASP 或 JSP 环境下，HTML 代码主要负责描述信息的显示样式，而程序代码则用来描述处理逻辑。普通的 HTML 页面只依赖于 Web 服务器，而 ASP 和 JSP 页面需要附加的语言引擎分析和执行程序代码；程序代码的执行结果被重新嵌入 HTML

代码中，然后一起输入浏览器。

JSP 和 ASP 所具有的动态网页生成功能，为包括数字图书馆在内的信息机构开展富有成效的个性化服务提供了强有力的技术支持。目前，在开发动态网页方面，国内数字图书馆大都采用 ASP 技术，而对于 JSP 技术的应用还处于尝试阶段。但相比之下，JSP 是一个开放的技术，它所具有的安全、高效、稳定和可维护性，比相对封闭的 ASP 更具有个性化优势，因而在数字图书馆个性化服务中有着更为广阔的应用前景。

（四）开拓前景

个性化服务技术给信息领域带来了一场新的革命，也为数字图书馆的信息服务开展了广阔的前景。尽管这种技术在数字图书馆的应用还处于初始阶段，但走向广阔的前景只是一个时间问题。为此，面对日益增长的 Web 信息，要满足不同用户、不同背景、不同目的和不同时期的查询需求，值得我们研究和探讨的技术领域还很多，归纳起来主要有以下几个方向。

1. 用户兴趣和行为的表达

由于用户兴趣是多方面的和动态变化的，跟踪、学习和表达用户兴趣是最基本和难以解决的问题，这是数字图书馆个性化服务研究的首选方向。

2. 分类和聚类技术

分类和聚类技术是数字图书馆个性化服务的基本技术，不过有一些新的特点（比如，能处理属于多个类的数据、能进行增量的处理、能处理高维和大数据量等），具有良好的可扩展性。这也是一个重点研究的方向。

3. 个性化推介技术

现有的个性化推介技术都存在一些不足，如何克服这些缺点也是进一步研究的方向。

4. 标准统一技术

目前，网络信息组织和信息服务格式没有统一的标准，各标准之间互不兼容。因此，制定规范和统一的标准，提高数字图书馆个性化服务的信息资源共享程度，依然是一个重要的研究方向。

（五）安全（隐私保障）技术

目前，已经开发应用的数字图书馆个性化服务系统，许多存在着如何保护用户隐私这样一个关键问题。个性化服务技术要发挥作用，必须提出一个有效的保护用户隐私的机制，只有先保障系统的安全，才能顺利实现个性化服务。因此，安全技术是实现数字图书馆个性化服务的又一个研究方向。

第四章　图书馆服务创新的必要性

第一节　服务创新是经济技术进步的需要

现代高校智慧图书馆所处的是知识经济的时代，信息、知识在促进经济和社会发展方面将发挥越来越重要的作用。科学技术正在突飞猛进，并迅速改变着这个世界。以知识和信息为基础，竞争与合作并存的全球化市场经济正在形成，人类的未来和国家的繁荣比以往任何时候都更加依赖于创造和应用知识的能力。而高校智慧图书馆是聚集知识和信息的宝库，如何充分利用现代技术使其所容纳的各种各样的知识与信息转化为现实的生产力，是摆在高校智慧图书馆面前的一个重要课题。

一、知识经济的形势要求

（一）知识经济的特征

在 20 世纪 90 年代，社会发展出现了一个新的趋势，就是以高科技信息为主导的新兴产业的崛起，推动经济领域实现了一场空前的变革，知识不但在这场变革中成为经济的直接推动力，还谱写了知识经济时代的新篇章。

在知识经济时代到来前，人类已经历了数千年的农业经济和 200 余年的工业经济发展阶段。近半个世纪以来，计算机、晶体管、集成电路、个人电脑、全球网络和多媒体通信等相继出现并高速发展。到 20 世纪 80 年代，以信息获取、储存、传输、处理、演示技术和装备以及以信息服务为内容的信息产业迅速崛起，成为发展最迅速、规模最宏大的新兴产业。自 20 世纪 90 年代以来，世界经济发展又呈现出新的变化：经济和社会的发展越来越依赖于知识的创新和创造性应用，世界经济逐渐呈现出知识经济全球化的趋势。可以预测，在 21 世纪知识经济将逐步占据国际经济的主导地位，而科学研究系统在知识经济中将起着知识生产、传播和转移的关键作用，所以知识和科技的创新及其应用将成为知识经济时代生产力发展的决定性因素。新技术的变革，尤其是信息技术的发展，已经使全球经济的增长方式发生了根本变化。

知识经济是"以知识为基础的经济"的简称。具体地说，就是创新的知识、高新技术（核心是微电子技术）、计算机（多媒体）、网络（互联网）、革新的通信、信息高速公路、全球化的市场和掌握、驾驭这一切的"人"结合在一起，以进行组合要素、组合经济的一种新型生产方式。

专家学者对知识经济的认识在其本质上是相同的，即以智力资源的占有和配置，以科学技术为主导的知识的生产、分配和消费为最主要因素的经济。知识经济在资源配置上以智力资源、无形资产为第一要素，对自然资源通过知识和智力进行科学、合理、综合和集约的配置。可以说，知识经济是由最复杂的结构功能所主导的经济形式。知识经济正日益影响着人们的工作和生活并将使社会发生巨大变革。

（二）知识经济对高校智慧图书馆的影响

在知识经济时代，知识将被作为最重要的资源得到充分的开发、传播与应用，知识的不断创新成为推动时代发展的根本动力。这将对担负知识信息收集、整理和传递任务的高校智慧图书馆提出更高的要求。改革创新，增强自身发展活力，积极、主动地适应经济社会的发展需要已成为高校智慧图书馆发展的必然趋势。

1. 用户需求日益提高

在知识经济时代，高校智慧图书馆用户已不能满足一般性的内容提供，而是由文献需求向知识、信息需求演变，所以高校智慧图书馆的服务内容要打破以原始文献作为第一服务手段的服务，以用户需求为导向进行文献信息的深化，从文献传递的提供式服务向知识、信息资源重组的创新式服务转变。要了解并掌握用户知识、信息需求特点，向用户提供以专题、知识单元为基础的服务，及时对馆藏一次性文献进行二三次文献信息开发与利用，将文献信息进行收集整理，形成专题综述、述评、研究报告等深层次的开发，综合形成新的信息资源，做到提供的信息是该领域最新、具有前沿性的有效知识、信息，以此满足用户发展的需要。

2. 市场竞争日趋激烈

在以印刷型文献为主要信息载体的时代，高校智慧图书馆以其丰富的馆藏和较熟练的文献服务技能两大优势，在社会信息服务体系中占据主导地位。但是在以信息产业为主导的知识经济时代，信息服务日益社会化、网络化和个性化，导致高校智慧图书馆的主导地位日益削弱，甚至其生存也面临着严峻挑战。虽然改革开放后，高校智慧图书馆也逐步走向社会，面向市场，并参与信息服务市场的竞争，但随着社会信息化程度的加深，信息的存取和利用更加自由，商业界大量介入以往只能由高校智慧图书馆和信息中心提供的信息服务，越来越多的个人和企业涉足信息服务业，它们以更具特色的服务吸引着广大用户，与图书情报机构激烈地争夺着用户，使得高校智慧图书馆成为信息服务市场中的众多竞争者之一。在激烈的信息服务市场中，面对用户不断更新的信息需求，高校智慧图书馆的现有信息服务逐渐失去了其争夺用户、开发市场和持续发展的能力，这就要求高校智慧图书馆对信息服务系统进行重新定位，深入研究用户的真正需求，以用户为中心开展服务，进而形成新的服务体系。

3. 事业发展日益迫切

知识经济时代，知识将取代权力和资本，成为最重要的社会经济资源。而作为拥有丰富知识信息资源的高校智慧图书馆，知识经济的发展无疑是给其带来了新的发展动力、新的机遇和新的发展前景，但同时带来了新的挑战。随着"知识经济"浪潮的掀起，经济建设要求高校智慧图书馆利用知识资源为经济服务建设，把知识形态的科学技术和经营管理技术推广到经济建设中去，转化为经济建设的动力。高校智慧图书馆事业要想在新的经济环境中做到可持续发展，就必须适应环境的变化，不断地改变和创新，以取得更大的社会效益。同时从中获得较好的经济效益，以保证高校智慧图书馆事业的不断发展。因此，市场经济条件下信息服务环境的变化迫使高校智慧图书馆必须改革和创新。

同时作为信息集散地的高校智慧图书馆，也肩负着振兴地方经济的任务，因此，就必须打破传统的服务模式，并努力开拓新的服务方式，还要面向社会，寻找市场，拓宽服务范围。以经济建设为导向，依托网络平台，立足于创新，探索新的服务方式，开发信息资源。与社会上的信息企业合作，使自身丰富的文献信息资源与企业高素质的信息人才结合起来，创造出一流的信息产品并将其提供给社会。同时，把高校的科研成果及时介绍到企业中去，使之尽快转化为生产力，为社会服务。这一切都需要高校智慧图书馆服务创新。

二、信息技术的形势要求

信息技术是指在信息的产生、获取、存储、传递、处理、显示和使用等方面能够扩展人的信息功能的技术。它是随着人类对外部世界的认识和控制能力的不断提高而逐步由低层次向高层次发展的。现代信息技术包括计算机技术、微电子技术、通信技术、自动化技术、光电子技术、光导技术和人工智能技术等。如果说建立在微电子技术及软件技术基础上的计算机是现代社会的"大脑",那么由程控交换机、大容量光纤、通信卫星及其他现代化通信设施交织而成的覆盖全球的电信网络就是现代社会的"神经系统"。

当前,信息革命的浪潮正以不可阻挡之势席卷全球,现代信息技术的发展更是日新月异。现代信息技术的发展将对社会经济、政治、文化等方面产生重大而且深远的影响。

(一)快速地更新换代

自 1946 年世界上第一台电子数字计算机问世,半个世纪以来,电子计算机已"繁衍"了五代,即电子管—晶体管—集成电路—大规模集成电路—人工智能计算机。计算机的运算速度提高了成千上万倍,个人用的计算机每秒运算几千万次,上万亿次的也已出现。卫星、光纤等通信技术也迅猛发展,现在通信卫星已发展到第六代,一颗卫星有几十个转发器,可同时提供几万路电话线路或转发几十路电视,光纤传输技术已跨入成熟期,许多国家已建起了以光纤为主干的大容量通信长途干线传输网络。世界信息网络技术发展迅速。

(二)自动化的信息加工处理

信息加工处理中业务操作系统化、数据处理自动化、记录事项规格化、文献缩微复制自动化等得到了广泛的发展和应用。知识数据库与专家系统的出现,使信息情报咨询与检索工作达到了智能化的程度。作为人工智能应用的专家系统已有 100 多种,将日益广泛地运用于医疗诊断、投资分析、贸易管理、科学研究、气象预报及制订财政计划等方面。

(三)数字化的信息传输手段

当信息成为数字化并经由数字网络流通时,大量信息可以被压缩,并以光速进行传输,数字传输的信息品质又比模拟传输的品质要好得多。许多种信息形态能够被结合,被创造,如多媒体文件。

(四)多媒体技术与信息网的宽带化、综合化、智能化和个人化是未来信息技术发展的主要趋势

随着未来信息技术向着智能化方向的发展,在超媒体的世界里,"软件代理"可以代替我们在网络上漫游,它让使用者能够在各个文件之间有效且自由地穿梭寻找,而不需要将文件从头到尾看一遍,不再需要浏览器。它本身就是信息的寻找器,它能够收集任何我们想要在网络上获得的信息。

以多媒体技术为代表的信息通信产业,将成为 21 世纪最有希望获得发展的产业。随着通信技术与计算机技术的进一步融合,信息网络将朝着宽带化、智能化、综合化和个人化的方向发展,为人类的信息交流提供极大的方便。

三、信息技术对高校智慧图书馆的影响

飞速发展的数字化、网络化信息技术,给高校智慧图书馆传统服务带来了极大的冲击。网络改变了传统的信息交流方式,而且冲破了地域限制,实现了世界范围内的信息共享。伴随着数字化和网络化大潮的推进,作为知识殿堂的高校智慧图书馆正面临着一次全方位的技术革新。信息资源的数字化能够扩展高校智慧图书馆的虚拟馆藏,扩大高校智慧图书馆的服务范围,突破传统的信息传递模式,使信息传递变得更加快捷、便利。因此,高校图书馆进行数字智慧图书馆建设,开展多种形式的服务创新,已成为 21 世纪高校智慧图书馆迎接网络时代的重要战略。

(一)文献资源数字化

传统高校智慧图书馆的信息资源以文献为主,且多为纸质印刷型文献。随着信息技术的发展,纸质印刷型文献一统信息载体的局面已经不复存在。随着电子信息源不断出现和增多,涌现出诸如 CD-ROM 出版物、数据库、联机检索信息源、因特网信息源等新型的信息资源,并可以通过计算机终端、网络通信对其进行高速、准确的浏览和检索利用。信息的形式也日渐丰富,不仅有纯文字型信息,还有图像视频型、数值型和软件型等多种信息类型。这些新型的信息资源不仅数量巨大、种类繁多,而且取用方便,它将极大地丰富高校智慧图书馆的服务内容,成为未来高校智慧图书馆信息资源的主体。

（二）传播载体多样化

传统的信息存储载体一直是以纸张为信息传播的主要载体和媒介。随着多媒体、超媒体计算机技术以及光纤技术的日渐成熟,知识的载体已不再是纸张这一单一形式,磁、光介质已被大量应用,光盘等电子出版物也迅猛增加。除文字载体外,还有语音载体、电磁波载体、缩微载体、声像载体、网络载体,且均可通过现代技术存储或传播。传播载体已由单一的印刷型向多类型、多载体方向发展,人们不必再过问所需信息是存储在何种载体上,网络资源的社会性和共享性已初步形成。

（三）服务手段现代化

传统高校智慧图书馆的服务手段多以手工操作为主,不仅服务速度慢,效率低,且服务内容也比较受限。读者通常需亲自"登门造访",时空限制比较明显,服务质量大多受馆员个体的学识和经验的约束,效果不是很理想。现代信息技术和网络通信的发展使高校智慧图书馆的服务手段发生了变革,计算机检索、联机数据库检索及网络信息检索等新型检索手段不仅扩大了检索的范围,还大大提高了检索效率。网上预约、网上借还图书、网上催还图书等流通新业务的开展都不需要读者亲自来馆。

（四）服务方式多元化

传统的高校智慧图书馆服务方式比较单一,基本上以被动的馆藏书刊借阅和一对一式的面询为主,服务效果很难尽如人意。现代信息技术和网络的发展首先使高校智慧图书馆的服务空间拓宽了,服务方式也日渐丰富多样,在线参考咨询,如 E-mail 服务、BBS 讨论组、FAQ 实时解答服务等,具有实时性、交互性、能动性、个性化和人工智能化的特点,能提高咨询效果,更大程度地满足读者需求。

（五）服务对象社会化

传统高校智慧图书馆的服务对象明确且相对稳定,多局限于本校师生。网络环境下的高校智慧图书馆则已成为整个网络体系的一个节点和组成部分,由于信息存取的开放和自由,凡是与网络连接的用户,都可以不分国家、地域、单位和时间的限制,能够随时调阅网上高校智慧图书馆的信息,而网上用户同时成为高校智慧图书馆的读者。读者面之广、数量之多,远远超过传统高校智慧图书馆。

当前信息技术的迅速发展不仅使数字化文献资源和网络化信息服务逐渐成为高校智慧图书馆服务的主流,而且以 e-science、e-learning、e-business 和 e-government 为代表的信息环境正带来新的用户需求、用户行为和用户信息应用机制。同时，以 Open Access 为代表的新型学术信息交流模式、以 Google Scholar/Print 为代表的新型信息服务机制，以及以 Institute Repositories 为代表的机构知识交流与保存平台，都为高校智慧图书馆服务的发展带来了空前的挑战和机遇。面对这种信息环境持续不断地变化，高校智慧图书馆如何充分利用新环境所创造的机遇、如何挖掘服务定位、如何集成利用各方面资源、如何开辟或拓展服务功能和形式、如何建立可持续和有竞争力的服务模式，已成为高校智慧图书馆领域的领导者共同关心的问题。从而也使高校智慧图书馆服务创新成为一个必须认真探索、研究的课题。

第二节　高校图书馆服务创新是教育事业发展的内在反映

服务创新是经济技术进步的外在需要，也是教育事业发展的内在反映，不仅是知识经济的形势要求，也是信息技术的形势要求，更是创新教育和高校发展的形势要求。高校智慧图书馆的发展历史表明，只有不断创新和不断变革，才能跟上社会发展的步伐，才能为社会的发展贡献力量。

中国不仅需要发展，还需要具有创新能力的人不断创新，而创新人才的培养又需要社会化的创新教育。随着教育投入的不断增加，高等学校的规模不断扩大，高等学校作为跟踪国际学术发展前沿、积极参与国家创新体系建设的教育主阵地，已成为创新型人才培养基地。高校智慧图书馆作为学校的支柱之一，在学校大力开展的创新教育中，以创新教育为契机，以培养创新人才为己任，积极发挥高校智慧图书馆馆藏资源、环境资源和第二课堂的作用，对推进高校创新教育十分重要。

一、创新教育的内涵

创新教育就是根据创新理论的原理，通过一系列的制度创新、机构创新、思维创新、管理创新、教学内容和方法手段的创新等，以培养具有创新素质的创新人才为价值取向的教育。创新教育的本质是开发人的创新能力。从本质上来说，创新教育是一种反映时代精神的教育思想和教育理念，它在理论和实践上都有着显著的特征。

（一）创新教育是高层次的素质教育

素质教育是创新教育的基础。从教育模式的角度来说，创新教育则是高层次的素质教育，是素质教育的最高体现。因为创新教育所培养的素质是创造素质。创造是人类本质的最高体现。以培养人的创造性为宗旨的创新教育，既是人类最高层次的教育，也是当前正在全面实行素质教育的一种最高形态的实践模式。

（二）创新教育是面向社会全体的教育

创新教育不是精英教育，而是面向社会每个个体的教育。创新教育的基本理念认为创新是人的本质特征，人人都有创新潜能，时时都有创新之机。创新教育必须摒弃创新是精英们的"专利"这个观念，要树立人人是创新主人的意识，根据个体的不同特点因材施教，使其具有创新精神和创新能力。

（三）创新教育是注重个性的教育

创新教育不是用一个固定的模型去批量制造创新主体，而是充分注重个性、尊重差异，承认每个人在价值、才能、情感和行为方式上都是极富个性的个体，然后依据个体的兴趣、特长等加以引导，以提高个体的创新能力。创新教育必须尊重个性，承认差异，并赋予每个人自由发展的机会和权利，让他们通过自主选择，在自己擅长的方向上去发展，以自己独特的理念和优势去超越，去突破，去创新。

（四）创新教育是一种主体性教育

教育对人的发展以及对社会的发展所起作用的大小，基本取决于它在多大程度上培养出主体性强的人，以主动适应社会发展的要求。创新教育的本质特征是把个体的地位、潜能、利益、发展置于核心地位，弘扬人的主体性，其职能就是最大限度地激发人的积极性、主动性和创造性。从这种意义上来说，创新教育是一种主体性教育。

（五）创新教育是平等、民主的教育

创新教育在价值观上集中体现了教育的平等性、民主化特点，主张尊重和保护人与人之间存在的必然差异，给予每个人充分发展其自身、激发其内在潜能的机会。要求建立平等、民主、和谐的师生关系，形成一种和谐平等的氛围。这种和谐的氛围可以为学生营造一个充满朝气、轻松自由的空间，使他们在没有思想束缚的环境中勇于探索和创新，大胆质疑，充分表现自己，从而使他们的潜能得到充分发挥和协调运用，使其创造力尽可能得到发展和提高。

（六）创新教育是终身教育

人的创新品质是在长期的学习与训练中逐步形成的，不可能通过阶段性的训练就能形成持久稳定的创新品质。完整的创新教育是从婴幼儿时期开始的，学前教育、小学教育、中学教育、高等教育及继续教育都要全面体现创新教育的思想，这样才能提高所有人的创新能力，最终使我们的民族富有创新精神。创新能力需要终身培养，创新动机需要终身激励。从这个意义上来说，创新教育既是全民教育，也是终身教育。

二、高校智慧图书馆在创新教育中的作用

（一）创新教育的第二课堂

创新教育是一个系统工程，要求在知识教育充分的基础上，进行全方位、多层次、系统化的思维训练、观念调适、方法培养和技能实践，在学生智力水平、学习动机、学习兴趣等培养目标中重点加强与创新相关的内容，提高他们的创新能力。这就使得无论是教师还是学生，都对作为信息集散地和加工场所的高校智慧图书馆的依赖性和期望值大大地提高。

高校智慧图书馆教育的自由性、可选择性，高校智慧图书馆信息资源的系统性、完整性和新颖性，以及多媒体技术、网络技术在高校智慧图书馆教育中的应用，都不断彰显出高校智慧图书馆在高等学校创新教育中的重要地位。高校智慧图书馆通过对文献信息的针对性、系统性、连续性、新颖性的不断研究和完善来为创新教育提供文献保障，并成为学生构建合理知识结构最理想的第二课堂。社会的发展和科技的进步，要求对大学生进行信息素质教育，使他们具有敏锐的观察力，能从大量繁杂的信息中及时发现有价值的信息，并能依靠掌握的信息技术和信息工具，迅速有效地获取、利用这些信息。因此，开展第二课堂，帮助大学生学习和掌握网络知识以及现代情报检索技能，提高其利用馆藏资源的能力，也是创新教育的迫切需求。

（二）终身教育的最佳场所

以教育为基础，实现劳动者知识化和学习终身化是知识经济发展的必然趋势，也是新世纪创新教育的重要内容。由于知识老化的加速，新专业不断涌现以及职业更替频繁，因此在人的一生中，只靠在校学习，即一次教育并不能满足时代发展的需要，所以终身教育将成为必然趋势，而高校智慧图书馆为终身教育提供了可能和机会。

　　知识经济时代的高校智慧图书馆已不再是传统意义上的高校智慧图书馆，它不仅拥有丰富的馆藏，还拥有经验丰富、高素质的知识信息检索和研究专家，能够辅导和帮助读者学习如何获取知识信息的方法，使之学会如何在知识信息的汪洋大海中迅速获得自己所需的知识信息；能够解答读者在学习和工作中所遇到的各种疑难问题，使读者接受教育、获取新知识的过程更加顺畅。此外，逐步走向社会化的高校智慧图书馆，将不再以身份来限制读者利用高校智慧图书馆，各种各样的读者都能利用高校智慧图书馆获取自己所需的知识信息，进行必要的学习。因此，无论从知识信息的丰富性还是读者获取知识信息、接受教育的方便程度等方面来说，高校智慧图书馆都是实施终身教育的最佳场所。

（三）个性发展的培养中心

　　大学生在高校智慧图书馆查找资料、阅览文献、进行自学或在因特网上浏览的时间会远远超过课堂学习的时间，使高校智慧图书馆成为真正意义上创新教育的第二课堂。如果说课堂是共性教育，那么高校智慧图书馆就是学生个性化教育的重要场所。与课堂学习相比而言，高校智慧图书馆学习是一种自由开放的形式，它能让学生根据自己的兴趣和特长，有所选择地进行深造和提高，让学生形成稳定的个性特征，挖掘自身的潜能。高校智慧图书馆个性教育功能的实现，显然有利于创新型人才的培养。

三、高校智慧图书馆服务创新是创新教育的内在要求

　　高校智慧图书馆的基本职能是教育职能和信息职能，而国家创新体系所包含的教育创新体系和信息服务创新体系，就必然要求高校智慧图书馆服务进行创新。高校智慧图书馆的创新教育作用和功能不可能通过硬性灌输、制度的约束等外部强制力来完成，而是要加强服务创新，不断提升服务能力和服务质量，通过建设优质、丰富的文献资源，创造良好的文化氛围与和谐的学习环境，采用现代科学技术手段向读者提供优质、周到的服务，树立不断创新的思想，以建设一支高素质的馆员队伍来实现。

（一）要求加强信息资源建设与利用，营造创新的文化氛围

　　面对"全球信息一体化"的 21 世纪，高校智慧图书馆信息资源建设与利用必须走出一条创新的道路。要加强信息资源的建设，就要充分利用高校智慧图书馆的文献信息资源，并把这些资源转化为有利于创新教育的有价资源。同时必须充分利用现代各

种新载体、新技术和新手段，活化资源和信息，增加灵活性，增强创新能力，以充分提高馆藏文献信息资源的利用率，提高服务效率和质量，营造一种创新的文化氛围。这是高校智慧图书馆迅速、准确地为学生提供良好服务的基础，有利于更好地开展创新教育。

高校智慧图书馆必须充分发挥自己的信息资源优势，突出高校智慧图书馆科技信息加工和检索的网络化、现代化地位，将资料检索、书籍阅览、信息存取、学术交流等在高校智慧图书馆的结构和功能上形成一个有机的整体。同时要通过举办各种学术报告和演讲、座谈等多种形式的学术交流活动，使高校智慧图书馆成为一个以各种学术思想和观点交汇、碰撞的中心，从而为大学生培养创新思想、展示创新能力提供一个丰富多彩的舞台，引导学生进一步去开展相关学术问题的资料检索、学术研究等创新性实践活动，使高校智慧图书馆形成一个激发、引导、催生创新思维和创新灵感的教育环境。

（二）要求拓展服务手段与方式，提高创新教育的水平

高校智慧图书馆要发挥在创新教育中的积极作用，就必须不断改进服务手段和方式，提高创新水平。要适应创新教育对知识信息的需求，高校智慧图书馆的信息服务就应设法从文献单元深入信息单元，通过信息挖掘，向读者提供高技术含量的增值信息服务。一是要尽快完成由封闭式的被动服务模式向主动、快速的开放式服务模式的转变。二是积极稳妥地运用智能辅助化技术与服务系统开拓新的服务项目和服务领域，不断加强技术创新和新技术的应用，深化信息服务的深度和广度。三是建立和健全读者的反馈机制，认真听取读者的要求、建议和批评，并热情地解答读者的咨询以及质疑，然后以知识为对象进行加工、整理，使之成为专题、定向的信息，并提供个性服务即定题服务，同时提供参考咨询和特殊服务。四是积极开展用户教育，引导读者进入网上特定的数据库进行信息检索，充分利用虚拟馆藏信息资源。五是全面开放高校智慧图书馆信息资源和设备，如计算机检索、光盘检索和镜像站等，将文献检索的途径指引工作由学生自己完成，使学生在这个过程中逐渐培养信息意识和信息能力。

（三）要求培养具有创新精神的高校智慧图书馆馆员，保证创新教育的实现

英国高校智慧图书馆专家哈里森说："即使是世界上一流的高校智慧图书馆，如

果没有能够充分挖掘馆藏优势、效率和训练有素的工作人员，也难以提供广泛有效的读者服务。"因此，培养一批观念新、知识新、结构合理、具有较高创新素质的馆员队伍，是实现高校智慧图书馆创新教育的关键所在。

高校智慧图书馆馆员首先要具有创新意识。高校智慧图书馆馆员只有思想活跃，善于接受新思想、新事物，善于捕捉新的信息源及发现读者新的信息需求，才能提供及时创新的信息服务。其次要具有创新精神，勇于开拓进取，勇于探索，不墨守成规，努力提高自己的精神境界与知识水平，以自己的行动带动学生的创新积极性，进而营造充满活力的创新氛围。最后是要具有创新能力，高校智慧图书馆馆员不再是传统服务模式中简单的文献保存者与传递者，他们不仅是服务者，还可能发展为信息专家、信息管理者或者知识管理专家，在工作中从宏观角度进行调控，严格控制、协调信息的采集，围绕创新教育组织信息，注重馆藏信息服务和具有个性创造性资源的开发利用，为创新人才积累知识，为自主性学习提供方便之门。

面对知识经济的挑战，高校智慧图书馆只有不断创新，才能跟上时代的步伐，使教育的时间从学校延伸到整个人生，使人们在未来的工作中不断接受新知识，掌握和运用新知识。高校智慧图书馆只有不断创新，才能辅助创新教育实现对求知者的智能教育、通才教育、终身教育和管理教育，使他们能够在知识经济的大潮中学会学习、选择、生存以及发展。因此，高校智慧图书馆服务创新既是创新教育的必然要求，又是创新教育的延伸。

第三节 服务创新是满足读者需求的当务之急

一、高校智慧图书馆服务与读者需求的差距

有专家曾指出，决定读者满意程度的主要是读者需求与高校智慧图书馆服务之间的差距，而非实际服务行为本身。高校智慧图书馆在努力提供高品质服务的同时，应立足于现实，明确读者的满意度是高校智慧图书馆服务工作追求的核心，也是评价服务质量的最终标准。因此，努力研究读者需求和高校智慧图书馆所提供的服务之间的差距也是非常有必要的。

（一）读者实际需求与管理者对读者需求的理解之间的差距

读者实际需求与馆员对读者需求理解上的差距是读者需求和高校智慧图书馆服务之间最根本的差距，若不能正确预估读者的需求，不能从读者利益和需求入手，那么所提供的服务要想满足或超出读者需求是根本不可能的。造成此差距的根源主要是管理人员与读者之间缺乏必要的交流与沟通，不能在全面调查读者实际需求和潜在需求的基础上进行信息需求预测和经营决策。

（二）服务质量标准与管理者对读者需求的理解之间的差距

读者对高校智慧图书馆服务的衡量尺度主要体现在服务质量，而服务质量的体现既是全方位的，也是具体细微的。如果组织决策部门制定了错误的服务标准，即制定的服务标准不能精确一致地反映读者的需求，势必导致此项差距的产生。具体原因包括：对服务质量承诺不当，对服务质量标准的可行性理解不足，确保馆员向读者提供始终如一的服务质量的技术监督机制欠缺，服务质量标准缺乏与读者期望直接相关的目标等。

（三）服务质量标准与实际服务质量之间的差距

读者服务质量是指高校智慧图书馆的工作人员为读者进行文献信息服务时使读者满意的程度，因此该差距与高校智慧图书馆馆员的个人因素直接相关，如馆员的素质、动机、能力及态度等。高校智慧图书馆馆员对自己的岗位职责认识不清，业务知识欠缺，缺乏应有的培训和履行职责的技能和技巧，会使馆员难以胜任自己的工作，以及高校智慧图书馆馆员头脑中固有的"不可能令所有人满意"的观念是造成此项差距的主要原因。

二、服务创新是满足读者需求的当务之急

早在20世纪30年代，印度图书馆学家阮冈纳赞就提出了著名的图书馆学五定律，即"书是为了用的，每个读者有其书，每本书有其读者，节约读者时间，图书馆是一个生长着的有机体"。这一论断，从本质上揭示了高校智慧图书馆工作和发展中的两个核心问题：一是高校智慧图书馆工作的基本法则——高校智慧图书馆必须坚持读者第一、服务至上，贯彻全心全意为读者服务的宗旨；二是高校智慧图书馆发展的重要规律——高校智慧图书馆必须适应社会的发展和需要，不断审时定位，调整自我。

我们应该认识到未来高校智慧图书馆事业的发展趋势，根据现代读者的新需求，正视目前高校智慧图书馆服务与读者需求之间的差距，从服务理念、服务内容、服务项目、服务方式、服务手段、服务对象、服务人员、服务环境等方面开展服务创新，这样才能顺应读者服务的发展规律，有效地提高读者服务工作的质量和水平。服务创新不是对高校智慧图书馆传统服务方式的全盘否定，而是在新形势下向高校智慧图书馆服务提出的新的更高的要求。

（一）服务理念人本化的要求

现代高校智慧图书馆的服务理念在于以传播和传承人类的知识和文化为重任，继续深化"以人为本"的理念，提供个性化服务，提倡读者至上，服务第一的原则。高校智慧图书馆要从根本上转变以"藏书为本"的思想，树立"以人为本"的全新服务观念，从而实现工作重心的转移。将传统高校智慧图书馆借阅书刊的读者概念，转变为在任何地点都需要高校智慧图书馆提供文献信息服务的用户的定义；将传统的在馆里等待读者来馆的服务方式转变为面向社会主动提供有针对性、有选择的信息服务方式；由传统物理意义上的高校智慧图书馆转变为现代化的广泛意义上的社会信息中心。最大限度地满足读者的需求，是"以人为本"服务理念的最佳体现。

（二）服务内容知识化的要求

随着高校智慧图书馆读者信息需求意识和要求的不断提高，高校智慧图书馆的服务重点也从传统的一般性文献服务向知识服务转变。知识服务不是一般的信息服务，而是带有指导性的一种研究活动，是对信息资源的深层次开发和利用。知识服务的对象往往是决策机构、特殊读者。它以信息的搜寻、组织、分析、重组为基础，来提供能够有效支持知识应用和知识创新的服务。因此，知识服务对促进知识的传播、利用和转化具有非常重要的意义。高校智慧图书馆在满足读者一般性信息需求的同时，要帮助读者从繁杂的信息资源中捕获他们需要的、对解决实际问题有用的信息内容，并将这些信息分析、加工、组合成为相应的知识解决方案，并进一步将这些知识结合在新科研项目、产品设计或管理机制中，以提高信息服务的知识含量。

（三）服务项目特色化的要求

网络化时代对高校智慧图书馆馆藏及服务特色的要求将会更为迫切，也将使其规模效益得到更大程度的发挥，当然也为其提供了更好的发展条件。网络环境下的文献资源共享将进一步强调各馆的特色馆藏，各馆为了增强自己的吸引力，就需要开发出属于自己的特色数据库，还要开发网上的特色信息源，以形成自己的特色馆藏。以此为基础，高校智慧图书馆的读者服务将由一般的常规化服务更多地向特色化服务转变。开展特色化服务，将会更好地满足网络社会读者日益个性化的需求。

（四）服务方式多元化的要求

随着网络化技术在高校智慧图书馆的广泛应用和社会公众日益增长的文化需求，高校智慧图书馆必须改变以往单一的馆藏文献的外借和内阅的服务模式，利用现代网络平台提供各种数据库服务、知识库服务以及多种在线和离线信息服务。如信息推送、知识发现、网络呼叫等服务，这些服务方式、方法具有较强的智能性、实时性、交互性，并能够提供个性化服务。这种能够同时提供实体馆藏与虚拟馆藏的模式，极大地丰富了高校智慧图书馆服务的内容，强化了高校智慧图书馆的服务能力，满足了不同读者的需求。

（五）服务手段现代化的要求

在全面实现计算机管理和综合应用文献信息技术的现代化高校智慧图书馆中，读者服务操作方法和技术手段的变化将体现在读者服务领域的各方面。一是高校智慧图书馆的多种光盘数据库、电子出版物、多媒体文献等自身就具备自动化的信息处理能力，可以进行各类有序化、规范化的检索，还可以实现多元检索目标的灵活组配，使读者找到满意的答案。二是高校智慧图书馆利用现代技术使读者享受到智能化的信息服务。三是高校智慧图书馆通过网络可以开展电子函件（E-mail）、电子文件传递（FTPO）、联机公共目录查询（OPAC），上述服务的用户界面友好、操作方便、直观易用。另外，更为先进的复制、缩微、视听等手段也是网络化高校智慧图书馆读者服务中经常使用的。

（六）服务对象社会化的要求

网络环境下的高校智慧图书馆，其本质是社会的高校智慧图书馆。高校智慧图书馆将是一种把电子计算机和通信网络联系起来的高校智慧图书馆的集合，每个高校智慧图书馆都是地区、全国乃至全世界信息网络的一个节点，高校智慧图书馆将不再只是为持证读者或本单位、本系统的读者服务，而是所有的用户都能在任何时间、任何地点利用计算机检索终端和信息高速公路从网上获取各馆提供的所有文献和信息。读者工作的出发点和落脚点也从本校的读者发展到广阔的社会。服务对象的社会化，使高校智慧图书馆从学校这个小圈子、小社会中走出去，融汇到大社会中来，使高校智慧图书馆与社会保持同步发展。

（七）服务人员专业化的要求

网络环境对高校智慧图书馆馆员的知识结构提出了新的要求，在信息服务过程中由于知识和技术含量的加大，并向智能化方向发展，高校智慧图书馆馆员在工作方式、工作效率等方面将发生质的变化。由于信息媒体的多样化和分散化、网络资源的庞大化和复杂化、信息生产的广泛化和无序化，高校智慧图书馆馆员将充当知识导航员的角色，通过搜集、加工、整理网上信息，无序的信息资源有序化，并辅导读者进行自助式服务。这就要求每个高校智慧图书馆馆员必须加强本专业知识的学习，拥有过硬的基本功，熟练掌握和运用计算机技术，通晓英语甚至几门外语的能力，具备信息获取和研究能力、信息生产和创新能力、公关交际能力和学术科研能力。不断探索、补充、更新知识，达到博学多识、专精博通、触类旁通，以满足读者日益增长的需求。

（八）服务环境人性化的要求

人性化的环境不仅可以提高读者利用高校智慧图书馆的兴趣和效率，还能超越其物质实体性而成为精神的、人为的审美世界，成为一种可以对读者施以教化的审美的文化环境。高校智慧图书馆优美的环境和极具亲和力的氛围不仅能吸引更多的读者提高利用高校智慧图书馆的兴趣和效率，还能对读者起到潜移默化的美育作用。馆内基础设施要突出人性化特点，为读者提供安静、舒适、稳定、亲切的阅读环境，使读者产生一种美的享受，达到心理上的愉悦和满足，从而取得间接的读书效果。

第五章　图书馆服务创新研究

图书馆作为我国公共文化体系的一部分，公共图书馆服务的创新需要创新的理念进行指导，而服务理念不仅可以指导服务创新实践，还可以获得用户积极的反馈，进而可以不断完善与创新服务理念，服务理念的创新是一切创新服务项目开展的思想来源，理念的实施，使广大用户享受优质而高效的借阅服务以及富有乐趣与内涵的服务活动。本章主要对图书馆新时期服务创新进行详细的讲解。

第一节　图书馆服务理念的创新

服务理念的产生是本着"以人文本"的理念，依托新技术、其他行业的合作方式以及新的管理手段等来实现。服务理念创新应更加开放化，不断向用户倾斜，拓展服务创新的参与主体，从而开展形式多样的服务活动，营造更舒适的服务环境，创新更合理的管理方式，由传统的单一化向多元化主体发展。

一、"以人为本"

（一）重塑用户为本的服务思想

在很多服务行业当中，如何为顾客提供更好的服务往往成为服务业管理者思考的问题。而始终服务于广大群众的公共图书馆，其服务更需要突出以人为本的理念。虽然图书馆从很早以前就重点强调了这一服务理念，但是作为图书馆最重要的理念不能随着社会的发展而消退，图书馆更应该将其始终放在首位。

图书馆通过"人"的因素来支配其余相关的理念、技术、管理、设施及建筑，用户为"本"的思想可以改变图书馆的服务态度、服务水平和服务方式。

读者作为图书馆活动展开的重要主体，图书馆重塑用户为本的思想，就是要紧紧地抓住这一思想理念基础，服务围绕着用户的兴趣和偏好开展相关服务活动，加强用户调研,深度挖掘读者需求,与读者需求同步才能更好地贯彻服务至上这一服务宗旨。

重塑用户至上的思想理念,不仅是强调图书馆服务创新的中心点,也是其进行审视自我的一面镜子。现如今我国公共图书馆飞速发展,检验图书馆服务取得的效果不在于拥有多么丰富的文献馆藏,举办多少次的文化活动,而在于为读者的需求解决了多少困难,是否将"以读者为中心"在实践中得到有效的实施,用户至上这一思想,口号提出了很久,但在其落实过程中仍存在不足。在图书馆建设中,各地区公共图书馆要结合实际情况,科学安排,不能有"大干快上"的思想误区,做到有序推进,始终围绕着以"读者为中心"这一科学的理念基础。

(二)发挥馆员主体作用

"以人为本"的理念不仅仅是指以"读者为本",还应该注重"馆员为本",充分发挥馆员在服务创新项目开展到实施过程中的主体作用,以"馆员为本"包含着馆长、馆员以及读者的相互依存和融洽关系。图书馆的一切工作,既要有利于馆员的利益,也要充分发挥馆员的积极性和创造性来提供更好的服务,才能更加有成效地把"以人为本"科学发展观落到实处。让馆员多处于图书馆管理之中,可以表现为图书馆发展方向以及制度的制定和讨论,让馆员产生被尊重的感觉。

图书馆应制定相应的奖励机制,充分激发馆员潜在的创造性意识,营造创新思维的氛围,充分发挥馆员的积极性与创造性思维能力,充分展示自我,实现自我价值。由于馆员是直接与读者进行互动交流的第一窗口,特别是一线馆员可以更直接快速地接收到读者的需求与信息,也是最了解服务中所存在的问题,并提供解决方案的来源,因此加强"馆员为本"这一思想,也是与"读者为本"并行的服务理念。

公共图书馆在"以人为本"理念建设中,要保持"读者为本"与"馆员为本"相并重的原则。不仅强调馆员在服务过程中要承担的义务,还要强调馆员在服务创新中所发挥的巨大价值,充分提高馆员的高度自主性、创造性和独立性。加强馆员建设不仅是管理制度建设中的重要环节,也是服务理念中的重要思想基础。服务理念有对管理制度建设进行开发组织的先导基础,因此在服务理念中强调"馆员为本"思想是建设服务创新模型的强有力环节。

"馆员为本"与"读者为本"这两种思想相辅相成,缺一不可。公共图书馆服务于读者需要馆员的支持与帮助,而"馆员为本"的建设也需要读者的建议和不断变化的需求作为引导与支撑。同时加强两种思想的建设才能够真正创造公共图书馆服务创新中"以人为本"的核心理念。

公共图书馆是为人民群众服务的社会文化机构，先进的服务理念可以为人民群众的文化生活带来价值基础，树立"以人为本"的理念，就是所有理念中最基础也是最核心的价值观。特别是当今图书馆外部信息环境和内部运作机制正发生着重大改变。在激烈的信息碰撞中，图书馆只有全心全意地将读者服务创新作为服务创新的最高出发点，将大部分工作的重心转向读者，创建新的服务理念，把"吸引读者""争取读者"作为图书馆的策略，才能在信息市场中占有一席之地，成为长胜者。

二、"广度"与"深度"并重

（一）拓展服务内涵与范围

面临信息时代读者多元化的发展需求，深化服务内涵，开展多样化服务来满足读者不断变化的需求，成为公共图书馆服务创新与时俱进的基础。

服务内涵多样化主要指当今公共图书馆不仅满足读者基本的借阅服务，还为读者提供更加具有趣味性与公益性的活动形式。延伸服务范围指读者走进图书馆到图书馆走近读者，从固有的阵地服务转变为流动服务，从固有的图书馆室内服务转移到其他集中和偏远地区人群。在这些地方建立流通站和自助图书馆，提供便利的借阅服务。

先进的服务理念是服务创新的基础，服务创新依赖于先进理念的引领。在保证基础服务顺利有效运行的前提下，积极创新延伸服务内涵。根据我国社会发展状态和读者复杂的变化需求，更新服务观念，深化服务手段，努力实现服务内容和方式的转变。让图书馆走向读者，从人找书转向书找人，从阵地为中心服务到图书馆流动服务，从送书下乡服务到为残疾读者送书上门服务，等等。保持服务理念的先进性并积极加快图书馆的开放程度，让图书馆融入读者生活圈，在保证馆藏文献是读者实践的永久性物质基础前提下，提高服务效率。保持优质服务是网络科技无可取代的优势。

（二）打造品牌服务

让用户参与图书馆发展建设当中，读者参与也是图书馆服务创新的重要驱动力之一。关心读者的精神文化诉求，获取用户当前和潜在的信息，可以减少服务中的不确定性，完善用户自身体验，满足用户需求，提高用户的满意度。依据不同读者特有需求，不同地区的图书馆可以打造自己的品牌服务，营造品牌文化，建立自己的地方特色创新服务。例如，山东图书馆艺术类特色阅览室和南京"陶风采"服务等都是极具特色的品牌服务。

"陶风采"服务是南京图书馆为了推进南京公共图书馆服务现代化项目，是在多单位共同参与下，充分发挥图书馆公共职能，优化读者阅读效率，提高民众参与度的一项决策。此项目从立项到实施和服务历时一年，南京图书馆先后两次组队到内蒙古学习借鉴该馆的"彩云服务"，形成调研报告，再经过馆领导集体开会讨论，由分管领导总负责，以采编部、技术部、读者服务部等各部门参与组成的工作组，经过三个月的系统开发与测试，完成与三家书店系统测试和工作人员业务培训工作。

世界读书日当天，南京图书馆联合南京新华书店旗舰店新街口店、南京凤凰国际书城，共同推出"陶风采"——你选书我买单签约活动即惠风书堂开业仪式。惠风书堂是与"陶风采"活动相配套的业务内容，是传统服务的延伸，书堂面积有 600 多平方米，集借阅、购书、休闲于一体，新书有 17000 余册，涵盖社会科学、生活、计算机、文学等，同时经营咖啡及茶吧等文化消费业务。借助用户驱动采购方式，南京图书馆将部分图书采购权下放给读者，把传统的借阅服务外接于书店，实现公共文化与读者需求的对接，体现以读者最根本的文化诉求为起点，减少图书上架流通时间，让读者第一时间读到新书。

图书馆书籍上架流通跟读者需求的直接对接，也满足了读者的个性化、及时性需求。图书馆为了读者可以借阅到新的书籍，提高活动项目的开展价值，同时为了避免图书资源的浪费。"陶风采"服务将图书采访与借书流程前移至书店，由书店工作人员为读者完成图书借购手续，系统同时自动将书籍基本信息和读者借阅信息上传到系统之中，从而完成采访和借书信息，实现了快速购阅，提高了服务效率。当读者将购借的图书通过图书馆设立的自助借还设备还回书籍后，系统将自动提醒图书馆工作人员将书籍的资产信息补录并关联到数据库中，将书籍贴加标签后正式进入馆藏流通。

南京图书馆的"陶风采"活动充分体现了公众参与的服务理念，对公共图书馆服务创新起到了模范作用。"陶风采"活动突出了供需理念，以群众需求为出发点，减少了中间环节。建立了公共文化服务需求表达机制，落实了服务与需求的对接。

南京图书馆将传统的采、分、编、藏、阅业务进行了颠覆性的再造，读者从图书馆文献的接受者转变为参与者。真正实现了以"读者为中心"的理念。"陶风采"项目贯彻落实了构建现代公共文化服务体系战略目标的工作决策，是南京图书发展规划重点实施的精准服务系列惠民工程之一，也是随着社会需求不断变化而进行改变的服务创新举措。

三、"经济与文化"协调发展

（一）坚持科学发展

一般来说，经济发展与文化发展是衡量社会文明程度的重要指标，近几年来我国的公共图书馆事业在国家政策指引领导下得到了发展，取得了辉煌的成就。各地区政府依据当地居民的文化诉求，在国家文化方针政策的指导下，加大了对图书馆财政支持，扩建改造旧有空间与设备，购买文献资源，投资举办富有文化内涵的服务活动，促进了公共图书馆事业的发展。

图书馆事业发展应遵循三个原理：一是要与经济发展水平相适应；二是要与科学教育文化事业同步发展；三是要适应广大人民群众的阅读需求。读者需求是图书馆发展的根本动力，服务读者是图书馆的终极目的，要本着"以人为本"的理念发展壮大图书馆事业。

公共图书馆的科学发展理念要以国家文化政策为指导方针，以经济水平为资金根基，增强图书馆事业发展，使三者协同发展，让经济与文化同步发展。有价值、有创造性的科学服务观可以满足读者的需求，不仅为读者带来"有所得"之后的愉悦心情，还为读者带来幸福预期，也就意味着满足用户的潜在需求。社会前进的脚步不曾停歇，时光指针不曾停留，读者需求不断变化。因此坚持科学发展理念，不断对其进行创新优化，让发展理念在实践中检验，用实践反馈的信息来进行理念的完善。

（二）建设地方特色文化

公共图书馆的职能不仅是为读者提供借阅服务，还保管人类文化遗产，传承人类在实践中取得成果、文明及知识等作用。地方出版物是一个地区政治、经济、文化发展的重要载体。近年来江苏省出版业迅猛发展，图书出版数量也急速增长，作为江苏省级公共图书馆，南京图书馆承担着保存本地区特色文化发展的重要职能。近年来，南京图书馆地方出版物的收藏率覆盖本地区出版物的九成以上。南京图书馆设立"陶风图书奖"，以江苏省内政府批准正式出版社出版的中文图书为选评对象，图书内容要有利于提高市民精神文明修养，传播文化知识。每一届评选 10 种获奖图书，共提名 50 余种地方书籍，由南京图书馆组织"陶风图书奖"委员会专家进行评选和公布获奖名单。至今已经成功举办了五届，评出江苏省优秀图书 50 种，国学优秀图书 10 种，其影响力得到了江苏省出版界的认可与重视。

设立这个奖项的意义在于引导读者多读好书。在全民阅读时代，发挥图书馆服务社会职能，设立此奖项，能够在作者、出版社和图书馆之间搭建交流合作平台，进一步引领阅读精品、阅读活动新风尚，激发社会各界参与全民阅读的活力。开展地方特色与传承国家文化的开发与实践，可以说是图书馆理论与实践完美的结合，它将诵读、阐释、经典与评价优质图书相结合，为读者带来富有意义的阅读服务价值。

这类活动的开展不仅让读者可以感受传统古典文化的韵味，体会古色古香的经典情怀，还可以推选出符合大众喜爱的，具有文化内涵与品位的现代书籍。古今结合，让读者品读不同时代的文化价值。

第二节 基于图书馆信息咨询的服务创新

一、加强个性化服务的理念

信息咨询服务作为图书馆服务工作的心脏，不仅是业务实践的基础，还是整个图书馆事业赖以发展的基石。印度图书馆学家阮冈纳赞曾说："图书馆学的五大法则全部把参考咨询服务看作图书馆最高的、最重要的功能。"

随着信息技术的飞速发展，图书馆信息咨询理念也逐渐向以用户为中心的理念发展，由最初的单纯将文献资源数字化上传到网络，到 Web2.0 时代用户可以通过博客等方式进行互动式的参考咨询，实现了数字参考咨询服务。

虽然在 Web2.0 时代已经提出了以"用户"为核心提供"个性化"服务的信息咨询服务理念，但是由于 Web2.0 时代，图书馆在技术、体制等因素制约下，"个性化"服务的理念实现得并不理想。而在 Web3.0 时代，在更为先进、智能化的技术的支撑下，图书馆咨询服务将更加突出个性化服务的理念，而且这种理念会实现得更为理想。

二、信息咨询服务的创新

（一）多样化的咨询馆员队伍

随着人们文化素养的逐渐提高，用户咨询的问题也越来越专业，与此同时图书馆收藏的信息资源也越来越多样，用户查找满足自身需求的信息资源也就越来越困难。

目前图书馆由于自身力量有限，咨询馆员受专业限制，缺乏某些专业背景，因而并不能完美地解答用户提出的问题。这就需要图书馆完善咨询馆员队伍结构，更新咨询馆员知识结构，以满足用户的信息需求。

而利用图书馆咨询服务的用户，其本身可能就是某领域的专业人员或某学科的学科带头人。他们本身就是一个信息宝库，具备某领域的新技术、新材料、新工艺等专业知识，能够为其他用户提供有效、准确的专业信息，能够为其他用户解答本专业的问题，甚至提供各种专业指导。

Web3.0 环境下，图书馆应该邀请更多这样的专家学者、商业咨询员，作为图书馆咨询人员，图书馆信息咨询馆员的队伍将会呈现多样化的发展趋势。这不仅可以弥补自身咨询馆员数量的不足，还可以整合各种馆外人力资源，实现资源的最优化利用。同时避免各种专家学者在长期的专业工作中积累起来的潜在知识资源的浪费，还能够解答用户更专业化的问题。

（二）更科学的信息咨询模式

传统的信息咨询服务本质上都是简单地帮助用户查找资料，相应的信息咨询模式也仅是"用户—信息咨询馆员"二级模式。

Web3.0 时代图书馆信息咨询服务不再仅仅是为用户查找资料，更多的是对用户的咨询问题进行分析，挖掘用户的潜在需求，为用户提供决策咨询和知识咨询。这种情况下，简单的二级模式就不再能满足信息咨询馆员的工作需要，这就需要将信息咨询模式发展为"用户—信息咨询馆员—专家学者"三级模式。

信息咨询服务模式变为三级模式，增加了专家学者这一环节，这就可以避免信息咨询馆员因某领域的专业知识缺乏而不能完全解答用户咨询的困境。在三级咨询模式服务阶段，信息咨询馆员的主要任务就是对用户咨询的问题首先按照难易程度、专业类型等划分。其次对于比较简单的问题，咨询馆员可以解决的问题就直接解决，而对专业化较高的问题则提交给馆外专家学者进行解答，满足用户不同层次的需要。

这些模式的运用不仅能够节省图书馆的人力资源，减轻信息咨询馆员的负担，还能够对用户提出的问题进行专业化、精细化的解答，甚至能够为用户提供知识咨询和决策咨询。

（三）个性化的用户咨询门户

1. 个性化的用户咨询门户的特点

信息门户是指利用网络浏览器访问数据库内部和外部关键信息的入口，可以针对每个用户的不同需求进行个性化设置。Web3.0 时代一个重要的特征便是在强大的智能化识别系统的基础上，对用户信息咨询的数据进行整合和分析，并总结出用户信息咨询行为的规律，以此为基础结合用户个人的兴趣、爱好，构建个性化的用户信息咨询门户，以满足用户个性化的需求。图书馆也可以根据用户的咨询行为规律等建立基于用户个性化需求的信息咨询门户，并通过友好的界面、智能化的操作，优化用户体验。用户个性化的信息咨询门户的主页是以用户的偏好、行为习惯、关注的学科范围等为基础，整合主页的各个模块，如包括用户喜欢的书籍栏目、历史咨询问题、关注的前沿热点等，以用户的行为中心组合这些模块，体现高度的个性化。

2. 基于手机的信息咨询门户——手机图书馆

Web3.0 是手机快速普及的时代，因而以手机为基础的移动手机图书馆也在快速发展。基于手机图书馆，开发用户信息咨询门户，开展信息咨询服务也是一种便捷、可行的策略。基于 Web3.0 技术构建智能手机图书馆，依托手机图书馆建立信息咨询门户，用户通过账号可以登录自己的个人门户，个人门户可以根据用户的偏好、专业而构建不同的板块。

用户可以进行信息咨询，也可以浏览各种知识库，在各种信息社区参与信息讨论等。同时系统会根据每次用户的使用情况，对用户行为进行分析，整合相关数据，并存入用户信息库，进而提供最适合用户需求的信息咨询服务。综上所述，传统的信息咨询服务不管是主动的"推"，还是被动的"拉"都仅限于咨询馆员与用户之间的一种线性联系。而在 Web3.0 时代，随着智能化界面、人机交互、3D 虚拟等技术的发展，以及语义网技术和知识组织概念的发展，信息咨询服务已经由线性服务模式变为互联的网状服务模式。在用户信息咨询门户中，用户不仅可以向专家和咨询馆员咨询信息，还可以与同一领域的专家进行交流、探讨。

（四）高度智能化的咨询方式

1. 高度智能化的检索方式

图书馆信息咨询服务的一个主要实现方式便是用户通过信息检索，查找到满足自身个性化需求的信息。Web3.0 可以将图书馆文献信息资源与网络信息资源进行整合，并通过对用户的检索行为进行整理、分析，总结出用户的检索规律，将这些分析结果与图书馆数据库检索频度连接起来，为用户提供全面、个性化的信息，以满足其个性化的需求。

通过智能化的检索平台，用户不仅可以查询图书馆的馆内信息，还可以查询各种数据库上的期刊和图书信息以及相关会议的信息，同时可以查询互联网上以及用户发布的信息等。与传统的检索方式相比，Web3.0 环境下图书馆的信息检索服务不仅可以对各种资源进行收集、整理，还可以挖掘用户的潜在信息需求，并且可以帮助用户过滤掉不相关的冗余信息，节省用户的搜索时间，提高检索效率。

在 Web3.0 环境下，图书馆采用聚合技术、混聚技术、挖掘技术，挖掘互联网的信息资源，结合丰富的图书馆信息资源，包括数字化的各种资源，以这些资源为支撑构建智能化的、个性化的检索平台，为用户提供个性化、智能化的检索服务。图书馆可以使用语义网技术在馆藏资源、网络信息资源等各内容之间建立联系，通过搜索动态内容引擎实现信息资源的深度挖掘，在此基础上过滤掉各种无用的信息，从而准确快速地检索到需要的信息。

这种检索方式将屏蔽图书馆数据异构，资源和咨询馆员的选择，馆藏资源查询等流程，智能化地剔除不相关的信息。用户只需在统一的检索页面中输入自己想要检索的信息，图书馆的信息检索系统会自动收集、评价与该问题相关的各种信息，并通过结合用户的查询行为进行认知推理，推测出用户所需要的信息广度和深度，分析用户查看信息的方式，以最适合用户查询的方式提供最终的搜索结果，实现精确化、个性化的检索。

2. 人工智能技术的应用

Web3.0 时代是人工智能的时代，人工智能技术的引入，将会给图书馆带来很大的变化。如目前上海图书馆、清华大学图书馆等多个图书馆已经引入人工智能机器人为用户提供咨询服务，这极大地方便了用户的需求。

上海图书馆引入云问智能问答虚拟机器人，并加盟上海图书馆微信订阅号，补充上海图书馆数字参考咨询平台的服务，同时适应新媒体渠道 24 小时全天候咨询服务的需求。实体机器人"图小灵"参与到上海图书馆的服务中，它在办证处作为办证和问路咨询实习员，回答用户提出的一些简单问题，如如何办证、问路咨询等。

人工智能技术的应用虽然处于尝试阶段，需要不断地探索，但是在未来必然会为图书馆的信息咨询服务带来新的变革。

（五）便捷化的离线咨询

离线咨询是指用户在脱机的状态下，在本地资源中搜索所需要的信息。目前图书馆的信息咨询服务主要是在线咨询，即只有在有互联网的环境下才能进行咨询，一旦没有网络，用户便不能及时地得到咨询结果。

在 Web3.0 环境下，可以开发出一种类似于 Gears 的离线网络应用软件，这种可生成网络应用软件可以使用户在脱机环境下进行网络应用，这就为图书馆开展离线咨询提供了一种可行的方法。这种离线软件的运用，使用户在没有网络的条件下也可以查找所需要的信息资源甚至进行信息咨询，从而减弱了图书馆信息咨询服务对于网络的依赖，更方便地为用户服务。

图书馆引进的离线网络应用软件 Gears 开源软件是以 Java Seript API 为基础，允许应用程序使用在本地存储及操作应用程序的资源，并运用异步 Java Seript 以提高应用程序的响应速度，同时可以将数据存储在本地的完全可搜索的关系数据里。具体来说就是，Gears 可以将数据存储在图书馆硬盘上的一个数据库里，并且这些数据可以通过命令程序提取出来。利用 Gears 可以实现离线阅读和收发邮件，甚至可以直接在浏览器里编辑文档、阅读信息等。

（六）更精确的信息咨询结果

1. 整合各种信息，提供精确结果

Web3.0 的信息聚合技术，是可以将图书馆跨平台的信息资源、广泛分布于数字图书馆内的各种商业数据库、自建数据库以及数字化的传统纸质文献加以整合，同时将图书馆中整合的这些信息资源拆解为微内容，利用语义网技术连接这些微内容，通过

用户生成内容（UGC）筛选并过滤高可信度的信息，最后利用信息整合技术把这些微内容整合起来，这就可以根据用户的检索关键词，聚合相关的微内容，反馈给用户最为精确的结果。

图书馆利用 Web3.0 技术，整合图书馆中的所有信息资源，并构建一个数据库，同时基于智能化的搜索引擎，运用智能过滤器为读者提供精确的检索结果，满足用户的各种咨询需要。

在 Web3.0 环境下，图书馆通过偏好信息处理技术，对用户的各种检索问题进行分析，挖掘用户的潜在信息，把这些问题提交到专家信息库，通过专家进行专业的解答，提高答案的准确率，以满足读者的需求。同时根据读者的学科背景、职业和要求调整咨询结果，并根据相关度进行排序，从而方便读者查看。

根据读者的其他需求和习惯，运用 Web3.0 技术以不同的方式展现检索结果，包括图片、音视频甚至 3D 影像等，以便于用户对检索结果的理解。在 Web3.0 环境下，图书馆信息咨询服务以信息整合、筛选过滤等技术为支撑，运用智能化的检索技术，结合用户的个性化需求，以适合读者需求的方式为读者提供精确的检索结果。

2. 分析检索结果，提供决策咨询

虽然在 Web2.0 时代，就已经提出了图书馆信息咨询服务要为用户提供决策咨询，但是由于 Web2.0 技术因素的限制，为用户提供决策咨询这一愿景并没有实现。而在 Web3.0 时代，在各种 Web3.0 智能化技术的支撑下，为用户提供决策服务这一愿景必然会实现。

为用户提供决策服务是图书馆未来发展的核心部分，这可以更好地发挥图书馆的信息服务作用，吸引更多的用户，并实现图书馆的价值。综合以上 Web3.0 环境下图书馆信息咨询服务的创新，可以总结出 Web3.0 环境下图书馆信息咨询服务以 Web3.0 技术为支撑，以满足用户的个性化需求为核心，以多样化的咨询馆员队伍为基础，以用户的偏好为基础建立个性化的信息咨询门户，通过智能化的检索技术，为用户提供精确的、个性化的信息咨询服务。

三、Web3.0 环境下图书馆信息咨询服务的对策

（一）强化个性化服务的理念

个性化信息咨询服务是以用户为中心，根据用户的各种信息需求，为用户提供信息咨询服务，最大限度地满足用户的个性化需求。

个性化信息咨询服务包含两种含义：一种是普通的信息服务；另一种是个性化的信息服务。即图书馆以 Web3.0 技术为支撑，利用各种智能化的工具收集用户的偏好信息以及检索历史，并对其进行分析，从而为用户提供最优的信息咨询服务。个性化的信息咨询服务是依照用户的个性化需求来建构的，在行为方式上也是以用户的个性化需求为主，使用户能够更快和更全面地获取到相关的信息资源。图书馆信息咨询服务要以 Web3.0 的"个性化"理念为核心，创新信息咨询服务，着重解决怎样在"个性化"理念的指导下为用户提供信息咨询服务，并利用这种技术，发掘更有价值的各种信息资源，为用户提供个性化、全面化、精确化的信息咨询服务，并提供知识和决策咨询服务。

（二）打造业务素质过硬的咨询馆员队伍

1. 调整咨询馆员的结构

在 Web3.0 时代，信息咨询馆员不再只包含图书馆人员，还增加了信息咨询用户、部分商业咨询者、其他图书馆的专业馆员以及各领域的专家学者，图书馆信息咨询馆员队伍将会呈现多样化的发展趋势。这不仅能够提高图书馆信息咨询馆员的工作效率，还能解决专业性较深的问题。

这时图书馆信息咨询馆员就不再仅仅是被咨询者，而是信息咨询馆员队伍的管理者。他们将建立咨询信息库，对用户、专家等被咨询者进行分类，并将这些被咨询者与咨询不同领域问题的用户连接，解决用户专业性较强的问题。这不仅解决了目前图书馆信息咨询人员数量不足、专业知识欠缺等问题，同时能深入了解用户的潜在需求，并能提高解答用户问题的准确率。

2. 提高咨询馆员的服务能力

提高咨询馆员的服务能力，这就需要图书馆开展在职培训，提高咨询馆员的专业

技能。在职培训主要培养咨询馆员职业化的思维，提高咨询馆员学习运用 Web3.0 新技术的能力。培养馆员挖掘用户潜在需求的能力，提升提供信息服务、知识服务以及认知服务的能力，善于运用 Web3.0 及其他新技术为用户提供个性化信息服务。

（三）采用智能化的 Web3.0 技术

Web3.0 时代是人工智能时代，信息咨询服务也需要引进人工智能技术，方便快捷地解决用户的需求。通过人工智能系统可以对用户咨询的问题自动给予解答。用户在输入咨询问题时会自动显示其他用户提出的相同或相似的问题，用户可以直接选择而不必全部输入问题，同时会把相似问题加以解决，方便用户全面了解相关的信息。

例如，在云南大学图书馆的咨询互动平台上，设有电话互动、E-mail 互动、图书馆在线咨询和 CALIS 虚拟参考咨询四个模块。在图书馆在线咨询中又分为读者服务、数据库应用、书刊推荐以及查新与检索四个模块，用户可以根据自身的需求选择其中一个进行咨询。

选择其中一个咨询内容，会直接进入人工智能咨询对话框，用户可以直接在对话框中输入需要咨询的问题，系统会首选人工智能解答。例如，笔者在输入框中输入"Web3.0"，智能咨询框内就会显示与"Web3.0"相关的历史咨询记录："Web3.0 的定义""Web3.0 的特征"等，笔者选择了"Web3.0 的定义"，人工智能系统就会自动显示出以前其他用户查询时所给予的答案。

同时用户也可以选择人工咨询，方便用户不同的需求。在咨询时，咨询页面的右侧栏目中设有常见问题、相关知识、咨询员信息三个栏目，用户可以直接在这三个栏目中寻找解决自己问题的信息，了解相关信息，满足自己的需求。

同时可以根据咨询员信息选择擅长自己专业领域的咨询馆员解答比较专业的问题，满足自身个性化的需求。人工智能咨询系统能够实现 24 小时实时咨询，弥补了人工咨询只能在工作时间进行咨询的弊端，可以满足用户随时随地咨询的需求。图书馆信息咨询平台的人工智能咨询系统可以直接解答用户咨询较多的问题，使咨询馆员在重复的工作中脱身出来，集中时间和精力去解决专业化水平较高、知识需求更高的问题。这不仅可以节省人力成本，还能提高效率。

（四）整合高质量的信息资源

1. 加强各种网络资源的应用

网络信息资源作为图书馆信息资源中不可缺少的一部分，对补充图书馆数字资源有着重要的作用。图书馆应该积极引进 Web3.0 技术，如网络电话等技术对数量庞大、内容繁多的网络信息资源进行收集、管理。

针对不同信息资源的特点使用不同的收集方式，可以采用视频收集、邮件收集、博客收集等信息收集方式，增加图书馆收藏的信息资源。图书馆应该加强各图书馆之间的联系，实现各图书馆特色馆藏资源的共享，同时应加强对科研会议召开信息的关注度，以便及时取得会议资料、文集等。很多国外的科研会议都会专门设一个相关的网站，将与会议有关的发言稿、论文、课题、成果等资料全部上传，以方便用户获取。Web3.0 时代，图书馆应积极运用 Web3.0 各种新技术，如混聚等收集这些资料。

2. 对信息资源进行深加工

图书馆信息咨询服务应该运用各种 Web3.0 的新技术整理、分析用户的咨询行为，挖掘用户的潜在信息需求，为用户提供精确、深层次的信息资源。首先，图书馆应该运用混聚、UGC 等技术整合网络上的各种信息资源，以此为基础，对收集到的各种信息进行系统化、逻辑化的加工整合，并筛选大量复杂的信息资源，保证其信息的真实性和准确性。其次，结合用户的信息搜索行为，运用科学的方法对收集到的信息资源进行分析，筛选出用户需要的信息资源。最后，对筛选出的与用户问题相关的信息资源进行加工，并推送给专家系统，由该领域的专家针对用户提出的问题，结合筛选出的信息资源进行解答，为用户提供精确的知识或决策，满足用户的个性化、专业化需求。

（五）重视用户体验

1. 建立个性化的信息门户

在 Web3.0 时代，图书馆需要引入先进的人工智能技术，用于分析挖掘用户的需求，根据用户的偏好、学术水平等因素对用户进行划分，建立用户信息咨询门户。这种信息咨询门户集合了数据库、搜索引擎、论坛等各种网络模块，用户可以根据自己的兴趣、习惯组合各模块，这样就有助于用户方便、快捷地使用各种模块提供的各种服务。同时用户还可以制作并使用各种个性化的小工具，以满足自己个性化的需求。

用户可以在实时动态模块，查看最近的新闻；在专业领域模块，查看最近该领域的研究热点问题以及最新的文章；在讨论模块，对某一问题进行探讨；在专家数据库模块，向专家、学者咨询问题。信息咨询的个人门户还提供视频、动画等服务，为用户提供更真实化、人性化的方式展现信息咨询服务的内容。图书馆的这种信息咨询个人门户以用户的体验为核心，旨在为用户提供个性化的信息服务。

2. 建设 3D 虚拟图书馆

Web3.0 时代是 3D 虚拟技术迅速发展的时代。在虚拟 3D 图书馆中，用户可以体验真实的图书馆，就像真正处于图书馆之中，进行各种活动。虚拟 3D 图书馆的应用，可以为用户提供真实的视觉体验以及多样化的创新服务，还能满足用户的个性化需求。

（六）建立科学的评价机制

Web3.0 时代，用户对信息咨询质量提出了更高的要求，而最能反映用户对图书馆信息咨询结果是否满意的方式便是建立评价机制。评价机制的建立有助于加强用户与信息咨询馆员的有效交流，并更好地改进信息咨询服务。没有用户对信息咨询服务的反馈信息，图书馆便不能明确此次服务的质量，就不能很好地改善信息咨询服务，也不能及时地更新信息咨询系统，以满足用户需求。

例如，云南大学图书馆在信息咨询结束后，会自动弹出信息咨询满意度页面，用户可以对提供咨询服务的馆员进行满意度评价。这些拥有满意度评价机制的图书馆，一般信息咨询服务都比较完善，页面友好且操作简单便捷，各种服务模块比较明显，易查找。因此，图书馆应该积极建设信息咨询评价系统，对图书馆信息咨询服务的各项指标进行评价。这能够帮助图书馆准确、全面地了解用户的需求，以便制订改进方案，对图书馆信息咨询服务进行改进。

Web3.0 的发展，为图书馆信息咨询服务带来了新的挑战，同时使图书馆信息咨询服务有了新的创新，为用户提供全新的、个性化的服务。通过总结 Web3.0 的概念和特征，提出了在 Web3.0 环境下图书馆信息咨询服务理念的创新以及信息咨询服务，包括多样化的咨询馆员队伍、精细化的咨询模式、个性化的用户门户、智能化的检索方式、便捷化的离线检索和精确的检索结果等方面的内容。

通过对这些创新服务的分析，总结出目前图书馆信息咨询服务仍面临咨询对象复杂化、Web3.0 技术应用不足、网络信息资源应用不足等问题。但我们可以以 Web3.0

技术为支撑，树立个性化的服务理念，根据图书馆的实际情况，对信息咨询服务进行创新，为用户提供个性化、精确化、智能化的信息咨询服务。在服务理念上，以满足用户的个性化需求为中心，为用户提供信息咨询服务。

在信息咨询馆员方面，应提高信息咨询馆员的专业素养，培养多样化的咨询馆员队伍。在信息咨询技术方面，建设个人门户，引入人工智能咨询系统。在信息资源方面，加大对网络信息资源的使用，对信息资源进行深加工。在信息咨询服务质量方面，规范咨询回复时间、引入评价机制等。通过这些措施可以有效改进图书馆的信息咨询工作，为用户提供专业化、精确化的信息咨询服务，并满足用户个性化的需求。

第三节 基于图书馆书目数据社会化应用的服务创新

如今图书馆书目数据社会化应用途径较广，从用户、技术与社会三个层面提出了服务创新策略，以期能更好地使图书馆的书目数据融入不同组织机构、不同格式、不同管理理念的数据环境中，与此同时引入用户参与机制，扩大图书馆书目数据的传播范围，促进书目数据的整合与共建共享，更好地发挥图书馆书目数据的社会作用与价值。

一、树立对图书馆书目数据开放的理念

在图书馆设立专门的书目数据社会化相应的工作岗位，提升馆员对于书目数据开放的意识。书目数据社会化体现在其广泛渗透到出版发行、图书情报、文献档案以及社会的各行各业中，书目数据也从学者的书目数据转向大众的书目数据。因此，图书馆有必要设立专门的岗位从事书目数据社会化的工作，主要工作内容包括书目数据描述、组织和控制标准化等。

二、规划图书馆书目数据开放体系

针对我国图书馆的编目格式大多采用机读目录的情况来看，国外图书馆在开放机读目录数据方面有两种途径：一是通过 Z39.50 或 API 的方式开放机读目录书目数据；二是机读目录的 XML 化，这对我国书目数据的社会化应用提供了实践性的参考。

图书馆界应不断优化机读目录的 XML 模式，使我国现有的机读目录适应互联网

以及关联数据的数据环境，加强书目数据编制语言如机读目录、HTML 及 XML 等描述语言间的互操作性。与此同时，我国应制定相关书目著录标准，扩大国际标准修订话语权，使我国图书馆书目数据更好地与国际接轨。

三、图书馆书目数据深度聚合

元数据的产生，经历了文献的制作、出版、发布、利用的各个环节，涉及著者、出版社、书商、数据库商、书店、网络社区、图书馆等主体，类型包括全文、文献、文摘、书评、多媒体资源等。图书馆在进行书目数据深度聚合时，其基础为元数据的互操作性以及元数据，特别是数字资源标准的制定，其难度较大。本馆资源与系统建设的特点决定了元数据整合的方式：一是基于联机公共目录检索系统帮助（OPAC），以实体文献的书目数据为核心，整合相关数字资源元数据；二是构建元数据仓储；三是整合多主体元数据。

在基于 OPAC 进行元数据整合方面，书目数据的集成化虽然具备理论意义，但要设计出合理的描述机制才能使之在实际运用过程中发挥具有实践指导性的作用。在构建元数据仓储方面，图书馆应对各操作型书目数据进行收集、整理、预处理，以建立图书馆目数据的业务史或分析型数据。

用户对于图书馆书目数据与网络开放元数据融合的需求较高，这就需要图书馆整合网络规范数据。关联数据建立元数据仓储。一是利用资源描述框架（Resource Description Framework，RDF）数据模型在万维网发布结构化数据。二是利用 RDF 链接不同数据源的数据，通过关联数据将各种数据源无缝地连接起来。在此之后，图书馆所发布的关联数据可以与电子商务购书网站和网络社区的书目数据进行整合，从而构建更加完整且开放共享的元数据仓储。例如，国外大多创建使用亚马逊商品的 XML。数据返回完整的机读目录记录，国内国家图书馆的文献搜索是元数据仓储实践的代表，可为用户提供一站式检索。

四、图书馆积极参与到社会编目产业中

希望无论是馆员还是用户，都可以利用社会编目网站进行交流，挖掘网络开放社区的书目数据，并集中到网站中。用户十分希望在搜索图书馆书目数据的同时，图书馆可以为其关联到更多的社会元数据，馆员也十分希望图书馆的书目数据能够与其他

组织机构元数据融合。因此，作为从作者到读者书目信息供应链中的一个普通环节，图书馆有必要参与到供应链的上游，使原始数据适应图书馆的需求，从而促进图书馆界参与国内出版业标准的制定。

图书馆通过使用书目数据供应链所产生的数据，使其与相关领域合作共享，提高书目生产与传播的效率，从而不断推动社会编目产业的发展。联机计算机图书馆中心（OCLC）新一代编目项目为我国社会编目产业提供了具有参考性的实践经验，我国图书馆界应当积极与出版商、供应商、数据库商进行合作，使之成为统一的格式。例如，ONIX反馈给书目数据上游的出版社与供应商，对其做出评估，最后反馈给图书馆，以适应其技术服务流程。总之，充分利用供应链上游的数据，将有利于图书馆书目数据的开放。

第四节　基于图书馆公共文化的服务创新

在数字高新技术飞速发展的今天，作为本地公共知识和文化服务的核心力量——公共图书馆，想要提高用户对它的依赖性，只能通过掌握该用户的切实需求、挖掘其潜在需求，目的是根据用户需求并对症下药地提供相应的服务。与此同时，除了在用户方面，更应该在自身上入手，挖掘自身潜在特色，增强自身在市场上的竞争力，不疲倦于激烈的市场竞争，且找到发展的动力。随着高新技术和互联网的不断发展，图书馆需要通过对自身进行改革创新来满足读者不断变化的需求。

一、创新服务管理理念

（一）重塑"以人为本"的服务思想

公共图书馆是我国公共文化体系的一分子，在公共图书馆创新的想法下，需要借助于理念创新的指导，服务理念的意义在于可以获得用户的积极反馈及指导创新实践，从而使服务理念不断得到创新与完善。一切创新服务项目的发展都来源于服务理念的创新，在理念的基础执行，从而使其成为一个包含乐趣和内涵的服务性活动，除此之外，还能为广大读者提供优质的借阅服务。

"以人为本"是服务理念产生的基本理念，具体是通过与新技术和其他行业合作、建设新的管理方式相融合来实现其理念的。高新技术的不断发展对服务理念具有导向作用的同时对其提出了具体要求，使其由"以书为本"转向"以人为本"。

图书馆通过一定方式使其服务态度和服务水平及方式得到了一定的改变与优化，全心全意地为读者服务。图书馆内开展的活动都是围绕"读者"这个主体进行的，本着为用户重新塑造思想的理念，读者的兴趣爱好是图书馆服务发展的主体内容，通过贯彻落实服务至上原则，加强用户调研和激发用户潜在需求，重新完善使用户更加享受的服务体制。

根据用户不同需求搭建相应机制。通过网络这个平台为公共图书馆赢得更多的支持与认可，借助于微信公众号、微博、贴吧等平台为其活动和新书发布广泛宣传，畅通微信、微博投票通道，借此方式获取用户的显性需求和关注态势，为下一步的活动推广打好基础。在网上开通交流平台或者邀请作者、学者与读者面对面畅谈，举办读书大会增进与读者之间的联系，从而达到更好的宣传效果。与政府和媒体合作，在官方网站上增加相关模块，对藏书不定期更新。

（1）借助于微信微博等平台及时接受用户的反馈与需求，搭建与读者间的实时交流平台，确保读者的需求有渠道得以反映，问题得以解决，反馈得以接收。以读者回访与问卷调研活动的定期和不定期开展，对自身服务态度及相关体系的评价，来完善其服务体系，使其获得读者一致好评。

（2）升级数据分析平台，构建用户爱好需求等相关数据库，借助信息技术分析用户需求和个人行为，结合实际情况与媒体舆论导向对用户的实际需求做出合理分析，从而为读者提供更有效的个性化服务，提升用户好感度。

（3）通过对相关人员进行培训，严格要求工作人员的行为规范，以提高工作人员的职业素养的方式使用户在需求及反馈上获取有效信息。

（二）以地域文化理念作为特色引导

一个地区所特有的历史背景、经济发展及自然环境等形成的特有价值理念称为地域文化理念。地域文化理念还包括民族精神、社区文化理念等。地域范围对公共文化服务保持活力有着积极作用。所提供的公共服务若坚持千篇一律，在某种程度上有利于保障读者的基本文化权益，却不利于公共服务的个性化发展，其吸引力和潜在能力得不到后续提高。综观我国各地区的文化差异，不同的地理位置和文化经济环境也会在价值观念上有所不同。地域特色文化理念是公共文化服务的领导者，主要表现在以下两方面。

（1）地域特色文化理念体现在顶层设计中。以上海为例，其城市里有来自全世界各地的人，使城市拥有多样性和包容性的特色文化理念。正是这种思想，被应用于设计的顶层之中，但在之前，应对不同文化背景群体生活的人们，要对不同的文化需求做具体分析，尤其是对外来移民和社会底层的工作人员等群体来说，都要兼顾其具体需要，无论是国际的还是本土的，高雅的还是通俗的都应被放在考虑之中。

（2）结合地域特色文化开展服务活动。个性资源和共性资源是公共文化服务资源中的两大主要部分。其中共性资源主要是满足群众基本文化需求，其中包括图书馆内的一般藏书和报刊。个性资源更具吸引力与生命力，具体是指以博物馆、美术馆展出的展品以及图书馆和文化馆内开展的一系列活动。

二、不断延伸创新服务内容

在服务理念的指导下，根据读者的不同需求提供更加优质与多样化的服务。随着读者的需求不断增多，图书馆也应做出相应的改革措施，除了最原始的文献借阅外，还可以通过对读者感兴趣的方面（音乐会、文字沙龙等）创新服务模式，以满足不同时代下读者的不同需求。

（一）开发多元化的服务产品

文化需求在个体需求层次中的较高位置，这对公共文化服务创新的主动性提出了更高要求。根据马斯洛的人类需求层次理论，文化需求属于较高层次的需求，贯穿于生理需求、安全需求之上的各类基本需求和其他非基本需求中，高层次的需求往往不如较低层次的需求那么迫切。

面对信息时代读者多元化发展的需要，在服务理念的指导下，要深化服务的内涵，发展多元化的服务，将更优质的服务提供给不同背景与需求的读者，为不同背景和需求的读者提供更好的服务成为公共图书馆服务的基础。

除了传统的文献借阅，图书馆在教育、培训、摄影、文学沙龙、绘画文字展览、音乐会等方面，可以向全方位多元化公共文化服务延伸。

多元化主要指公共图书馆不仅仅满足读者基本的借阅服务，还为读者提供更加具有趣味性与公益性的活动形式，为感兴趣的读者提供新服务，满足读者的文艺需求。相对传统服务内容单一、呈现静态化的表现形式，现如今公共图书馆服务向更加多元化与个性化发展，服务内容与形式也更加专业化与高端化。

风靡全国的读书活动对公共图书馆事业提出了新的要求，不仅需要加强自身的网络服务建设，并且在此基础上增加延伸服务。建设强大的服务网络系统，有利于解决图书馆资源地区不平衡问题，让更多的人能享受国家公共事业带来的福利。而延伸服务有利于图书馆突破固有模式，扩大了服务范围。因此，政府在图书馆延伸服务建设方面也采取了许多有力的措施，在馆内空间分配管理方面，注重合理分配，尽力利用好每一寸空间，同时为读者提供更舒适的阅读环境。在对整个公共图书馆事业的区域分配上，规划合理。

（二）打造特色服务品牌发挥文化空间职能

公共图书馆借助于高新技术，突破了不同时空地域的限制。作为信息资源的重要集散地，它采集了大量的信息，是如今大数据时代数据信息开发与采集的核心。由此可见，公共图书馆各项活动开展的主要目的是为其构建行业内最具特色和优质服务的能力。

综上可知，特色服务的推广与宣传应引起图书馆的高度重视，通过开展相关的宣传及交流活动，严格要求服务人员的服务态度，树立口碑良好的服务品牌，让读者体验到优质服务，通过攻破服务这一关，提升图书馆品牌形象和获取读者的支持与认可。

但很少有机制可以做到完美无瑕，图书馆也不例外，虽已建立相对完善的机制，但并非图书馆内的每项服务都能得到认可。比如图书的借还服务，大多图书馆内的借还服务都很烦琐，占用读者时间较长，很容易给读者留下一个不好的印象。那么建立完善简单的借还服务体系，则需要通过提高图书馆自身实力及品牌服务，从而提升借还服务的工作效率。

（1）图书馆的维护与发展服务链，可以结合先进的信息技术为读者提供创新型的服务。应用先进技术可以促进服务理念的转型与优化，从而推动先进创新的建设体系，提升为读者推送信息的服务水平，竭力打造一个具有吸引力和忠诚度的服务品牌。

公共图书馆应借此风潮，通过不断完善优化互联网建设使其在市场上独具竞争优势。开展互联网建设不仅能提高其服务质量，推动图书馆信息化建设进程，还有利于提高针对读者需求推送相应书籍的能力，实时了解掌控读者新动态，为其提供更加完善全面的服务。

（2）整合当地的优秀特色文化资源，将打造特色服务品牌作为图书馆发展的首要任务。公共图书馆根据不同的人文情怀和民族风情提供不同的公共文化服务，将当地的特色作为精品服务以吸引外来人员，向外来人员推送本地的特殊风情与人文情怀，挖掘潜在用户，获取更多的读者信息。

在此条件下，图书馆应针对当地的特色提供别样的精品服务，来增加其借阅量和藏书量。互联网的发展与电子书籍的盛行对图书馆造成了一定的冲击，但同时互联网也为图书馆带来了积极影响，使其突破原有时空和地区的限制，向全方位发展进攻。除此之外，图书馆还应重点提高自身的竞争力，挖掘潜在竞争优势，稳固在市场上的重要地位。

（3）建立读者研究部。其主要职责就在于根据采集的读者信息进行分析，建立相关数据库，研究出一套适用于不同需求和不同年龄阶段的读者，且独具特色的执行方案。致力于其服务模式的优化与改造，对品牌的推广与宣传，进行馆内外的协调和后续发展的资金筹集，贯彻落实制定的品牌战略，迎合社会和大众群体的需求。

（4）以特色资源为基础，展现特色服务。当前图书馆事业发展的两大热点是网络化和特色化。在这两大热点中，网络化还有待确定，但特色化已成定局。在网络发达、信息技术不断发展的今天，信息数据如潮水喷涌而出，这种现状也对图书馆的创新发挥了重要性作用，在图书馆的后续发展中，特色化道路是其发展的必选之路。

关于特色化内涵的理解上，对于图书馆而言从两方面进行表述：一是注重馆藏和服务；二是注重人才、管理、宣传与馆藏和服务的巧妙结合。

（三）通过发展特色化，着重突出图书馆以下三方面

（1）提供以图书馆现有文献资料为主的特色化服务。特色化服务的推出是对日常中文献资料的收集，在使其特色化的同时着重发展其个性化。

（2）伴随着高科技的不断发展。图书馆的信息载体容量也在不断扩大范围，文献资料种类日益繁多，这都将为特色化服务带来良好的效益。

（3）以馆内外信息资源的有机结合为基础，建立特色化服务。图书馆所提供的服务是建立在信息资源的基础上的，没有资源就等同于一本没有意义的书，只有在资源

之上才能体现出服务提供的模式。信息资源的缺乏会导致图书馆不能正常运营，就更不用说服务了。紧跟社会步伐，实时了解和掌握社会经济与文化的新态势，并对馆内的信息资源不断进行补充与更新。

图书馆应与区域特色经济有机结合，跟随社会发展态势，贯彻以树立科学合理为核心的特色化服务理念，在其指导和引领下，对信息资源及时做出更新，对独具个性化的藏书进行收藏，从而达到促进经济发展的目的。

三、利用信息技术加快资源更新和服务推广

（一）制定并实施新媒体服务选择策略

利用当代的先进技术，对现有服务进行改善与优化。放在首要位置的应当是对现有服务的改善与优化。

对于文献资料查找难、借阅难的缺陷，可借助于射频识别技术，利用其定位功能，方便读者找书借书。利用移动终端定位功能和操作简单的优势，优化原有借还书程序，删减烦琐无用的流程，优化操作方法，节省操作时间。通过手机端等服务，建立借还书与查阅板块为用户提供逾期提醒和借阅推送等服务，建立个性化的优质服务，满足用户的心理需求，优化图书馆的通知平台。借助微信、微博平台发布与接收即时消息，增加和畅通与读者间联系的通道，优化信息资源。根据文献资料的内容和类型进行分类，根据不同用户的需求与兴趣偏好、年龄阶段和社会态势进行多维分类。合理规划服务空间，通过建设地方文献中心的机会对各个区域的主题进行合理划分，以满足读者在工作（学习）与休闲时期的不同需求。要对馆内工作人员的服务态度与职业修养严格要求，优化节约设备，提高读者对工作人员的满意程度。建立以读者为主的服务评价小组，优化服务体系，提高服务质量。完善职工奖惩制度，从而激发工作人员的工作激情，建立一体化服务，同时对工作人员进行严格的培训与考核。

（二）大力发展数字图书馆服务

随着公共知识文化的发展，我国也逐渐开始重视对公共文化服务体系的构建，并大力支持该服务的进一步完善。与此同时，网络图书馆也得到了一定的扶持，近年来发展越来越旺。

公共图书馆是馆域网与互联网的结合，以此为网络硬件基础，促使数字资源的快

速发展与不断升级，提高为读者服务的水平和提供数字资源的能力。

为了在一个信息技术如此发达的社会中生存下去，图书馆要采取相关措施来应对复杂的社会环境：建立信息数据库，大力开展数字资源建设，突破到馆完成借还书的原始限制，满足用户不断变化的具体需求，等等。该举措是对图书馆服务职能延长链的建设，构建数字化的服务体系的有效环节。

版权问题是数字资源库建设过程中不能忽视的一个重要关注点。在图书馆的建设过程中，版权问题应当是该建设中最重要的一步。

在各地图书馆的文献资源中，公共图书馆数字资源建设已成为发展中的主力军。

四、加强供给侧改革推动服务机制创新

公共图书馆需求不断增多，图书馆的当务之急是创新服务模式，优化相应体制。根据当前的实际情况进行分析，总结出最适合的服务创新体制。一个完整的服务体制包括运作和保障两种模式，两者之间相互影响、相互作用、取长补短，从而形成一个系统化的整体。

（一）服务联群实现供给和谐

公共图书馆应对其服务对象组织开展文化服务联群，兼顾社会的每个群体，全方位开展活动，无论是社会基层群众，还是弱势群体，都应保障他们所应享受到的公共服务。

为青少年、老年人、残障人士等群体建立更加便捷高效的服务体系，解决他们的看书难问题，此举措通过更具针对性的服务解决他们的文化服务问题。比如，针对老年人可以专门开展文艺培训等活动来迎合老年人的兴趣偏好，充实丰富其休闲生活；针对青少年，建设读书感征文比赛、艺术培训等，培养提高同学们的课外知识和文化素养；针对残障人士，定制便捷的服务，如无障碍卫生间、流动图书服务站、盲人阅读区等。总而言之，公共图书馆实现全方位顾及社会的每个角落的体制，则需要加强对弱势群体和城乡统筹发展的重视。

（二）服务联姻优化供给结构

公共服务在发展中，应在群众需求的基础上，通过统筹规划、科学设计、不同部门相互融合和服务的有机结合，服务产品升级和拓展等方式推动图书馆的后续发展。细化来说，构建"文体联姻""文商联姻"等服务新模式，增加服务产品的类型和内容，

为大众提供更加多层次、多元化的产品服务。当前许多城市（如北京、河南、江苏等）所推出的"文化惠民卡"，就是一个把商业服务与公共服务有机结合而形成的一个全新服务模式的鲜活例子，此模式的改革激励了当地人们对文化服务享受与行为选择，同时在市场上也获得了一致好评。

（三）服务联盟培育供给主体

在国家提出供给侧改革下，公共图书馆应扩大服务体制和社会化服务，突破原有部门各自为政的思想限制，从而使处于不同区域的公共文化服务与供给者之间产生合作联盟，助推公共化服务建设。

借助于社会各界力量的结合，有效发挥不同体制机构（包括教育、医疗、创业指导中心等）的作用，解决目前公共图书馆存在的弊端，如社会服务化供给不足，供给结构比例失调、模式结构单一等。在文化部门的指导下，对社会群体、基层群众、企业和社会机构及相关部门资源进行整合，借助签订合作与开展相关活动等形式，使参与图书馆文化服务建设的群体范围扩大到各个不同单位基层，以达到文化产品、信息和设施在不同单位被同样需要的目的，即实现资源共享。采集大众的兴趣偏好，根据不同的社会需求开展父母课堂、养生活动、"双中双创"等活动，使人民群众与基层图书馆之间的关系更加紧密。对图书馆内的资源与交流报告实行"披露"制度，让群众及时掌握图书馆的新动态，对公共图书馆实行"请进来"的服务，以此提高群众参与到图书馆建设和资源共享的积极性。

除此之外，对图书馆还应实行与外界合作的联盟制度，即联合社会各界力量，共建不同高校与科研类图书馆之间的资源共享体制。对个人、社会团体、学校和非文化事业单位等人力资源进行有效整合，促进合作联盟的构建进程。供给侧改革提出后，文化产品服务占据着不可撼动的地位。它不仅对公共图书馆服务体制的创新有着积极作用，还加快了整合公共文化服务资源的发展进程，满足了新时期内人民群众日益增多的文化需求，更保证了服务体制的完善。供给侧改革对公共图书馆的建设发展也有实质性作用，通过加强供给侧改革，不仅平衡公共文化资源的供给状态，还丰富了服务的内容及多样化服务模式，为公共文化服务吸引了更多的公众，服务质量得到实质性提高，体现图书馆的公共文化价值，共同促进公共文化服务体系的不断发展与完善。

第六章　智慧时代高校图书馆服务创新的模式

第一节　高校图书馆知识服务模式

一、图书馆学科知识服务概述

（一）图书馆知识服务与学科馆员制度

目前,各领域对知识服务的研究仍处于初级阶段,对知识服务概念的界定众说纷纭。但所提出的概念在以下三方面基本达成共识:第一,知识服务要以信息和知识的获取、组织、整合、重组为基础;第二,要以解决具体而实际的问题为目标;第三,追求知识服务对问题解答的价值效益。不同领域的知识服务的适用范畴不同,知识服务概念的界定要与相关领域的服务主体和客体的范畴相适应。

学科馆员制度是高校图书馆根据馆员的专业知识背景和实际能力,指定馆员与对口院系建立密切联系,主动为对口院系开展全方位信息服务的一种服务模式。这种服务模式有助于图书馆更好地融入学校的教学和科研活动中,加速信息资源的传递与交流,促进学校教学科研活动的开展,有针对性地为教师和学生利用图书馆提供帮助,消除他们在利用文献资源过程中的疑虑和困难,为其项目研究提供深层次服务。

（二）高校图书馆学科知识服务

高校图书馆学科知识服务是指将知识服务与学科馆员制度结合起来,按照学科专业领域组织人力和资源,提供专业化知识服务的一种服务方式。根据知识服务的定义,我们可以将高校图书馆学科知识服务的含义界定为以学科馆员的专业知识和图书情报知识为基础,针对用户在知识获取、知识选择、知识吸收、知识利用、知识创新的过程中的需求,对相关学科专业知识进行搜寻、组织、分析、重组,为教师和学生提供所需专业知识的服务。

高校图书馆富有竞争力的服务必须与学校的学科建设密切相关。相同学科研究领域的科研与教学人员，其科研环境、知识结构、心理特征、研究习惯、行为方式等都是相似的，对于学科知识与服务的共同需求是相对集中的。因此，"学科化"的知识服务模式能够发挥高校图书馆的优势。构建一个完善、有效的高校图书馆学科知识服务模式是高校图书馆知识服务的重点，也是提升高校图书馆学科知识服务能力亟待解决的问题。

二、高校图书馆学科知识服务系统的构成

高校图书馆学科知识服务系统是由学科知识服务用户、学科馆员、信息资源库、学科知识库、学科知识服务平台等构成。

（一）学科知识服务用户

知识服务用户也可称为知识受众，是指通过知识媒介接受知识、获取知识的人或组织。高校图书馆的学科知识用户主要是指高校的教师和学生。

在学科知识服务系统中，知识服务用户不仅是知识的接受者和知识产品的消费者，还是知识服务的促进者和激励者，并可能成为未来知识的创造者和知识产品的提供者。

高校聚集了各学科领域的专家和学者，他们是知识创新的主力军，他们使高校成为知识创新最活跃的地带。学科知识用户的知识需求状况、利用水平、满意程度，乃至各种反馈意见、评价等都对高校图书馆学科知识服务系统的建立和持续发展起着重要作用。

（二）学科馆员

在整个学科知识服务过程中，学科馆员处于核心地位。学科馆员参与学科知识服务的各个环节，既要具有专业的学科知识背景，又要精通图书馆业务，通过学科化知识智能服务平台向用户提供集成、全面的知识服务。他们在某种程度上是知识的消费者，在理解问题的基础上，通过对相关学科专业知识（显性知识）的收集和利用，形成含有自己的经验及思维成果的新的知识产品。

学科馆员的角色从以往单纯地依托公共信息资源提供通用服务，转为全面介入资源建设、联合服务、用户培训、信息服务平台维护和参考咨询等整体工作流程，从单

纯的知识提供者转变为信息资源的建设者、个性化和学科化服务的提供者以及学科特色知识库的建设者和推动者。学科馆员还将高校在特色学科方面的资源和服务进行有机的整合，形成馆员协调、灵活有序的工作模式，从而为教师和学生提供简便、高效、个性化、专业化的知识服务。

（三）信息资源库

信息资源库目前包括图书馆的馆藏资源库、各种信息检索系统以及网络资源等。信息资源库是以文献、事实、数据等人类显性知识为主的海量信息，对其进行组织管理的过程可称为信息管理。信息资源库可以按照学科分类来组织和管理信息资源。图书馆在信息管理方面的理论与实践已经相对成熟。信息资源库中的显性知识是学科知识服务的素材和基础。随着对知识组织、知识挖掘、知识发现、知识揭示、智能技术等各方面研究的不断深入，传统的信息资源库将向着包含隐性知识在内的知识库的方向转化。

（四）学科知识库

学科知识库是学科知识服务系统中重要的组成部分，也是知识服务有别于信息服务的重要特征之一。

学科知识库中的知识包括学科馆员在解决知识服务用户提出问题的过程中搜寻到的显性知识，也包括学科馆员运用自身的隐性知识以及利用从信息资源库中获取的显性知识所形成的，能够解决用户特定问题的新的知识产品或知识成果。这些知识被捕获、录入知识库，并经过加工、整理、评价、排序等程序构成知识库的主体，以便在合适的时机提供给新的用户或者进行进一步加工形成新的、更高层次的知识产品。

学科知识库与其他知识库的不同之处就在于其内容是严格按照学科分类进行组织的。高校还可以根据自身的专业优势建立特色学科知识库。

（五）学科知识服务平台

学科知识服务平台是联系知识服务用户和学科馆员的媒介，是学科知识服务系统的外在表现形式，可以是两者得以联系的一个虚拟环境，也可以是一个服务系统的形式体现。学科知识服务用户通过知识服务平台享受服务，学科馆员通过这个平台向知识服务用户提供服务。学科知识服务系统的各个组成部分均在此平台上以醒目、有序、便捷的方式来展现。此平台的建立、维护和发展需要依靠先进的信息技术，对服务过程的各环节进行有效的组织和管理。

学科知识服务智能化平台集合了学科知识门户、学科导航、RSS 定制与推送、网络资源揭示、知识挖掘、定期知识服务等资源和工具，是一个需求驱动的学科化、智能化服务平台，支持学科馆员的学科需求分析、学科化知识化信息选择与集成、个性化服务设计与管理等工作。该平台建立在学科知识库、特色资源数据、虚拟学科大类分馆平台之上，与个人数字图书馆、个性化信息环境相连接，能帮助学科馆员顺利进入科研一线，及时跟踪用户需求，并将与需求对应的个性化服务嵌入用户信息环境中，全面落实学科化、知识化、个性化、智能化的服务目标。

学科导航服务是对学科及相关学科知识进行归纳、组合、序化与优化，通过学科专业网站全方位地对学科资源进行集成与揭示，以便用户了解该学科领域的资源全貌。学科馆员依托成熟的校园网络和丰富的虚拟馆藏资源，为重点学科建立专业资源学术信息导航网站，使重点学科的专家学者能够通过专业导航网方便快捷地利用网上丰富的信息资源，掌握学科前沿动态。

网络资源揭示的主要方式是建立学科导航系统，利用搜索引擎在网络上全面搜索，通过选择、评估找到有价值的网站，将收集的相关网页下载、分类、标引，进行有效的连接，并按照统一格式对网站进行客观的描述，给予公平的评价，形成便于浏览与检索的学科导航库。高校图书馆有责任承担对丰富的网络学术性资源整序的任务。

学科知识挖掘服务是面向内容的知识服务的一种主要方式。它是通过实时资讯进行定性定量处理以挖掘隐含在其中的知识内容的一种服务。其特点主要是进行知识创新，发现未知知识间的关联。这种深层次的学科知识服务更多地依赖于人工智能技术的成熟与发展，支持这一过程的核心技术是特征提取、分类、聚类和关联规则发现、知识评价等。学科馆员在对用户需求分析的基础上，进行知识采集、知识过滤与挖掘、知识提供，通过用户满意度评估来评价整个知识服务过程。

定题知识服务主要指学科馆员针对用户的研究课题或学科重点知识需求，自动提供针对性极强的学科专业化定制服务。大多高校承担着国家或地方的科研项目，学科馆员要主动与承担科研项目的学科用户联系、沟通，深入了解课题立项的背景、项目要求与内容、经费及其他情况，设计定题服务方案，制定检索策略，建立定题服务数据库；通过推送服务不断为该学科科研项目提供动态的、新颖的专题信息知识以及与课题相关的文献资源、该课题的最新研究成果、网络资源信息等，做到从学科课题立项到科研成果鉴定全过程的定题跟踪服务；通过定题知识服务提高知识服务对用户需求的支持力度。

RSS 是基于 XML 技术的因特网内容发布和集成技术。RSS 服务能直接将最新的信息即时主动推送到读者桌面，使读者不必访问网站就能直接得到更新的内容。读者定制 RSS 后，只要通过 RSS 阅读器就可以看到即时更新的内容。

学科知识服务智能化平台集成各种技术与资源，为用户提供全方位、个性化、智能化的学科知识服务。

三、高校图书馆学科知识服务模式构建

根据上述高校图书馆学科知识服务系统的构成要素、各要素的特点及相互关系，可以构建出高校图书馆学科知识服务模式。

高校图书馆学科知识服务与传统图书馆的参考咨询服务程序相似，但也有所不同，具体包括以下几方面。

（一）知识服务用户的提问

知识服务用户可通过三种途径获取信息和知识，解答自己的问题。①学科知识服务用户即高校的师生可直接在信息资源库中检索自己所需的信息。②学科知识服务用户直接在学科知识库中检索自己所需的信息和知识。③学科知识服务用户与学科馆员交流，阐述自己的问题，并期望学科馆员提供解决该问题的知识或知识产品。如果用户采取第三种途径，其问题的解决过程就是一个完整的知识服务过程。

（二）学科馆员明确用户提问，确定用户需求

图书馆通过学科知识服务平台受理用户提问，根据问题的性质、所属的学科范畴，将用户推荐给相关学科的学科馆员，或将提问转交给相应的学科馆员。学科馆员通过与知识用户的交流明确用户的提问，分析用户的真实需求，或更深层次地挖掘用户的潜在需求。这种学科馆员与知识用户沟通、交流的方式弥补了计算机系统只能针对表达清晰的用户需求展开服务的不足。学科馆员可以对用户未能表达的、潜在的或表达不清的需求展开尝试性、探索性的服务，以引导知识用户明确认识并确切表达自身的需求。学科馆员与用户间的有效交流是制定知识服务策略和选择知识服务工具的基础和前提。

（三）学科馆员分析用户提问，制定服务策略并选择服务工具，提供知识服务

学科馆员在明确用户需求的基础上，对用户需求进行分析，确定服务策略并选择服务工具。学科馆员可依据具体问题来确定是利用自己或合作者的知识储备直接解决问题，还是从知识库中查询已有知识，或是选择合适的信息资源获取相关信息，经选择、分析、整理、升华之后形成新的知识产品提供给用户。

高校图书馆在接受有关大型科研项目的检索提问时，需要成立专门的知识服务小组，小组中的学科馆员共同分析问题、制定服务策略、选取合适的服务工具，为科研项目提供信息、知识保障。

学科馆员根据用户层次、用户需求的不同，可提供以下几种知识服务：一是密切联系对口学科和院系，面向学科领域、研究主题及个性化需求进行学科资源建设；二是学科信息检索代理服务；三是学术信息交流组织与管理服务；四是学科知识服务、用户信息素养及信息获取能力培养服务。

（四）知识服务用户的意见反馈

知识用户获得学科馆员提供的知识后，需要对知识服务进行意见反馈。如果满意，本次服务告一段落；如果不满意，学科馆员还需要重新进行询问、交流与服务。

用户意见反馈是对学科知识服务质量的评价指标之一。学科知识服务系统的建立、运行和日渐完善离不开服务对象的反馈，也离不开对服务结果的评论、分析以及在此基础上的调整、修饰和重建。

（五）学科知识库的管理

对于知识服务用户来说，得到了满意的答案就意味着知识服务的结束，但对于整个学科知识服务系统来说，还有一个重要的环节，就是对服务产生的知识加以积累、整序，按学科门类组织形成知识库。随着学科知识服务对象的增加、范围的扩大、学科的细化、内容的深化以及方法的变换，学科知识库中的内容也会不断增加、更新、完善和优化，这些过程就是对学科知识库的组织和管理。

对学科知识库的组织与管理不仅要重视各学科的显性知识、提问结果和最终形成的知识产品的记录，还要注重与检索结果密切相关的一些隐性知识的记录。

学科知识服务是高校图书馆较具优势的一种新型服务模式。它是以学科为基础，采用先进的信息技术和网络技术，为高校图书馆用户提供深层次、知识化、专业化、个性化的集成服务，能够适应科技自主创新的要求，最大限度地满足高校师生的个性化信息与知识需求。因此，学科知识服务必将成为未来高校图书馆知识服务发展的主流。

第二节　高校图书馆移动服务模式

1962 年，著名的媒介理论家马歇尔·麦克卢汉曾提出"地球村"概念。在几十年后的今天，互联网真正建立了一个虚拟地球村。运用云技术，我们可以不再依赖特定的图式和编码系统实现全球化的资源共享。特别是伴随着互联网正式进入移动互联，3G、4G、WLAN 等移动网络的普及，Web2.0、社交网络与智能手机等一系列技术的进步共同掀起了信息资源的移动共享浪潮，So Lo Mo 在高校图书馆移动服务中的应用越来越广泛。

一、移动环境下高校图书馆用户信息需求

信息需求是个体遇到问题时的一种心理状态，是已经转化了、具体、可操作的请求。信息需求是信息行为产生的前提和基础，只有当其达到一定强度时，信息需求才会转化为信息动机来驱使其采取某种行为去实现自己的目标。信息服务就是针对用户的信息需求，将开发好、整理好的信息产品以方便、准确的形式传递给用户的活动。

高校图书馆的信息服务已经从以图书馆系统为中心逐渐演变成以用户为中心的服务模式。诚然，高校图书馆的移动服务不仅包括虚拟平台上的服务，还涵盖物理空间上的服务，但是在移动互联网的时代背景下，高校图书馆移动服务的终极目标仍是移动信息服务。因此，高校图书馆开展个性化的移动服务的首要任务就是要了解其用户的信息需求。高校图书馆的用户主要由大学生和教师构成，因而其移动服务也要围绕这两个用户群开展。

（一）移动环境下大学生的信息需求

大学生通过移动网络对时效性信息的需求很强烈，如图书馆的通知与公告、借阅信息提醒、自习座位实时状态、招聘信息、就业资讯等。移动环境除了能够帮助大学生明确信息需求，方便、快捷地主动获取所需信息外，还有助于其对隐性的信息需求

进行挖掘。移动网络使学生更乐于被动地接受信息，他们通过微博、微信等移动平台浏览推送信息，在此过程中隐性信息需求被转化为明确的信息需求。

（二）移动环境下高校教师的信息需求

在大学课堂上，高校教师不再单一地传授理论知识，而是将理论与实践相结合。与大学生群体更乐于被动地接收信息不同，传道授业解惑的高校教师的信息需求更偏向于主动获取，他们的信息需求主要包括对学科专业知识的需求、对实践技能的需求以及对实时信息的需求。

移动网络的发展与推广使高校教师的信息需求同样具有实时性与即时性。由于工作繁忙，教师更希望能够按需随时随地地获取信息，并且非常需要即时获取学科专业的最新动态与科研成果。为了使大学生的课堂更加和谐，高校教师也需要了解更多的实时要闻与新闻动态。

总之，高校图书馆通过移动服务能真正实现用户任何时间、任何地点获取信息的愿望，用户通过高校图书馆的移动服务能尽情享受移动互联网所带来的全新阅读体验。

二、高校图书馆移动服务模式的嬗变

从 2000 年开始，移动服务就已成为国内外图书馆界研究的新主题之一。2003 年，北京理工大学图书馆率先在国内开展移动服务。随着网络技术，特别是移动网络的发展与革新，国内高校图书馆的移动服务模式与服务内容也在不断改进。2003—2005 年，我国高校图书馆相继开始利用以手机为终端的短信提醒与推送服务，2008 年开始，一些高校图书馆又推出 WAP 方式的手机网络服务。到 2010 年，清华大学图书馆又开始推出基于 IOS 与 Android 平台的客户端应用系统，并开发出智能聊天机器人，方便读者查询馆藏图书、查询百度百科、图书馆知识问答，甚至可以用于娱乐消遣。2011 年，微信一经推出便因其新颖、快速、便捷的特点迅速成为中国智能手机用户主要的通信及社交工具，微信公众平台也成为高校图书馆移动服务的新模式。总之，伴随着网络通信技术的发展，高校图书馆的移动服务模式也不断演变更迭。

（一）高校图书馆短信服务模式

短信是高校图书馆最早利用移动技术为读者提供服务的方式。短信服务模式对网络接入环境要求不高，不需要太高的移动终端的软硬件配置，成本非常低廉，因此成为当前高校图书馆使用最为广泛的服务模式。但是，"门槛"低也就意味着短信服务只能承载少量的信息，无法承担大数据的工作。因此，目前我国高校图书馆的短信服务主要包括查询个人借阅信息、预约和续借、查询图书馆 OPAC 以及通过短信接收图书馆发布的各类信息等。

（二）高校图书馆 WAP 网络服务模式

WAP 即无线应用协议，是一种全球性的开放协议。WAP 使移动网络有了一个通行的标准，把目前网络上 HTML 语言的信息转换成用 WML 描述的信息并显示在移动电话等手持设备上，因此 WAP 网络服务模式成为当今高校图书馆移动信息服务最主要的服务模式。借助 4G 的优势，高校图书馆能够充分揭示馆藏资源与服务，并将 WAP 网站设计得更加友好与人性化。例如，通过 WAP 平台发布图书馆的各类公告、新闻动态、书刊推荐等，支持用户进行在线资源检索，为用户提供移动阅读等信息服务。

（三）高校图书馆客户端 App 服务模式

客户端 App 即客户端应用，就是可以在手机等移动终端上运行的软件。伴随 4G 的全面推广、Web2.0 的发展以及智能手机等移动终端的迅速发展，客户端 App 应用软件成为移动网络发展的重点。客户端 App 操作简单、内容丰富、功能强大，能够进行 WAP 方式不支持的功能，避免高校图书馆用户重复的输入网址，因此客户端 App 成为当今最先进的一种高校图书馆移动信息服务模式。4G 等高速移动网络为高校图书馆客户端 App 的发展奠定了坚实的基础，能够推动客户端 App 向着更多类型、更多内容、更多功能等方向发展。但是，目前我国高校图书馆的客户端 App 服务模式还处在起步和摸索阶段，提供移动客户端 App 服务的高校图书馆还不多，可提供的客户端资源也不够丰富。

（四）高校图书馆微信公众平台服务模式

虽然客户端 App 优点很多，但是其研发的工作量和投入经费都非常大，使许多经费有限的高校图书馆都望而止步。微信公众平台的出现成为高校图书馆开展移动信息服务的一个新选择。

微信是 App 软件的一种，但它不是图书馆自主研发的 App，而是腾讯公司自 2011 年推出的一种免费即时的手机通信软件。微信公众平台是在微信基础上推出的新功能模块，是一个开放的平台，个人和企业可以通过微信公众平台打造一个微信公众号，进行群发文字、图片、语音、视频、图文消息五个类别的内容。高校图书馆可以通过平台提供的应用程序编程接口（API）技术，根据自身与用户需求进行二次开发，为用户提供更快、更全、更多的移动信息服务内容。例如，清华大学图书馆的微信公众号定期发送"清图在报"，通过指令式互动，支持查询图书馆的书展、讲座、馆藏、个人借阅情况、座位实况等信息。

通过微信公众平台，高校图书馆可以跟每位用户进行实时的交流与沟通，并且能够根据用户的不同需求推送信息，如可以向大学生群体提供图书馆的通知、公告与培训信息，提供借阅信息提醒、自习座位实时状态、招聘信息等；对于教师群体，高校图书馆可以将学科服务整合在微信公众平台上，为教师实时提供学术与科研的相关信息。目前，微信公众平台提供的移动信息服务内容主要包括图书馆馆藏图书的查询、续借、推荐，读者讲座、培训、活动通知，定位服务，实时咨询与反馈，等等。

总之，微信公众平台服务模式是高校图书馆移动信息服务的外延，弥补并消除了一些高校图书馆在资金投入方面的不足和技术支持方面的障碍，降低了高校图书馆提供移动信息服务的门槛。移动 4G 的普及使超大文本与视频传输成为可能，高校图书馆可以借助微信公众平台向用户推荐更多的移动内容并提供更丰富的移动视频服务。

（五）高校图书馆移动信息服务云平台模式

移动环境下，用户对信息资源内容与个性化服务水平的要求进一步增强，高校图书馆移动信息服务的基础就是资源建设，为了弥补单一馆藏的不足以及资源的浪费，构建安全、可靠、高效、统一的用户云平台至关重要。

因此，应从宏观上建立国家级的共享移动资源内容，通过汇集各高校图书馆订购的馆藏资源构建电子资源云内容，建立高校图书馆间的虚拟"地球村"，使各高校图书馆能够实现资源共享，共同使用移动数字云资源库。高校图书馆通过云内容按需为用户提供全天候的移动服务。当前，中国高等教育文献保障系统（CALIS）的云平台初步具备了上述功能。

三、高校图书馆移动服务创新

（一）移动借阅服务

手机阅读已成为多数大学生的阅读方式。手机阅读这种碎片化的阅读模式作为移动阅读的重要组成部分已经超过了传统纸质阅读与电脑阅读，冲击着整个阅读市场。

　　移动网络与智能手机的普及为移动阅读带来了更多的机会，高校图书馆用户无疑是移动阅读的重要人群，因此高校图书馆应该发挥自身阅读资源丰富的优势，建设本馆特色资源（学位论文、会议论文、专利文献等）保障体系，大力发展移动借阅服务以满足用户的移动阅读需求。

（二）视频教育服务

　　视频教育由来已久，但受限于软硬件，原来的视频教育都是通过电视或电脑来实现的。随着 4G 网络、家庭与公共场所 wifi 上网的普及，用户通过手机等移动终端在线看视频的网速限制已经得到初步的解决；智能手机与移动设备的性能提升也为移动视频播放创造了条件；移动视频客户端的优化给用户带来了更好的视觉体验。当前的视频教育已经转移到手机等移动终端上，4G 网络可以保证视频更加清晰、内容更加丰富、传输更加及时，真正实现高校视频教育的实时发布。

　　与国内商业网站提供的教育类视频相比，高校图书馆在视频教育的来源与内容方面存在绝对优势。高校图书馆的视频教育主要包括三种：第一种是高校学科的专业课视频；第二种是高校图书馆自身用户的培训视频；第三种是高校图书馆的可视化参考咨询。通过 4G 等移动互联网，高校图书馆可以随时随地根据用户需求提供各类视频教育资源，努力构建独特的移动视频教育服务平台，提升本馆的移动信息服务水平。

（三）移动付费服务

　　高校图书馆是公益事业，不会以营利为目的，但借助移动网络以及移动付费平台进行移动支付可以为用户使用高校图书馆的特定服务提供方便，免去需要用户亲自来图书馆交费的麻烦，实现高校图书馆各项移动信息业务的实时交互。

（四）移动社交网络服务

　　社交网络服务（SNS）是为一群拥有相同兴趣的人创建的在线社区，现已成为移动互联网最普及的应用，是当前高校图书馆用户最主要的沟通与交流方式。随着数字出版的发展，科研成果的发布已不再局限于期刊发表，越来越多的学术成果开始通过获取开放平台和社交网络进行快速传播与评价，引发了科学计量学的新革命，即基于使用学术社交网络的学术影响力评价理论——Altmetrics 应运而生。可见，社交网络对大学生，尤其对高校教师而言，更有助于学术交流。为了满足用户的上述信息需求，高校图书馆的移动服务需要将各种 So Lo Mo 应用整合到自身服务中，如提供热门的社交网络入口，开通微博、微信等社交网络服务。

（五）个性化推送服务

随着科学研究进入第四范式，即数据密集型科学范式，大数据时代已真正来临。高校图书馆拥有的大数据，首先是图书馆大量结构化的馆藏数据资源，其次就是图书馆大量用户的非结构化数据。随着 4G 的逐步推广与普及，高校图书馆的数据会大量增加，因此需要图书馆具备处理大数据的能力。通过对大学生和教师大数据的分析与挖掘，高校图书馆可以准确推测用户的信息需求，做到真正意义上的个性化推送服务。虽然此项工作才刚刚起步，但是利用大数据分析并推广移动服务是高校图书馆今后的工作趋势。

图书馆的服务本质和社会使命可以用"5A"来概括，即任何用户在任何时间、任何地点均可以通过任何设备获取图书馆拥有的任何信息资源，这也是高校图书馆服务的根本目的。随着移动互联网技术与 So Lo Mo 的发展，高校图书馆 5A 级服务的梦想正稳步走进现实。当前，我国高校图书馆的移动服务已经开展了多年，由于各种移动终端、移动网络并存，我国高校图书馆的移动服务模式仍处于各种模式并存的状态，发展还比较缓慢、普及率也不高，但 4G 等移动互联网为高校图书馆的移动服务带来了新的契机。高校图书馆应紧扣国家大力发展移动互联网的时代脉搏，时刻保持技术敏感度与服务竞争力，开发符合本馆用户信息需求的移动服务模式与创新服务内容，并将理论付诸实践。

第三节　高校图书馆信息共享空间服务模式

随着计算机技术、多媒体技术、网络技术、现代通信技术的发展，人们的学习方式和接受信息的能力发生了重大变化，学习环境更多的是强调协作性和共享性。在这种环境的要求下，高校图书馆以"用户为中心"的信息服务模式产生，即基于用户的信息需求、满足以用户信息需求为目标的信息服务工作模式应运而生。20 世纪 90 年代初，美国高校图书馆界为了满足高校研究和学习的需求，发明了一种新型服务模式——信息共享空间。最初的信息共享空间只是一个供学生写论文和编程的电脑学习室。经过多年的发展，现在信息共享空间已经成为一个可以为用户提供各种信息集成服务的场所，成为美国高校图书馆备受用户欢迎的主流服务模式，为构建我国高校图书馆的信息共享空间提供了理论和实践上的指导。

一、信息共享空间的模式、原则和目标

（一）信息共享空间的模式

尽管信息共享空间已经成为美国高校图书馆的主流服务模式，但对于信息共享空间模式的研究上，学者和专家各有自己的观点，其中较有代表性的有两层次模式和三层次模式。

1.Donald Beagle 的两层次模式

美国北卡罗来纳大学的 Donald Beagle 是两层次模式的主要倡导者，他在自身实践的基础上，于 1999 年提出了"Information Commons"这一概念，认为信息共享空间是以数字化信息资源环境为背景、为信息供需双方特别设计的一个协同工作空间，它可以使用户与馆员、用户与用户之间进行显性和隐性知识的交流，通过对组织、技术、资源和服务进行有效的整合，实现用户的信息交流。他将信息共享空间划分为虚拟空间和物理空间。

虚拟空间（virtual space）主要是指数字资源的网络环境，使用户通过友好的图形用户界面（GUI），利用搜索引擎从各个工作站点获取数字信息服务。服务的内容不仅包括本馆的馆藏书目信息，还包括各种数字信息资源。

物理空间（physical space）是指通过对馆内的工作场所及提供的各种服务进行组织，为虚拟的数字资源环境提供物理空间上的支持。

2. 贝利（Bailey）和缇米（Tiemey）的三层次模式

贝利（Bailey）和缇米（Tiemey）认为信息共享空间由宏观、微观和综合三个层次构成。

宏观信息共享空间是指对全世界的信息，特别是网络信息资源建立起来的共享空间，这是一种广义的概念。

微观信息共享空间是指一个拥有计算机或数字技术，以及各种外围设备、软件支持和网络基础设施高度集中的场所。

综合信息共享空间能够集成各种数字信息资源，为研究、教学和学习提供相应的信息空间。

此外，蒂姆·邓肯（Jim Duncan）和兰尼·伍兹（Lany Woods）也提出了三层次的概念，将信息共享空间分为物理层、逻辑层和内容层三个层次，并分析了不同层次存在的应用壁垒。例如，对联网计算机的管理、为各种软件设置许可协议和序列号以及对数据库的访问采用 IP 地址限制等均妨碍了信息的自由流动和共享。

尽管学者和专家提出的模式不尽相同，但基本的思想是一致的，即信息共享空间是为用户提供一站式服务和协作学习环境的场所，它整合了图书馆中各种软硬件资源、数字信息资源以及图书馆人员资源，为用户提供了一个可以进行信息检索，并能进行交流、学习和协作的空间。

（二）信息共享空间的基本原则

对于构建信息共享空间的基本原则，2005 年 3 月在上海召开的"第三届中美图书馆合作会议"上，美国图书馆专家将其归纳为四方面：普遍性，即每一台计算机都有相应的检索界面；适应性，旨在满足所有用户的各种需求；灵活性，适应需求变化和技术变化的需要；群体性，有助于进行合作的场所。根据国外信息共享空间的理论和实践研究，笔者认为其基本原则主要由以下三方面构成。

1. 需求动态性

随着用户信息意识的增强，用户的需求呈现动态多元化的发展趋势。首先，获取信息的途径多元化，用户除自己查找、借阅书籍，更多的是依赖馆内的主动传递。其次，由于学科的交叉渗透及边缘学科的兴起，用户信息需求内容更加多元化、服务更加知识化。这就要求信息共享空间能够及时对用户的信息需求做出反应，采用先进的信息服务技术来满足用户的动态需求。

2. 服务集成性

信息共享空间是图书馆中研究、教学、学习和消遣的场所，应该为用户提供集参考咨询、多媒体服务、研究型服务和技术服务于一体的集成信息服务。用户通过集成服务机制"一站式"地获取所需信息，并以最小的代价在最短的时间内获得所需信息。

3. 知识共享性

信息共享空间能够满足用户的个性化信息需求，为用户提供能够协作和自由交换信息的共享平台，这在图书馆传统服务中是不存在的。在这样一个协同工作的空间中，用户可以直接通过与用户、工作人员、技术专家进行交流获取信息，也可以利用信息共享空间中配备的各种信息设备获取网络信息资源。它是用户获取知识、共享知识以及进行知识创新的重要场所。

（三）信息共享空间的目标

无论信息共享空间采取哪一种模式，它在高校图书馆中的应用要实现的目标有以下几个：第一，提供一站式、个性化服务，以满足用户的信息需求；允许用户自由选择并获取硬件设备、软件资源以及网络信息资源，充分利用图书馆资源。第二，用户可以从图书馆馆员、计算机专家以及多媒体工作者那里获得多种帮助和咨询服务，在信息共享空间工作人员的指导下进行学习和研究，充分体现了图书馆以"用户为中心"的服务思想。第三，强调集中式学习研究，为用户提供一个良好的学习、研究和交流的空间。第四，培养用户检索、评价和使用信息的能力，从而提高用户的信息素养。第五，作为协助用户学习和进行知识管理的工具，提高用户进行知识创造的能力。

二、面向集成服务的信息共享空间的构建

（一）信息共享空间的战略规划

信息共享空间提供的信息服务模式应该是各部门之间以整体优化的方式来提供的服务功能。因此，在战略规划上要强调各部门之间在功能上的协作，减少组织管理层次，使组织机构体系呈扁平的网状管理结构，以促进部门之间的沟通和协作，使高校图书馆的管理工作更加高效。

信息共享空间的信息服务充分考虑了用户的需求特点，以分布式的多样化数字信息资源的整合为出发点，从而充分体现高校图书馆的服务特征。

（二）信息共享空间的构建要素

1. 物理空间

对于信息共享空间，首要就是为用户提供一个舒适的学习和交流的物理空间。空

间的构建可以是多媒体的电子教室、供小组交流的讨论室、提高研究水平的咨询区、进行独立创作的单独研究室等。加拿大卡尔加里大学的图书馆中就设有一个大的教学区和 10 个大小不等的合作学习研究室，为教师的教学和学生的协作式学习提供了便利的条件。

由于每个人都有自己的学习方式和习惯，因此在构建物理空间时，要充分考虑到每个用户的需求。美国得克萨斯州立大学图书馆的约翰·克尔克（John Koelker）根据用户的不同需求，通过区分个人与集体、有计算机环境和无计算机环境，对物理空间进行了划分。

2. 资源

信息共享空间是集信息资源、各种软硬件设施于一体的综合性服务模式。除提供传统的馆藏资源（如印刷型图书、资料和工具书）外，信息共享空间必须具备丰富的电子资源（如电子期刊、电子图书）、专业数据库、多媒体文件以及网络等信息资源。

在硬件方面，信息共享空间不仅具有计算机、通信设备（有线连接和无线连接），还要提供复印机、打印机、扫描仪、摄像机、投影仪等外围设备。硬件设施还包括在物理空间中配置各种舒适的桌椅、沙发等家具设施和宽敞的休息室。在软件方面，要求具备获取电子资源的软件，同时要提供各种办公软件和多媒体播放软件。

信息共享空间的工作人员必须不断地更新各种电子资源，根据用户实际需求增设各种软硬件设施，这样才能保证信息共享空间成为知识管理和提高用户信息素养的一个重要场所。

3. 服务

在数字化环境下，要求信息共享空间提供的服务是集传统的图书馆服务与数字信息服务于一体的集成服务。通过对信息技术、信息资源、服务功能、服务人员、服务机构等各种信息服务要素进行整合，实现整体功能的优化，使用户得到动态、全方位、多层次、多元化的信息服务，用户只需要在信息服务平台就能够获取一站式的信息服务。

服务功能主要包括文献借阅传递服务、信息检索服务、数字参考咨询服务、信息发布推送服务、知识导航服务、馆际互借服务、实时咨询服务和用户教育培训服务。具体到不同的服务，又可进行多元划分，如信息检索服务可以分为光盘检索、联机检索、数据库检索、OPAC 检索和智能代理检索；知识导航服务可以具体分为分类导航、学科导航、主题导航和资源类型导航；用户的教育培训可以分为检索培训、图书馆利用培训和信息素养培训。

同时，要加强与国内外公共、高校及科研院系图书馆的合作，在联合采购、联合编目、馆际互借、公共检索、资源导航、合作咨询、联合培训等方面充分共享资源，提升高校图书馆的综合服务能力。

4. 人员

信息共享空间在空间、资源和服务上的实现需要相应的信息共享空间工作人员的支持，因此人员也成为信息共享空间的构建要素。

信息共享空间人员的构成主要包括以下几方面。

（1）参考咨询馆员，负责资源使用方面的参考咨询。

（2）信息技术专家，负责计算机软硬件和网络技术的支持。

（3）多媒体工作者，为教师开发多媒体教学软件，并能指导学生进行多媒体的制作。

（4）指导教师，利用各种资源进行教学和研究，并能对学生进行一对一的指导。

信息共享空间这一服务模式对人员素质的要求较高，不仅要求工作人员具有与自己的服务相关的技能和技术，还要具备很强的学习能力、领悟能力和实践能力，要能随着信息技术的发展和用户的需求，不断更新自己的知识结构，提高服务水平。因此，图书馆要对工作人员进行定期培训，不断提高他们的综合能力。

（三）信息共享空间的效果评价

在构建信息共享空间之后，最重要的步骤就是对这一服务进行评价，建立起以用户为中心的信息共享空间服务质量评价体系，保障信息共享空间的有效运行。评价内容应综合考虑信息共享空间的四个构建要素：物理空间、资源、服务和人员。

具体方式可以是向用户发放反馈表格、进行网上调查，或是两种方式相结合，正确地了解、分析和评价用户对服务质量的感受和要求。根据评价结果，可以发现服务中存在的不足，不断改善服务设施，改进工作方法，提高服务质量，从而更好地满足用户的需求。

三、对我国高校图书馆构建信息共享空间的指导

（一）我国高校图书馆构建信息共享空间具备的条件

高校图书馆的发展重点经历了"以资源为中心""以馆员为中心"和"以用户为中心"三个阶段，其每一阶段的发展都是为了向用户提供更好的信息服务。高校图书馆的不断发展和进步使其具备了构建信息共享空间的前提条件。

首先，在资源建设方面，无论是传统的馆藏资源，还是网络信息资源，高校图书馆都进行了扩充建设，特别是网络信息资源的建设，为师生提供了参考咨询服务、国内外期刊数据库、光盘数据库等，打破了传统图书馆受地理空间限制的局限性，使更多的网络信息资源实现了共享，带来了信息服务的网络化，更好地满足了高校师生对信息资源的需求。

其次，在馆员素质方面，高校图书馆为了满足学校的教学、科研以及社会对信息的需求，鼓励馆员用自己的知识、技术、能力为用户提供信息服务，并针对馆员培养制度提出了"学科馆员""信息导航员""知识型馆员"等相关概念。近几年来，清华大学图书馆、北京大学图书馆、武汉大学图书馆、西安交通大学图书馆等知名高校图书馆相继推行了这种以特定师生文献需求为中心的"学科馆员"制度，效果很好，深受师生欢迎。

最后，在面向用户服务方面，高校图书馆已经意识到，其所提供的信息服务应以用户需求为中心，以充分满足各种用户需求为目的，及时提供对个人有价值的、有用的信息，体现出个性化的服务模式。

（二）我国高校图书馆构建信息共享空间的策略

我国高校图书馆构建信息共享空间的策略包括以下几方面。

1.融入信息共享空间的理念

信息共享空间为独立学习、团队讨论和集体研究提供信息和场所，通过激发用户的灵感达到知识创造的目的。在图书馆的建设与管理过程中,融入信息共享空间的理念，为广大用户提供信息共享空间已成为图书馆发展的潮流。

2. 制订信息共享空间的规划

信息共享空间规划对建立图书馆信息共享空间具有重要的指导意义。由于我国高校图书馆信息共享空间起步比较晚，因此在制订规划时，高校图书馆应在结合自身具备的一些软硬件的基础上，根据自己的馆情和用户利用图书馆的行为特点，借鉴国外信息共享空间的实践，来制订满足本馆用户需求的战略规划。

3. 构建合理的信息共享空间服务体系

应综合考虑信息共享空间的四个构建要素，即对物理空间、资源、服务以及人员的设置进行合理的分配。针对不同的用户设置规模大小不同的物理空间，同时针对用户的需求提供多元化服务，真正实现虚拟空间和物理空间的结合。

在新的学习环境和技术条件下，用户对高校图书馆的服务内容和服务能力有了更高的要求，高校图书馆只有不断地开拓新的服务模式，才能更好地适应时代的发展。作为面向用户的信息服务模式，信息共享空间是对高校图书馆服务模式的一种创新，也为高校图书馆的发展提供了良机。在实际工作中，不同的图书馆可以根据自身的软硬件设备、数字资源、服务及管理机制、人员素质和知识结构等，灵活地进行集成，最大限度地满足用户需求，推动信息共享空间的发展。

第四节　高校图书馆"重点读者"服务模式

个性化服务是指在数字信息环境下，图书馆利用网络和信息技术获取并分析用户的信息使用习惯、偏好、背景和要求，从而为用户提供满足其个体信息需要的一种集成性信息服务，包括时空、形式和内容三个个性化服务方面。

"重点读者"是指图书馆根据学校总体发展要求，依据高校教学、科研和生产的三大基本功能界定读者的范围、对象、结构和团队，即这三方面的学科带头人、拔尖人才和专家学者。个性化服务"重点读者"就是及时跟踪和分析其对文献需求的内容和范围、数量和质量，利用丰富的信息资源优势，通过多种途径收集信息，并对这些信息进行判断分析和加工整理，然后及时传递给重点读者，建立以重点读者为对象的集文献信息咨询、检索、供应等多种服务形式于一体的文献信息主动服务模式。在服务工作中，从确定读者的主体地位着手，变静态为动态、变单向被动服务为双向交流主动参与服务，这是服务模式的一种创新。

一、个性化服务"重点读者"的起缘

图书馆要提高服务水平和自身学术价值，除了要做好日常一般读者的信息服务外，还必须突出重点，优先开展"重点读者"的个性化服务工作。临沂大学图书馆选择了"重点学科、重点专业、重点实验室、重点课题、重点课程"领域的教学、科研和生产作为重点读者进行服务。这样做的原因有三个：一是这些"重点读者"对文献信息资料的需求在"广度、深度和难度"上远远超出了一般读者，其专业性、专题性、目的性和针对性很强，图书馆的一般外借阅览服务不能完全满足他们的需要；二是"重点读者"都是本单位的专业能手和业务骨干，他们在学术方面起带头作用，在教学和科研中能迅速扩大学校的影响力和知名度，能带动学校的快速发展；三是有针对性地提供对口的信息检索、获取、分析、归纳等一条龙服务，可以节省"重点读者"查阅大量资料所花费的时间，提升教学、科研和生产效率，促使他们早出成果、多出成果、出好成果。

二、个性化服务"重点读者"的做法

（一）确立条件，选定对象

根据图书馆的具体情况，我们拟定了重点读者的条件：①承担学校重点学科、重点专业、重点实验室和精品课程建设的人员；②取得省部级科研成果并继续承担省部级以上重要科研课题的人员；③具有博士学位或取得硕士以上导师资格的人员；④有突出贡献的中青年专家和拔尖人才。图书馆主动到教务处、科研处、人事处调查了解重点学科及精品课程授课人、重点课题主持人、硕士以上导师等的有关情况后，向他们发放重点读者服务表，在征得本人同意并填表后，他们就成了"重点读者"服务对象。图书馆为其建立档案数据库，每人发放一张电子服务卡，对"重点读者"学科、专业、课题名称、研究方向、文献资料的需求情况，姓名、职称、单位、住址、联系电话、E-mail等进行登记，以方便进行服务。图书馆还随时挑选新的符合条件的重点读者，及时将那些年轻有为的读者纳入其中，同时剔除落伍者，实行"重点读者"动态管理。

（二）项目管理，定向服务

确立"重点读者"服务项目卡。首先，向建档的"重点读者"发放"绿色"借阅证，凡是持有"绿色"借阅证者，图书馆所有服务部门都要为其开"绿灯"，允许他们自由出入馆内所有主、辅书库和阅览室等，可借阅所有纸质型和电子型文献，借书册数由原来每人 10 册增加到 30 册，借书期限由原来的 3 个月延长到 6 个月，并可根据需要继续顺延。其次，采编部门可依据自身工作规律对"重点读者"采取特殊的"时间差"服务，即编目人员根据自己的工作情况在分编与入库的"时间差"期间，向"重点读者"推荐和提供短期借阅新书。最后，与"重点读者"保持密切联系，随时掌握和了解他们在学科建设、课题立项和专业研究方面的进展情况，特别是阶段性的文献需求，可以根据实际需要，有选择、准确、及时地为他们提供定向服务，使有效信息不失时机地实现其"广、快、精、准、新"价值，促使"重点读者"顺利、保质保量地完成所承担的教学、科研和生产任务。

第七章 高校图书馆资讯数字化服务平台建设

第一节 信息服务建设内容与结构

一、信息服务建设的内容

（一）资讯中心信息服务的分类和内容

资讯中心开展的信息服务就是以知识为核心的服务。信息服务活动一般可分为知识服务主要活动和知识服务辅助活动两类。知识服务主要活动机理特征表现为知识管理、知识转化、知识服务；知识服务辅助活动表现为组织管理、质量管理、环境管理。各类信息服务活动在资讯中心对外服务过程中都以不同的方式发挥着重要作用。

知识服务主要活动的机理特征是影响知识服务平台构建的关键因素。图书馆资讯中心数字化服务平台是围绕工作人员面向校外企事业单位和居民进行知识挖掘、处理、转化、存储、传递的管理界面，是校外企事业单位以及居民用户进行信息获取、交流、利用、创新、共享的操作系统，是将知识融入服务的多层次、多功能的管理服务体系中。数字化服务平台是直接影响知识服务活动的技术支撑，也是图书馆服务系统功能实现的关键。图书馆想要提升知识服务能力、为用户提供理想的知识服务环境和服务成果，就必须深入研究和分析知识服务主要活动机理特征，优化构建知识服务平台，创建一个先进、开放、有序、动态和高效的知识存取、交流和共享空间。

信息需求是资讯中心面向企业和居民开展信息服务工作的基础，企业和居民信息需求的内容和特点是资讯中心对外信息服务工作的指导和依据，尤其在面向开发区、各企业园区和企业服务时，了解企业信息需求就显得十分重要。总结起来，企业的信息需求主要包括国家或地区的相关政策及法律法规需求、企业竞争情报需求、企业动态信息需求、金融信息需求、专利信息需求。

（二）国家或地区相关政策及法律法规

国家或地区有关的政策法规是企业发展的推动者，尤其不同国家和地区对企业的各种优惠政策。企业对国家或地区的政策和法规的信息需求包括国家或地区的产业结构及布局信息、产业组织政策及技术政策信息、企业科技创新政策的改革动态、科技创新的优惠政策、相关标准文献信息、知识产权政策、价格政策及企业法规等。国家或地区的相关政策及法律法规信息具有较强的权威性。因此，资讯中心在企业信息服务中一定要注重信息源的可靠性和权威性，以便能及时准确地为企业提供相关国家或地区的政策和法律法规。

（三）企业竞争情报

竞争情报是企业为赢得竞争优势，通过合法合理手段开展的与竞争环境、竞争对手以及竞争策略相关的经营活动的总和。竞争情报对企业具有强大的环境监测功能、市场预警功能、技术跟踪功能、策略制定功能和商业秘密保护功能。因此，企业界对竞争情报信息的重视程度越来越高，企业竞争情报服务也逐渐成为资讯中心面向企业提供信息服务的重要内容。然而，竞争情报信息具有很强的隐蔽性和零散性，这无疑给资讯中心的企业竞争情报服务工作增加了难度，因此要求资讯中心加强对竞争情报的识别、加工和处理，提高企业竞争情报的搜集、分析和加工能力，保障企业竞争情报需求。

（四）行业动态信息

行业动态信息是有关企业本行业或相关行业的科研状况和发展趋向的真实需求反映，是企业进行再生产和进行技术创新的参考和依据。企业的行业动态信息需求包括：国内外相关行业的相关技术发展的现状及趋势；本行业内新产品、新工艺、新技术、新材料及新设备的引进与改进状况和技术标准；国内外相关的科技会议、产品展览会、先进行业取得的科研成果以及所达到的技术水平；实用性强、成本低、易转化的科研成果信息等。这些信息经过高度浓缩和提炼，具有较强的新颖性、综合性、专业性、针对性和实用性。资讯中心在信息服务中需要充分考虑到企业对于行业动态信息需求的特点。

（五）金融信息

企业生产中原材料的购买、技术和设备的引进以及人才的吸纳等都需要大量的资金来做保障。因此，企业对金融信息的掌握便成为其生产管理活动中不可缺少的重要一环。企业对金融信息的需求包括与企业有关的国家的税收和附加税、银行的科技贷款、风险资金的规模与投向、企业创新活动中的金融支持、企业内部的财务及国际经贸信息等。这些信息广泛分布于银行、风险投资公司、企业及其他领域，具有较强的零散性和广泛性。资讯中心需要及时地跟踪分析，从中获取有价值的、最新的金融信息来服务企业。

（六）专利信息

据世界知识产权组织统计，全世界有 90% ~ 95% 的发明成果最先在专利文献上公布，大概 70% 的成果只出现在专利中；95% ~ 99% 的技术问题可以通过专利检索解决；利用专利文献可以缩短 60% 的研究时间，节约 40% 的研究经费。由此可见，专利信息对企业的重要性。资讯中心通过企业专利信息服务，加快企业对相关的专利信息的应用，及时了解最新科研成果信息，以此来帮助企业解决技术难题，加快创新步伐，提高创新效率。另外，企业通过资讯中心专利信息服务还可以及时了解企业的创新是否涉及别人的知识产权、关注国内外已经公开的在研科技项目是否对自己构成威胁等，以免陷入不必要的产权纠纷，从而更好地保护企业自身的专利。

二、面向企业的资讯中心信息服务的结构

（一）面向企业的资讯中心信息服务的结构

面向企业的资讯中心信息服务的结构是以分布式网络和计算机环境为技术基础，基于多元化资源，围绕企业信息活动和信息服务平台来组织、集成、嵌入信息资源和服务，并通过个性化定制、主动推送、自助式服务等方式主动地为企业提供文献信息服务、个性化服务和知识化服务，支持企业自主处理信息、提炼知识、交流协作和解决现实问题，动态地满足企业信息需求。

（二）面向企业的资讯中心信息服务的内容

从信息生产的角度考虑，资讯中心利用信息化手段为企业提供信息服务，其过程涉及信息采集与获取、信息抓取、信息加工与处理、信息存储、信息传递与推送等流程，从而方便资讯中心成员组织、整理、存储和利用各类相关的数字信息资源，快捷有效

地为企业提供其生产研究所需的一系列信息管理服务和资讯内容，包括相关的行业、企业新闻动态，科研论文，科技动态分析，企业专利信息等。

1. 文献服务

文献的借阅、查询和传递主要是指资讯中心的馆藏资源的借阅、查询和传递服务，包括图书、期刊、报纸等纸质型和电子型资源。企业通过高校图书馆的信息服务平台能够实现对纸质型和电子型资源的借、还服务，同时满足企业对纸质型和电子型的馆藏资源的信息需求。

2. 企业剪报服务

企业剪报服务主要是指资讯中心通过把分散于各种报纸的专题信息，经过剪辑，汇集在一起并传递给企业的一种方法。企业剪报服务是由高校图书馆的剪报工作人员对大量报刊资料进行浏览、分析、归纳、整理、确定专题，再通过剪贴、复印、扫描等加工手段，编辑成具有一定价值的专题信息资料册，提供给企业，供其浏览学习，或有目的地查询的一种服务方式。

3. 企业审题信息服务

企业专题信息服务是资讯中心专业的企业咨询人员为社会企业的个人和团体提供的一种有偿信息服务形式。这种服务形式是由专业的企业咨询人员在深入细致的企业研究和课题研究的基础上，针对企业的咨询目标和潜在的信息需求，提出文献检索编制方案，并在企业的认可下，在一定时间内，进行全部的信息收集、整理与编制加工工作，最终提供一套符合实际企业信息需求的情报产品。

4. 企业定题服务

企业定题服务（Selective Dissemination of Information Service，SDI）是资讯中心根据企业信息需求，一次性或定期不断地将符合需求的最新信息传送给企业的服务。也是指资讯中心根据企业信息需求，通过对信息的收集、筛选、整理并定期或不定期地提供给企业，直至协助企业完成课题的一种连续性的服务。资讯中心面向企业的定题服务是情报检索的引申，它是一种特殊形式的检索服务。其特点是具有主动性、针对性、有效性。

5. 企业科技查新服务

企业科技查新服务是资讯中心面向企业开展的一个文献检索和情报调研相结合的情报研究工作，它以文献为基础，以文献检索和情报调研为手段，以检索结果为依据，通过综合分析，对查新项目的新颖性进行情报学审查，并写出有依据、有分析、有对比、有结论的查新报告。也就是说，科技查新是通过检出文献的客观事实来对项目的新颖性做出结论。因此，科技查新有较严格的年限、范围和程序规定，有查全、查准的严格要求，要求给出明确的结论，查新结论具有客观性和鉴证性，但不是全面的成果评审结论。这些都是单纯的文献检索所不具备的，也有别于专家评审。

6. 企业竞争情报服务

企业竞争情报服务（Competitive Intelligence Service，CIS）也称为 BIS（Business Intelligence Service）。竞争情报是指关于竞争环境、竞争对手和竞争策略的信息和研究，是一个过程，也是一种产品。因此，资讯中心面向企业的竞争情报服务就是专指资讯中心面向企业提供的竞争情报产品和过程的服务。企业服务过程包括对竞争信息的收集和分析；产品包括由此形成的情报和谋略。

7. 企业专利信息及标准服务

企业专利信息服务是资讯中心面向企业开展的与专利相关的信息服务，主要包括专利信息的查询和检索。专利信息的查询主要是针对专利文献信息的查询。专利检索是高校通过专业的专利数据库，如 STN 和 DIALOG 等，帮助企业检索所需的专利信息，检索结果通常具有准确度高、分析深入的特点。标准服务是指为企业提供有关产品生产、销售以及技术等相关的国家、技术、专利等的标准服务，包括国家标准、国际标准、行业标准、企业标准等。

8. 企业参考咨询服务

资讯中心的企业参考咨询服务大致可分为两种类型。一种是传统参考咨询服务，是以资讯中心咨询馆员和馆藏资源为中心、以纸质文献为基础、以手工操作为主要工作手段、以参考咨询台或参考工具书室和信息检索室等为服务场地、以到馆阅读者为主要服务对象。另一种是数字参考咨询服务，以用户为中心、以数字化电子文献为基础、以计算机网络操作为主要工作手段、以资讯中心网站或虚拟咨询网站为服务平台、以通过网络利用本馆资源的一切用户为服务对象。网络环境极大地拓展了资讯中心企业咨询服务的范围和内容。从咨询范围来看，数字化环境的形成使得教育培训服务、定题和专题服务、馆际互借与文献传递等都融入企业参考咨询服务的范围；从咨询内容来看，各种信息技术的利用使得企业参考咨询服务的内容不断向深度发展，由提供文献咨询转向提供信息咨询和知识咨询。

数字化咨询是资讯中心传统参考咨询在网络环境下的延伸与发展。各种网上咨询方式既独立存在又相辅相成，共同构成数字参考咨询服务体系。

9. 企业商业经济信息检索服务

企业商业经济信息检索服务是在资讯中心信息检索服务的基础上发展起来的面向企业的信息服务内容之一。随着市场竞争环境变得越来越激烈，企业需要的信息也越来越深层次化和专业化，传统的资讯中心的信息检索服务已经不能满足企业商业经济信息的需求，资讯中心需要通过信息检索服务生产出附加值更高的商业经济信息，以满足企业深层次的商业经济信息需求。

10. 企业战略决策咨询服务

战略决策是企业战略管理中极为重要的环节，起着承前启后的枢纽作用。战略决策依据战略分析阶段所提供的决策信息，包括行业机会、竞争格局、企业能力等方面。面向企业的战略决策咨询服务是资讯中心通过综合企业各项信息确定企业发展战略及相关方案的咨询服务活动。企业战略决策咨询服务过程中的战略实施则是更详细地分解展开各项战略部署，实现企业战略决策意图和目标。

第二节　数字化服务平台内容及规划

一、数字化服务平台内容

在资讯中心信息服务平台中，与企业关系最密切的要素包括服务产品、服务提供者、服务的技术或手段、服务策略与方式等要素。企业信息服务将从企业利用信息活动的全过程及企业复杂信息活动的角度重新审视资讯中心企业信息服务系统的功能，充分注意到资讯中心企业信息服务系统中各个要素间的合理配置。

当前，先进的全媒体技术、通信技术、网络技术、数字技术和泛在技术正在从根本上影响着图书馆知识服务活动的机理。优化构建一个智能、高效、可靠、安全的，适应知识服务活动机理的知识服务平台，是图书馆现在所面临的重要课题。知识服务平台是图书馆知识服务的基石，因此必须优化构建。它的功能模块可以包括知识采集平台、知识处理平台、知识存储平台、信息分类与检索平台以及信息传递平台。

（一）知识采集平台

知识采集平台的主要任务是采用现代挖掘技术来多途径获取信息，并对不同来源、不同表现形式的信息在统一标准平台上进行加工、链接与处理。通过互联网挖掘技术，不仅可以获取相关信息，还可以对这些信息进行智能化抽取、转换、分析和模型化处理，挖掘出新颖、有效的显性知识，并能够通过分析、提取、重组、整合等获得隐性知识。互联网挖掘技术能够对信息内容进行深层次的分析与加工来向用户提供能够用于科学研究、解决问题的规则和模式。这是图书馆信息服务的发展趋势。

（二）知识处理平台

知识处理平台的主要任务是将采集到的信息进行知识化处理，形成系统容易存取的模式，并存放于知识库中。由于知识表现形式的复杂性，需要重新进行整理、编码、存储，建立相关知识条目的逻辑连接关系，以实现快速搜索和存取。知识被编织成各种关系模式，再依次经过组织与重组，变成关联化与类别化的动态知识组合模块，并对其进行描述、评价、揭示、类聚和链接后，形成相互印证、相互关联的知识集合，即知识库。知识库是结构合理、类型齐全、相互依存、相互补充的知识资源保障体系，是一个知识资源管理与服务的系统。为了保证知识库得到良性发展，就需要重点考虑上缴机制、管理维护、质量控制等长期运行机制及知识产权保护等问题。

（三）知识存储平台

知识存储平台的主要任务是将知识库的信息分析过滤，转化为结构化的动态关联知识模块，并存放于知识仓库。知识仓库不同于一般的知识库。它是按某种特定的知识结构将无序信息加以组织整合而成的，具有强大的使用功能。知识仓库能够根据用户的知识需要，按照使用目的创建新的知识体系，体现了知识的创新过程。在帮助用户使用知识方面，知识仓库其实要比知识库更有效率。有效地使用知识仓库技术可以使知识有序化与关联化，并方便知识检索，加速知识流动。通过将知识挖掘技术与知识仓库技术有机结合，从而提高知识获取过程中的演绎和推理能力。

（四）信息分类与检索平台

构建统一检索平台就是要求将图书馆所购买的所有中文数据库通过一个 Web 检索平台进行发布和检索，因此该平台已集成了图书馆的所有中文数据库。读者在图书馆查阅中文电子数据库时只要登录该平台，只需进行一次检索就可得到所购买的所有中文电子数据库的信息。一方面，使读者从纷繁复杂的数据库检索中得以解脱出来，不再需要去适应每个数据库的检索界面和检索要求，更重要的是读者不用在每个数据库中来回检索和管理了，从而将更多的时间用于科研和工作学习中，极大地满足了读者的需求。另一方面，也大大减轻了图书馆在数据库资源培训方面的压力。统一检索平台所带来的高质量的数字化资源是有效地进行数字化学习的重要保障。

（五）信息传递平台

知识传递平台是实现知识浏览、知识传送及知识创造等功能的服务系统。该平台将特定用户的知识需求传递给知识存储系统，再根据用户的需求对知识内容进行动态地和连续性的组织，最后将知识传递给用户。用户可以通过在传递平台上相互交流与探讨，实现显性知识和隐性知识的共享，从而达到知识价值递增效应。推送技术和智能代理技术是知识传递的重要手段。推送技术是指在指定时间内把用户选定的数据自动推送给用户的信息发布技术，其主要模式有频道式推送技术、邮件式推送技术、网页式推送技术、智能软件式推送技术等；智能代理技术能够根据用户的需求，代替用户进行各种复杂的工作，如信息的查询、筛选与管理等。

二、数字化服务平台规划

面向企业的开放式文献信息服务是指在资讯中心提供的企业信息服务设施或服务终端以及资讯中心信息服务平台上进行的企业的文献信息获取和利用活动。企业可以自主、自动地获得文献信息服务，保证平台服务策略和服务内容具有较强的针对性。

（一）平台构建

在资讯中心开放的物理环境和虚拟的网络环境下，资讯中心通过建设文献资源服务体系、服务内容和服务策略来实现企业文献信息服务。资讯中心的主要工作是以信息资源管理与服务平台的建设、提供与维护为任务，给企业提供文献信息获取中解决问题的工具、策略、方法从而来引导企业的文献信息活动。

（二）平台服务内容

面向企业的资讯中心文献信息服务平台的主要服务内容包括传统的图书借阅服务、期刊借阅服务、复制服务，以及数字图书馆信息服务实践中的电子图书阅览服务、信息检索服务、电子公告板服务（BBS）、信息推送服务、文件传送服务（FTP）、数字参考咨询等服务项目。

面向企业的开放式文献信息服务平台是资讯中心信息服务创新的重要平台之一。该平台通过构建开放式的服务环境，来实现资讯中心文献信息服务内容和项目的无差别共享，具有很强的开放性和自主性。目前，资讯中心开放式文献信息服务的内容和范围还不够深入，资讯中心需要建立一个完整且具有特色的服务体系还需要努力，但随着企业信息需求变化和资讯中心业务流程的重构，开放式文献信息服务需要已经不断升级为更高层次的服务。

面向企业的资讯中心个性化信息服务平台构建在个性化信息服务思想的指导下，资讯中心开展企业个性化信息服务平台的优势在于能根据企业信息使用的习惯，通过企业特征的提取和分析，发现企业信息需求，主动组织馆藏资源，创建面向企业的个性化的服务平台和环境，向企业提供信息服务。企业个性化信息服务平台能够在满足企业信息需求的同时，分析并引导企业的信息需求，帮助企业发现并挖掘其潜在的信息需求。因此，构建面向企业的个性化信息服务平台和资讯中心开展企业信息服务的重要举措。

第三节　面向企业的个性化信息服务平台构建

资讯中心企业个性化信息服务平台以满足企业的信息需求为目的，是一种培养企业个性、表现企业个性的服务。平台主要实施措施包括企业信息服务定制、企业信息推送服务、垂直门户、企业智能代理、企业级 My Library、企业呼叫中心等。

一、面向企业的个性化信息服务平台的特点

面向企业的资讯中心个性化信息服务平台包括两方面的特点：①企业根据自身需求在资讯中心个性化信息服务平台定制所需的资源、信息和服务；②资讯中心个性化

信息服务平台针对企业的个性和特点，主动为企业选择并传递资源、信息等动态信息。

在企业个性化信息服务平台上，企业的认可是平台的出发点，主动服务是平台的基本模式，双向沟通是平台的成功要因。平台通过建立面向企业的个性化服务机制来与企业进行零距离的双向交流、互动，设计企业所期望的个性化信息服务模型，那么，既可实现企业当前的、明确的需求，又能满足企业未来一段时间的、潜在的信息需求。企业个性化信息服务具有以下特点。

（一）以满足企业个性化信息需求为目的的主动服务

面向企业的资讯中心个性化信息服务平台是一种能够满足企业个性化信息需求的主动服务、以企业为中心的服务。平台通过对企业个性、使用习惯的分析，提取出企业信息使用的特征，主动向企业提供其可能需要的信息实现信息推荐服务；平台能帮助资讯中心发现企业个体地个性，并针对不同的企业个性主动采用不同的个性化服务策略，设计适合企业行业信息需求特点的个性化信息服务，帮助企业定制个人服务，提高服务效率和服务质量，从而使企业的个性化需求得到最大限度的满足。

（二）以现代网络信息技术为支撑的网络服务

面向企业的资讯中心个性化信息服务平台是以现代网络信息技术为支撑的网络服务平台。计算机和网络技术在资讯中心的应用，使企业信息服务系统具有可定制性、共享性、集成性和高效安全等特点，平台能根据企业需要，提供定制的信息资源，并使用安全认证技术保护企业的隐私和信息使用安全。目前，个性化信息服务平台所需的支撑技术主要包括智能代理技术、数据推送技术、过程跟踪技术、网页动态生成技术、Web 数据库技术、数据加密技术、安全身份认证技术等。

（三）人性化信息服务

面向企业的资讯中心个性化信息服务平台是人性化的信息服务。平台信息服务是一种"企业需要什么，资讯中心就提供什么"的服务，体现了以人为本的服务思想。企业信息化的发展，计算机技术和网络技术的应用，使企业的信息需求更加专业化和个性化，这就要求资讯中心在开展企业信息服务时，必须围绕企业的需求展开，以企业的特性和需求为中心，为其单独设计或让企业根据自己的喜好去选择和组配，从而在为众多企业服务的同时，能够根据企业自身特点，提供一对一的服务来满足企业个性化信息需求。

（四）交互式信息服务

面向企业的资讯中心个性化信息服务平台是交互式的服务。面对信息量庞大、信息类型复杂、格式多样的信息资源，许多企业往往缺乏信息检索和信息资源管理与开发的能力和经验，平台能有效实现企业和资讯中心之间的双向沟通，在为资讯中心主动提供服务的同时，企业可以依据其行业特点、产品的特性、市场的特点等提出自己的信息需求。资讯中心和企业形成信息的交互，从而能够更高效地开展信息服务。

二、面向企业的个性化信息服务内容

（一）企业信息服务定制

企业信息服务定制是指企业通过面向企业的资讯中心个性化信息服务平台进行的界面定制、个性化信息服务内容定制和个性化信息检索定制服务，其目的是开发资讯中心信息资源和扩展资讯中心个性化信息服务的发展。

企业个性化的信息服务界面和内容的定制是指企业可以通过资讯中心的个性化信息服务平台定制服务界面和内容。企业可以根据自己的需求和目的，选择定制页面服务的显示方式，包括界面的布局、显示的颜色、显示内容的排序方式，而内容包括信息的资源类型、选取特定的系统服务功能等。这样企业可以决定高校图书馆个性化信息服务平台网页提供信息的主题内容、资源类型及相关服务等。

个性化信息检索定制是指企业在数据库检索查询中，不同的企业由于其检索知识和所处的领域不同，其习惯往往也不同。有的会使用简单检索，企业专业的技术研究人员会习惯使用高级检索。另外，不同的行业、不同性质的企业可能用不同的词汇表达同一概念，或者使用很专业的词汇作为检索对象，不同企业对检索结果的选取原则和排序方法也可能不同。这些正是企业个性化的显著表现。

因此，资讯中心个性化信息服务平台的检索定制需要充分支持不同企业在检索策略、检索方法和检索结果处理上的个性化。资讯中心的检索定制服务包括个人检索模板定制、检索工具定制、检索式表达方式定制、个人词表定制、检索结果处理定制、检索历史分析定制。

（二）企业信息推送服务

利用推送技术发展起来的企业信息推送服务是资讯中心面向企业开展个性化信息

服务的重要服务措施。信息推送服务是个性化主动信息服务，可直接把用户感兴趣的信息推送给用户而无须用户索取。面向企业的信息推送服务是指利用推送技术，按照企业指定的时间间隔或根据企业的服务请求把企业选定的信息、数据或者服务自动推送给企业的计算机技术。目前，信息推送服务一般来说可分为两类：①借助电子邮箱并依赖于人工参与的信息推送服务；②由智能软件完成的全自动化的信息推送服务。推送方式主要有四种：基于频道的推送、基于邮件的推送、基于网页的推送和专用式推送。资讯中心面向企业的信息推送服务的最大特点就是企业请求一次性的输入，平台的推送服务系统定期、不间断地把和企业请求相关的最新信息发送给企业。

（三）垂直门户

垂直门户是资讯中心面向企业的个性化信息服务平台，它针对某一特定企业和某一行业领域的企业的信息需求提供有一定深度的信息服务和相关服务。高校图书馆面向大众服务的综合性门户很难满足特定企业或者某一行业企业获取"少而精"专业相关信息的需求。而垂直门户可以把某一特定领域的企业的特定需求与一般企业的普通需求区分开来，从而提供个性化的高品质信息服务。垂直门户的优势在于：具有查询信息的专深性、精品性等特点，便于开展特色化、个体化服务；能满足某类企业特定的需求，提供某个特定领域或行业的内容和服务；通过整合网上特定的专题信息资源并对其进行筛选、过滤、加工挖掘，组织建立目录式索引，提供源站点地址，并附带专业搜索引擎，以满足企业特定信息需求；可提供高质量、可靠的内容、允许跨资源库的检索，还能提供数字化参考咨询、共享的工作空间、跨平台的商业数据库入口，等等。

（四）企业智能代理

智能代理是指资讯中心面向企业的个性化信息服务平台完成企业委托任务的计算机系统。智能代理不同于一般的普通软件，利用它可以快捷地在高校图书馆的数据库中寻找企业想要的信息，具有一定的推理能力，能比较准确地判断企业的需求，有针对性地提供信息、解决问题。智能代理作为一个独立的个体也能自主学习，并将企业的兴趣、爱好、习惯等信息直接转化为内部信息，存放在资讯中心知识库中，通过建立企业模型来指导资讯中心智能代理的决策，使之符合企业需求。智能代理通过各种通信协议和多个智能体进行信息交流，并通过协作和磋商来共同完成资讯中心企业信息服务负责的任务。资讯中心智能代理由界面代理、通信协作代理、浏览代理、通知代理、监督代理、数据库管理代理、信息探测代理等功能模块构成。通过智能代理的信息导航、智能检索、动态个性化生成、管理信息库等功能来实现企业个性化信息服务。

（五）企业级 My Library

在 20 世纪 90 年代末，英国、美国等地的资讯中心开发了一批有影响的 My Library 个性化服务系统，开始了图书馆个性化集成信息服务系统的研究。《数字图书馆个性化服务方式综述》一书的作者认为，My Library 是一种个性化服务方式的具体应用，是当前开发应用较为成熟的图书馆个性化服务系统，也是完全个性化的私人信息空间。My Library 连同虚拟图书馆、学科信息门户、数字图书馆和个人数字图书馆，都是个性化色彩较强的信息资源组织模式。My Library 的倡导者埃里克·里斯·摩根认为："My Library 是一个图书馆所提供的由用户需求驱动的，可对特定图书馆的信息资源进行个性化定制的个性化服务系统，也是图书馆提供给用户的本馆信息资源的一个门户。"以 My Library 为代表的图书馆信息服务模型是目前为止最具代表性和最成功的个性化信息服务实现方案。

从以上文献中可以得出这样的定义：企业级 My Library 个性化信息服务系统是一个以企业为中心、可操作、个性化地收集并组织数字资源的企业个性化信息服务系统。

企业级 My Library 系统的个性化服务理念和服务系统是面向企业的服务，它提升了资讯中心信息服务的质量和服务的深度。企业级 My Library 个性化信息服务系统的目的是为企业创建基于资讯中心特定馆藏资源的个性化的资源与服务的门户。企业通过登录 My Library 系统，选择信息资源，创建企业信息系统门户，从而对信息资源进行自我管理。

（六）企业呼叫中心

呼叫中心是一种专门提供一对一用户的个性化服务系统，是基于计算机电话集成技术，充分利用通信网络、计算机网络的多功能集成的综合信息服务。它是现代企业开展客户服务、市场营销、技术支持和其他特定商业活动而接收和发出呼叫的一个渠道。资讯中心建设企业呼叫中心，以便吸引企业通过电话、传真、拨号和访问网站等多种方式进入资讯中心，在企业呼叫中心自动语音导航或服务人员的指导下访问资讯中心的数据库，资讯中心信息服务人员还可以直接回答企业的咨询问题，从而实现资讯中心企业信息服务项目。高校图书馆企业呼叫中心需要建立企业信息服务历史数据库，对企业信息统计分析并进行数据挖掘，定期自动地向企业发布新信息，为企业提供全天候个性化信息服务。

三、面向企业的个性化信息服务平台构建

面向企业的资讯中心个性化信息服务平台的构建主要包括企业兴趣关联知识库的确定、资讯中心检索系统及资讯中心信息组织等。

（一）平台兴趣关联知识库

个性化信息服务是基于企业的个性化信息服务需求基础上的，通过对企业的信息利用特征以及企业的反馈，如企业的特征数据库、兴趣采集库等，资讯中心能够利用相关的信息技术来建立企业的兴趣关联知识库，指导资讯中心进行个性化信息服务。

（二）平台检查服务系统

在面对企业个性化信息服务需求时，资讯中心需要对本馆资源和网络信息资源进行一定的整合，同时按照企业信息需求和使用的特点对资源进行一定的排序，建设企业信息服务的专题数据库；也可以针对企业群的信息需求特点，建设特色数据库，建设资讯中心企业个性化信息服务平台的信息检索服务系统。通过平台建立的兴趣关联知识库和企业的服务需求，就能及时、快速地在资讯中心的信息检索服务系统中检索服务内容，第一时间推送到企业。

（三）平台信息组织

个性化信息服务平台的信息组织是对平台检索服务系统检索出来的企业需求的信息进行组织和加工，以方便企业信息利用和以管理的形式呈现出来。检索服务系统检索出来的信息大多是无序、大量的信息，甚至还有很多没有用的信息，这些信息必须经过资讯中心服务人员的信息组织加工才能形成有高附加值的、能直接服务于企业的信息或者情报。个性化信息服务平台的信息组织是建立在一系列的信息组织方法之上的，如知识发现、数据挖掘、信息推理和知识抽取等。

（四）平台服务推荐

资讯中心通过对平台信息的组织，形成企业信息服务的资源库，并随时向企业进行资源推荐。

（五）平台服务内容

个性化信息服务内容主要包括定题服务、科技查新服务、竞争情报服务、专利及技术标准服务、培训服务、行业政策法规服务等。

第四节　数字化服务平台使用的关键技术

一、信息采集技术

（一）传统知识资源的采集

传统知识资源采集主要是指针对印刷版图书、期刊的采集行为。一般而言，在此类知识资源的采集中，各高校都是围绕教育部高校评估的指挥棒而转动的。高校评估是促进高等教育发展的重要举措，同时给高等学校图书馆的发展带来了机遇。以本科高校的评估指标为例，其对图书的规定是人均图书册数。但是，中小学校的合并、升级的新本科院校或高职院校，由于在合并之初图书馆资源本身较少，因此在指标的要求下过分追求数量而忽视了图书期刊质量的要求，既要达标又要节约经费，不得不通过购买大量特价图书来补充资源库。笔者认为应将人均图书数量这一评估指标与图书采购经费协调一致，将其变成既重投入又重质量。

（二）网络知识资源的采集

网络知识资源的采集是一个系统的工程，包含对于网络知识资源的收集、整合、加工、发布、反馈等流程。一般而言，图书馆都将其作为对传统知识资源的补充方式，根据本馆知识资源的缺失做出调整。多采取浏览器、搜索引擎等信息技术分析采集，然后依据知识资源的学科类别进行标引，以形成图书馆内部的数字资源，为科研教学服务。同时，还要为师生提供多元化、系统、便捷的知识查询和基于知识组织挖掘的知识服务。整合后的知识仓库中的数据是各异构数据资源的有机合成和关联存储，并不是数据简单的汇集和堆放。通过数据接口技术形成统一的操作平台，然后通过建立索引系统、网络发布系统等工具实现知识传播，能够为师生服务。

二、信息存储技术

信息化、网络化的发展，使数字文献在资讯中心文献资源服务中扮演着重要角色，数据库成为资讯中心数字文献资源的主要表现形式。资讯中心面向企业的信息服务需要加强数字化资源建设，首先需要对已有的资源进行整合，将不同类型、不同结构、不同环境、不同用法的各种数据库纳入统一的检索平台上，以便企业更方便、更高效地获取信息。

资讯中心要整合的数据库主要包括书目数据库、文摘数据库、全文数据库、电子期刊和电子图书数据库、网络数据库等。这些数据库分布在不同的服务器，由不同的信息服务公司和出版社提供或者是由各资讯中心自建，成为不同特性的数据库。其特征表现为：数据模型不同、数据结构不同、系统控制方式不同、计算机平台不同、通信协议不同、通信结构模式不同、操作系统和网络不同。资讯中心数据库的相关技术有通用网关接口技术（CGI）、开放数据库互联技术（ODBC）、Java 数据库互联技术（JDBC）、ASP 技术和 JSP 技术、XML 中间件技术等。资讯中心通过综合应用这些技术来实现资源整合，进行数据库之间的连接和数据转换，接受企业对这些数据库的并行交叉访问和查询，实现查询结果的融合处理并反馈给企业。

三、信息分类与编码

信息分类与编码（Information Classification and Coding）是根据信息内容或特征，将信息按照一定的原则和方法进行区分和归类，建立一定的分类系统和排列顺序，并用一种易于被计算机和人识别的符号体系表示出来的过程，也是合理地将信息对象数字化、符号化的过程。信息分类、编码的目的是促进各个异构数据源之间的数据共享和交换，从而有效地利用信息资源，提高整个应用系统的性能。企业级信息分类编码是指在企业信息系统环境下，统一对整个企业范围内的信息进行分类与编码。而这种统一目标则不是单一的，更多的是多个目标的综合。在企业信息化进程中，只有当基础信息按照一定的规律进行分类和编码，将其合理、有序地存入计算机，才能快速、有效地对它们进行存储、管理、检索分析、输出和交换。信息分类编码已经成为企业基础数据标准化建设与基础数据库数据组织、存储、管理和交换的基础，也是实现数据共享与互操作的必然。

信息分类与编码是标准化的一个领域，目前已经发展成为一门学科，有其自身的研究对象、研究内容和研究方法，并已经成为信息科学的一个重要分支。在工业社会中，信息分类与编码是提高劳动生产率和科学管理水平的重要手段。正如美国新兴管理学的开创者莫里斯·库克所说："只有当我们学会了分类和编码，做好简化和标准化工作，才会出现任何真正的科学的管理。"在信息化时代，信息的标准化工作越来越重要，没有标准化就没有信息化，信息分类编码标准是信息标准中最基础的标准。

四、信息检索与推送

（一）信息检索

企业对于其需要的文献，总是希望在最短的时间内获得最全面的信息，这就需要资讯中心提供全文检索技术的支持。全文检索（Full-text Retrieval）是指以全部文本信息作为检索对象的一种信息检索技术。该技术无须对文献进行标引即可实现对文献的检索，是一种面向全文、提供全文的新型检索技术。该技术可以使用原文中任何一个有实际意义的字、词作为检索入口，且得到的检索结果是源文献而不是线索文献。该技术的核心是维护一个高效的索引，索引的内容全部来自被检索的文本信息。全文检索系统具有全文数据库功能，具备逻辑检索、截词检索、字符串检索等功能，企业在检索信息中可以用自然语言检索并直接获得原文的检索系统。全文检索技术被广泛应用于资讯中心的各种全文数据库，使高校图书馆检索服务功能发生本质的变化，企业通过检索可以直接获得文献的全文。

（二）信息推送

信息推送技术（Push）最早于1996年由美国Point Case Network公司提出，其目的在于提高信息通过计算机网络的获取效率。近年来，随着RSS信息聚合技术、Agent智能代理技术、系统过滤技术等成功推出，信息推送技术被迅速应用到电子商务、数据库、图书馆、电视广播以及通信系统等应用领域。

信息推送是通过一定的协议或技术标准，在因特网上通过定期传送用户所需要的信息来减少信息过载的一项新技术。准确地说，它属于目前最新的第三代浏览器的核心技术，其关键是能够根据用户的需求，主动地将最新的信息分门别类地发送到相应的用户设备中，从而有效地改变人们获取信息的方式，较大地提高了互联网信息的使用效率。

传统的信息拉技术（Pull）是通过统一资源定位符（URL）来进行信息资源定位的。在因特网上，人们获取信息的方法是使用各种搜索引擎来查找各个服务器在网络中的定位符，再通过定位符去访问该服务器所提供的信息，同时使用定位符来定位信息资源。它把重点放在用户端，因此没有在"信源"与"信宿"之间找到标准化的沟通方案。因特网发展到今天的规模，网上遍布着大量的信息资源，定位符这种信息资源定位方式，在时延、响应时间、查全率、查准率等性能指标上都已不能满足用户的需求。因此，以拉技术为代表的信息获取模式已成为进行信息共享的技术瓶颈。

推送技术同传统的拉技术相比，最主要的区别在于推送技术是由服务器主动地向客户机发送信息，而拉技术则是由客户机主动地向服务器发出请求信息。推送技术的优势在于信息获取的主动性和及时性。在客户／服务器的应用程序中，推送技术能够向客户发送数据而无须其发出请求，例如，服务器向客户发送电子邮件。推送技术所提供的服务通常是事先表达好喜好的信息，这就是所谓的订阅／发布模型。一个客户端可能"订阅"不同种类的信息"通道"，一旦在这些通道中有新的内容，服务器就会将信息推送到用户端。

信息推进技术正在改变着人们在因特网上对信息的访问方式，它将由用户主动地去搜寻信息变为被动、有目的地接收信息。推送技术不仅仅是一种单纯的信息提交的技术，它还更能够把 Web 服务器中的信息、数据库中的数据、音频以及视频等信息捆绑起来，在防火墙内外向用户提供丰富的多媒体信息。

目前，信息推送的实现方式主要分为消息推送、代理推送、频道推送三种。其中消息推送是根据用户提交的需求信息，通过电子邮件系统或其他消息发送系统将有关信息发送到用户端；代理推送是指使用代理服务器定期地或按照用户指定的时间间隔在网上搜寻用户感兴趣的信息，并将搜寻到的结果发送给用户；频道推送则需要提供一整套推送服务器、客户端部件及开发工具等组成的集成应用环境，通过将某些网络站点定义为浏览器的频道，推送服务器则负责将收集到的信息形成频道内容后推送到用户端。

信息推送模式的主要优点在于及时性好、应用面广、对用户没有技术上的要求。目前，大多数的客户机推送软件都可以向用户提供最新的新闻订阅信息，而这一功能是以前任何浏览器程序都无法实现的。客户机推送软件不仅可以对信息进行分类，还可实时地向用户发布最新的新闻订阅信息。客户机上的推送软件的操作方式：当有新的订阅信息内容可获得时，客户机便可自动被告知。大部分客户机推送软件是采用预约的模式，即这些客户机推送软件均按预定义的时间间隔定时向提供信息的服务器进行询问，以查询当前是否有新的信息内容可以提供。

用户还可以选择对这些客户机软件的接口进行定制，以使它们所提供的信道成为专用信道，即让每一信道只传送某一指定信息提供商所提供的某一类指定信息。当新的信息需求被提交时，客户机推送软件将通过以下方式通知用户：通过发送电子邮件、播放一个提示声音提醒、显示一个图符，或弹出某一应用、通知单等来告知用户有新的信息到达。

（三）网络资源挖掘技术

资讯中心企业信息服务平台的网络资源是资讯中心信息资源的重要组成部分，而网络资源的鉴别、评价、收集、整理、组织、存储成为资讯中心开展信息服务的一项重要工作。网络资源挖掘就是从大量的互联网文档集合中发现蕴藏、有潜在应用价值的模式，处理的内容包括静态网页、网络数据库、互联网结构、用户使用记录等，这些信息具有网络资源信息量大且增速快、传播范围广但时效性差、信息发布自由且来源广泛、内容杂且质量不一等特点。资讯中心就需要借助这些数据挖掘的思想和方法，进行 Web 挖掘，从数以亿计的 Web 页面中挖掘出对用户有用的信息。Web 数据挖掘大致可分为内容挖掘、结构挖掘和用户使用记录挖掘三种。

通过 Web 数据挖掘，提取网络资源中的有用知识以建立资讯中心的网络资源知识库；通过对用户的访问行为、频度、内容等分析，得到关于企业访问行为和方式的知识，用以指导改进服务。通过对这些企业特征的理解和分析，还可以有效推动个性化服务开展。Web 数据挖掘技术已经在资讯中心知识导航服务、个性化服务和数字参考咨询服务中被广泛应用并成为关键技术支撑之一。

（四）智能代理技术

智能代理（Intelligent Agent）由一个多智能代理系统组成，是一种智能性、可进行高级复杂的自动处理的代理软件。它具有如下特征。

①代理性与自主性。可以在用户没有明确具体要求的情况下，根据用户需要，代替用户进行各种复杂的工作，如信息查询、筛选及管理，并能推测用户的意图，自主制订、调整和执行工作计划。

②智能性与协作性。先进的智能代理彼此间能进行交流，共同执行单个智能代理软件所不能胜任的任务。例如，学习型智能代理作为一个独立的个体能自主学习，能与用户并行工作，并将用户的兴趣、爱好、习惯等信息直接转化为内部需要，存放在知识库中，通过建立用户模型来指导自己的决策，使之符合用户需求。

③移动性与异构性。智能代理技术更适应网络分布式要求，不仅可以减轻网络负载，提高效率，还可以异地自主运行，具有很强的应变能力，使系统运行达到最优化；具有异构性，可以用来解决网络的异构、低宽带和连接不稳定等问题，有利于提高信息服务与获取的能力。

同时，智能代理技术具有以下功能。

①管理个性化的信息代理库。主要是管理用户个人资料及其个人目录下的信息库。

②信息自动通知。它能根据用户的需求和环境的变化，主动向用户报告并提供服务，当信息用户指定了特定的信息需求之后，智能代理能够自动探测到信息的变化和更新，进而将其下载到数据存储地存放起来，同时智能代理能将该信息自动地提示给用户。

③浏览导航。智能体具有一定的推理能力，能比较准确地揣测用户的意图，通过分析得到用户感兴趣的知识领域，同时能向该信息用户推荐与该领域更密切的网络信息。

④智能搜索。根据信息用户的特定需求，进行信息过滤，为用户提供更精确的信息。

⑤生成动态的个性化页面。智能代理能依据所存放的信息动态地生成网络页面，给信息用户提供一个舒适而友好的浏览界面。此外，智能代理还具有监督代理、协调与解决冲突等功能。显而易见，这种具有智能性，可支持高级、复杂的自动处理的智能代理技术一经应用于信息组织与检索领域，必将成为网络信息资源组织模式优化的利器之一。

（五）知识仓库技术

资讯中心的知识仓库是一种特殊的信息库，库中的数据有相关的语境和经验参考。知识仓库技术是资讯中心知识信息服务的重要技术之一。在知识仓库中不仅存储着资讯中心的知识条目，还存储着与之相关的事件、知识使用记录、来源线索等相关信息。知识仓库不仅能有效地帮助资讯中心开发知识，帮助企业利用知识，还可将资讯中心参考咨询服务中企业提出的问题、检索方案、解答及反馈等信息进行存储，并形成知识仓库，既可供企业检索利用，又可在参考馆员之间传递经验。

第八章　互联网背景下高校图书馆服务内容创新

第一节　互联网背景下高校图书馆资源共享服务

随着各种社交网络、物联网等新兴技术的兴起,大数据时代的到来,学术界、工业界、政府机构都开始关注大数据问题,人类已经进入以深度挖掘数据价值为核心的大数据时代。人们可以通过对大数据之间的关系进行分析,得出准确的结论,从而做出科学的决策。同时,人们还可以通过分析海量数据来预测某件事情发生的可能性。高校图书馆拥有海量的数字资源优势,如果借助大数据发展,可以进一步推动数字资源建设,为用户提供更好的信息服务。为此,应探讨如何利用大数据思维和技术解决高校图书馆数字资源共享问题。

一、高校图书馆联盟的数字资源具有大数据特征

一是随着高校图书馆数字化建设的深入以及在 Web2.0 时代用户对高校图书馆的文献资源数字化需求的增加,单个高校图书馆的数字资源虽然不具备"大数据"的特征,但高校图书馆联盟的数字资源已经具有了"大数据"的特征。二是高校图书馆的数字资源总量在不断地增长之中,伴随着高校图书馆数字资源用户的增加,高校图书馆对用户进行服务的信息也在不断产生非结构化数据,高校图书馆联盟的数字资源和服务信息产生的非结构化数据是个海量的数据集。三是随着信息技术的发展,用户对高校图书馆数字资源的信息服务的要求也在不断地提高,不再仅仅局限于对数字资源的查询、查找等一些常规的信息服务,而是转向更深层次的对数字资源的数据挖掘与数据分析。高校图书馆联盟必须根据用户的需求做出数字资源的信息服务策略的改变,以迎合用户对数字资源的信息服务要求。

二、大数据时代高校图书馆数字资源共享的优势

（一）数字资源优势

大数据的主要思想是将分散的数字资源集中起来，从中进行数据挖掘和分析，发挥其数据量大的作用。高校图书馆数字资源包括电子图书、电子期刊、各种数据库、音视频资源在内的海量数字资源。单个的高校图书馆的数字资源达不到大数据的标准，但对于高校图书馆联盟，大数据的范围是高校图书馆联盟的全部数字资源。在大数据时代，要对高校图书馆联盟的全部数据进行分析和利用，利用云计算和可视化技术得出精确的结果，并预测未来发展趋势。

（二）海量数据产生的优势

用户对高校图书馆的数字资源的使用，会产生许多的交互数据，使得高校图书馆的非结构化数据快速增加。移动图书馆为高校图书馆的数字资源提供了基于移动网络平台的信息传输途径和服务渠道，同样，以微博为代表的个性化信息服务，也会产生大量的交互数据。将这些数字资源分布在不同的高校图书馆管理系统中，形态不同，组织方式各异，各种数字资源的整合发生在同一个云平台中，而云计算技术为大数据的发展提供了技术支撑，云计算技术突破了传统图书馆发展局限，通过云计算技术把这些数据集中起来，形成高校图书馆联盟大数据的数字资源体系。同时，云计算具有超强的数据处理能力，并具有对数字资源进行动态分配的能力。

（三）技术优势

云计算技术已在高校图书馆得到应用，而大数据的处理是以云计算技术为基础的。应用云计算技术中的虚拟化技术可屏蔽服务器、网络、存储等物理设备间的差异，可解决物理设备之间无法共享的问题。将高校图书馆联盟现有的硬件设备整合在一起，对硬件设备进行统一调配。利用云计算技术中的虚拟化技术将各高校图书馆的硬件设施都利用起来，降低了高校图书馆联盟的硬件建设成本，从而为实现数字资源共享提供硬件保障。借助云存储技术，将分散存储在不同高校图书馆的数字资源进行整合与存储，数字资源由云端统一存储和管理，同时，将用户需要的数据进行动态部署，加快信息服务的进程。采用合理的网络协议，对云计算网络进行严格监控，并由高校图

书馆联盟的技术管理人员进行统一管理、维护和监管，提升高校图书馆的数字资源的安全程度。

三、大数据时代高校图书馆数字资源共享问题解决策略

在大数据时代，要解决好高校图书馆数字资源共享问题，我们应探讨高校图书馆的数字资源共享的建设策略、运行策略和安全策略。

（一）大数据时代高校图书馆数字资源共享的建设策略管理层面

大数据共享建设是一项有规划和有可持续发展机制的系统化工程，必须要有良好的建设策略。为此，高校图书馆数字资源共享需要根据大数据时代的要求，高校图书馆联盟要建立大数据管理机构，其功能主要有：①主要负责制定和发布大数据建设和数据共享细则、标准；②负责数据存储，以及处理数据版权事项等工作；③负责数据的管理、使用和分析等工作。同时，各高校图书馆设立大数据基层管理部门，这是大数据组织机构的基层管理单位，主要负责落实高校图书馆联盟数据管理机构对大数据的规划和要求，组织本图书馆完成基础数据的收集、录入、审核等工作。同时，在高校图书馆联盟数据管理机构指导下统一进行数字图书馆的建设与管理，从而整体推进高校图书馆数字资源共享建设。

1. 技术架构层面

大数据技术是指从各种类型的大数据量中，快速获得数据中有价值信息的技术。构建图书馆大数据技术架构，研究解决大数据采集、存储、处理、分析和应用等相关问题。搭建合理的大数据技术架构是基础性工作，也是整体性工作。大数据技术架构，自底向上，第一层是大数据的采集工作，即对结构化、半结构化、非结构化数据的采集。大数据技术架构的第二层是大数据的存储工作，可以采用云存储、NoSQL、HBASE等技术对数据进行存储。大数据技术架构的第三层是大数据处理工作，即大数据的集成、数据建模、重复数据删除、数据加密、数据备份等工作。大数据技术架构的第四层即大数据的应用，包括信息检索、数据挖掘、数据可视化、学科化服务、知识服务等。

2. 建设统一的大数据平台

高校图书馆联盟通过建设统一的大数据平台，对各高校现有的数字资源进行整合，以便进行统一的管理和调配。大数据平台数字资源的采集要充分利用云计算技术，整

合各高校图书馆现有的网络、硬件设备和数字资源，初期对分散在各高校图书馆的数字资源的数据进行抽取和索引，数字资源存储在各高校图书馆，随后逐渐将数据存储集中到大数据平台，最终建立一个为各高校图书馆提供保存数字资源、数据查询、分析数据的强大的云端平台。大数据平台采用面向服务的架构，将各类数字资源以按需获取、个性化定制的信息服务形式提交给用户，有助于解决高校图书馆数字资源建设中存在的（诸如资源利用率低、信息孤岛、数据安全等）问题，从而促进高校图书馆数字资源共享，为需要数据服务的用户提供信息服务。

（二）大数据时代高校图书馆数字资源共享的运行策略

1. 数据运行方面

数据是大数据平台的基础，数据的规范性、准确性及及时性的更新，对高校图书馆数字资源共享大数据平台作用的发挥有着重要影响。所以，要建立制度化、系统化的数据维护规则，以确保数据来源、审核和使用的各个环节有序进行。

2. 技术运行方面

技术运行维护的对象主要是高校图书馆联盟数字资源的硬件设备、软件系统和数据保存。因此对硬件的采购，要制订性价比高的采购计划。在日常生活中，重视对硬件的维护，同时，建立灾害备份管理中心，以确保大数据平台的运行安全可靠。软件系统方面，要对数据管理系统的使用的友好性、管理数据的方便性、数据运行的快速性等进行及时评估，听取管理者和用户的反馈意见，以便对系统进行升级或更换，优化运行效率。数据保存维护方面，要注意数据存储与使用的合理匹配，保证数据存储的安全和快速，确保用户查询数据高效、准确。

3. 网络运行方面

在建立统一的高校图书馆联盟大数据平台的基础上，利用技术力量对网络进行维护，加强对大数据平台的网络管理，建立网络规划，并组织精心实施，避免因网络的重复建设，而导致人力、财力、物力的浪费。同时，建立网络监控技术系统，对网络运行中存在的问题及时发现，及时维护，避免因网络的问题而造成数据丢失或数据查询困难。

4.绩效管理和评估反馈方面

建立绩效评估机制，定期对大数据平台的使用效果和情况进行评估，防止各高校图书馆因各自的利益而消极规避高校图书馆数字资源的共享，确保各高校图书馆的数字资源共享长期开展。因此，建立绩效评估机制也可调和各高校图书馆的利益矛盾。建立评估反馈制度，高校图书馆联盟管理机构要对大数据平台的数据的使用情况和安全性进行监控，定期提出指导意见，并进行反馈。同时，大数据管理机构要收集各高校图书馆和用户对大数据平台的反馈意见，发现问题要及时研究，找出解决问题的方法，及时进行修正。

（三）大数据时代高校图书馆数字资源共享的安全策略

1.数据的安全制度建设

在进行大数据平台建设时需要从国家层面制定数据的安全法规，以及高校图书馆联盟数字资源共享安全进行法律保护。同时，对建设大数据平台标准的安全运行机制、数据标准等进行统一规定，越详细、操作性越强的规定，越能减少高校图书馆成员之间在沟通中产生的歧义，以便数据运行安全平稳。还要制定高校图书馆联盟数字资源安全检查制度，实现对高校图书馆联盟的数字资源的保护有章可循，确保在制度上减少对高校图书馆联盟数字资源安全的制度漏洞。

2.加强安全监控能力建设

加强日常对大数据平台运行情况的监测，对传输中的数据、正在运行的进程进行监控，共享的数字资源要定期进行安全扫描，确保运行状态安全。在建设高校图书馆联盟数字资源的大数据平台标准的前提下，对大数据平台的各高校图书馆的节点配置安全措施，如果某节点出现安全报警，就将发生问题的节点与整体进行隔离，确保大数据平台的主体安全。同时，要对大数据平台本身的安全监控数据进行整理和分析，若发现问题，则尽早采取相关处理措施。

3.提高数据安全防范意识

重视保护和挖掘大数据价值的同时，高校图书馆联盟的数据管理人员要具有保护数字资源的敏感性和责任感的意识。高校图书馆联盟的数字资源是一座巨型的宝藏，通过挖掘分析可以对学科的发展方向进行分析、评估和预测，对学科建设和发展将产生巨大的作用。加强数据管理人员的安全素质培训，培养数据管理人员的安全的大局观和理念，只有具备大局数字资源的安全意识，才能全面推动高校图书馆数字资源共享建设的科学发展。

大数据技术可以忽略数据类型、时间和空间的限制，从而建立高校图书馆联盟数字资源共享，实现数字资源的联通和集中。同时，通过数字资源共享，大数据技术可以大大提高数字资源的价值。利用大数据技术建设高校图书馆联盟建设大数据平台，实现高校图书馆之间的数字资源的共享。在大数据时代，高校图书馆联盟数字资源共享建设应从三方面进行：①建立一套完善的运行机制。大数据建设是一项系统工程，必须建立一整套的运行机制，以保障数字资源建设过程中各个环节的有序进行，并做好顶层设计，实现真正意义上的高校图书馆联盟数字资源的整合。②制定一套规范建设的标准。制定各类数据的规范建设标准，实现各类数字资源管理系统的网络互联，为高校图书馆联盟数字资源共享奠定基础。③搭建一个共享平台。有共享平台，才有数据流动和共享的舞台。通过建立大数据平台，将各类数据整合与集成，实现各高校的数字资源共享。

第二节　互联网背景下高校图书馆检索服务

我国高校的学术资源投入一直在保持较快增长。文献资源购置费的高投入带来了文献资源的高增长，以北京的清华大学图书馆和武汉的华中科技大学图书馆为例，到2011年年底学术资源馆藏总量分别为419.7万册（件）和579万余册（含院系资料室），均涵盖了理、工、文、经管等各学科的综合资源，另外分别有各类网络数据库500个和400多个以及大量电子期刊和图书资源。高校馆藏的不断积累，标志着学术资源"大数据（Big Data）"时代的到来。

一、高校图书馆检索困境

学者韩翠峰认为，大数据时代的到来将对作为社会中储存信息知识、提供信息服务的信息中心的图书馆形成冲击与挑战。随着馆藏资源的日益丰富，学术资源种类繁多、数据量大、形式各异，不同的电子资源又往往分散在各自独立的数据库、检索系统和发布系统，这使得图书馆的学术信息资源比较分散杂乱，给读者检索和利用造成了许多不便，所以适时、有效地利用先进的学术资源检索技术是高校解决上述问题的重要途径。

二、高校图书馆检索技术及其优缺点

目前我国高校图书馆采用的检索技术主要有"联机公共检索目录"和"联邦检索"，现分别介绍如下：

（一）联机公共检索目录

联机公共检索目录的英文为"Online Public Access Catalog"，又简称OPAC，它通过计算机终端查询图书馆书目数据资源，为读者提供馆藏文献的线索和获取馆藏文献的便利。最早的OPAC系统出现在20世纪80年代，OPAC的初始设计是基于编目理论发展的印刷型世界，目录典型地揭示纸质书刊馆藏，延续了传统图书馆卡片式目录的构建思路，提供与卡片式目录相同的记录内容、记录格式和检索途径，随着网络技术的飞速发展，目前广泛采用的OPAC是第二代，它在检索点和网络功能方面进行了改进。根据钱文丽和李亮先提供的调查，我们发现目前国内高校可供选择的OPAC的系统厂家有十几家，而在我国"211工程"院校中使用较多的有国内公司开发Libsys、ILAS和MELINETS，以及国外的INNOPAC、ALEPH和Web-Cat。

1.联机公共检索目录的工作原理

OPAC的工作原理主要分为三个层次，图书馆馆藏书目源数据与电子资源元数据一起构成数据层；业务逻辑层构建在数据库系统与客户端之间，为每一数据源的MARC元数据建立统一的文档类型定义，并通过该类型定义将各数据源的元数据映射成全局XML文档视图来进行整合；客户端在OPAC的基础上，经过一定的扩充修改后实现统一检索功能。

有关OPAC的功能，我们以清华大学图书馆的INNOPAC为例。

该系统可查询清华大学图书馆收藏的中西文图书、日文图书、俄文图书、中西文期刊和1994年以后收藏的日文期刊、多媒体资源、大部分外文电子期刊、学位论文和中外文电子图书，以及7个专业图书馆及部分系图书馆的馆藏。它使用命令语句并包含菜单导向检索，还增加了关键词检索，更多地为用户显示数据库记录中的有关主题信息，有的系统还使用词组进行检索。此外，该系统更注重用户界面的设计，为用户提供更多的功能，如下拉式、帮助功能、拼写错误校正、浏览查找、布尔逻辑检索、图形显示书目资料的排架位置等。更加突出的是，突破了书目数据的限制，引进了期刊题录、文摘及情报数据等。

2. 对联机公共检索目录的评价

OPAC 系统的应用对学术检索的作用是显著的。首先，OPAC 为读者检索馆藏资源提供了一个统一的界面；其次，OPAC 的应用促使读者养成利用网络查询资源的习惯；最后，OPAC 的机读目录格式为揭示网络信息资源提供了可能。

当然，OPAC 也存在自身的局限，余金香和李书宁就认为 OPAC 发展中存在以下问题：第一，书目记录之间的关联性不强，用户不易辨别和理解检索结果各实体之间的关系；第二，文献单元应该从形式层面提升到内容层面上；第三，检索问题：失败率偏高、耗时，扩展检索能力不强。2005 年，OCLC 在《对图书馆与信息资源的认知：给 OCLC 成员的报告》中提道：信息用户中"84% 的用户使用搜索引擎进行信息检索，1% 的人从图书馆网页上进行信息检索，只有 10% 的大学生认为，在通过搜索引擎找到图书馆网站后，图书馆的馆藏可以满足他们的信息需求"。由此看来，OPAC 技术还需要进行进一步改进，以便更好地满足读者检索学术资源的需求。

（二）联邦检索

业界主流的联邦检索系统包括 Web Feat、Meta Lib、Serials Solutions 和 Muse 系统。

1. 联邦检索的工作原理

联邦检索的运作机理是这样的：首先它为每个数据库创建资源描述，其次选择满足特定信息用户需求的检索数据库，将用户提问格式转译成适合所选数据库的检索格式，接下来合并检索结果并按用户需求定制个性化的排序方式将检索结果反馈给用户。

以 Meta Lib 系统为例，我们可以实现如下功能的检索：

第一，检索馆藏的纸质资源的电子目录。第二，检索图书馆购买的电子资源并提供全文链接。第三，检索网络免费电子资源并直接反馈全文信息。第四，可以自定义不同资源进行整合检索。第五，读者在登录个人空间模块后该系统能提供个人检索的书目记录文档，也能提供个性化数据库的集合定制检索，以及提供定期检索提醒服务。

2. 对联邦检索的评价

联邦检索技术与联机公共检索目录相结合，让学术资源的整合检索更加便利，从而提高了学术资源的利用率。

虽然联邦检索系统具有自身的优势，但 Webster 认为，该技术还是不能从根本上解决检索平台间日益增长的复杂性和缺乏统一性等问题。联邦检索在使用过程中仍会存在着一些无法克服的困难，主要有以下几点：①因在多个数据库中同时进行实时检索，这就导致了联邦检索的结果返回速度过慢。②由于每次各个数据库反馈给联邦检索的结果有限（每次只能抓取 20~30 条结果），所以无法实现真正意义上的结果的相关性排序和去重。③读者必须通过图书馆的认证系统才能实现检索功能。④联邦检索并不能优化检索系统，其功能受制于本地数据库检索性能和搜索能力的局限。考虑到联邦检索技术功能的不足，陈家翠认为，以元搜索为基础的知识发现系统是下一次学术资源检索发展的方向。

三、检索技术应用趋势

鉴于 OPAC 和联邦检索系统的不足，近年来，图书馆界一直在寻求一种数字资源的整合之道，以便为用户提供一个实现各类学术资源发现与获取的一站式解决方案，从而提升用户利用资源的有效性与友好性，基于元数据预索引的网络级发现服务系统便是其中的佼佼者。2010 年，美国著名的教育技术方面年度报告《地平线报告》就指出，网络规模发现服务将是未来三年发展迅速的一个领域。据几大网络规模发现服务提供商统计，截至 2011 年年底，已经有 400 余家美国高校图书馆和公共图书馆使用网络规模发现服务。目前，被我国高校用户认识和采用发现服务系统主要有 Summon、EDS 和 Primo 三个产品，虽然用户数量较少，但已引起了业内的广泛关注。

发现服务系统将图书馆的所有资源和馆外学术资源都纳入统一的架构和单一的索引体系，它事先为图书馆众多的本地和远程资源建立了一个集中索引仓储，用户通过一个类似谷歌的单一检索框检索这个仓储以实现资源的一站式检索，并且这些系统还会对检索结果进行有效的组织和揭示，以帮助用户发现最合适的资源，系统的稳定性方面也超越了所有以往的统一检索产品。因此，它是高校图书馆学术资源深度整合和便捷获取的发展方向。

目前的发现系统主要采用两种系统架构：纯 SaaS（软件即服务）型和混合型。纯

SaaS 型以 Summon 系统为代表，完全将元数据仓部署在云端，力求实现对图书馆全部资源元数据的覆盖，并在此基础上构建一个完整统一的元数据索引。

混合型以 Primo 系统为代表，本馆馆藏和自建资源数据部署在本地，其他元数据部分则部署在云端，目的是以馆藏和自建资源弥补目前元数据仓储中元数据覆盖的不足。

两种模式各有利弊，混合型模式能更好地和图书馆原有的 OPAC 系统进行整合，而纯 SaaS 模式能减少图书馆对学术资源维护的成本。

有关发现服务系统的功能，我们以清华大学图书馆的"水木搜索"（Primo 系统）为例：

①在资源整合方面可以整合查询图书馆的各类馆藏资源，包括实体资源和数字资源，涵盖了本地拥有的资源、远程存取资源、书目、全文等。

②在检索方式方面，Primo 提供了简单检索和高级检索两种模式，其中简单检索方便读者进行快速检索；高级检索则提供了"题名""作者""主题词"四个检索字段限定栏，同时可以限定"资料类型""语种"和"出版日期"等文献特征，同一字段内可以使用 AND、OR、NOT 来进行逻辑检索，还可使用半角双引号进行精确匹配，可使用截词符，不同检索条件间逻辑以 AND 逻辑连接，从而满足精确检索的需要。

③在检索结果提炼方面，提供了多样化的排序和分面分析功能。Primo 将检索结果按照相关度分值排序，与查询相关度最大的排在最前面，读者可以重新选择排序方式，然后按日期或流行程度排序；在分面分析方面，可以通过主题、文献类型、作者、出版来源和语种等多个角度来提炼结果。多样化的结果排序和分析为读者筛选文献提供了便捷的通道。

④在结果获取方面，提供资源的一站式获取。记录的每条简单浏览界面都会显示获取链接，结果页面提供直接查看馆藏的借阅信息、提供已购电子资源的全文链接并提供开放资源的 SFX 链接功能等。

此外，该系统还整合了个性化显示和 Web2.0 的功能，结果页面会显示与检索主题相关的百科词条，显示图书封面、目次、书评，并将不同版本或多个分册的图书书目记录合并为一条记录显示；它可以让人们联机协作与共享信息，用户参与互动，给系统提供的数据增值，用户可以为百科词条挑错，为记录增加标签、评论、打分，还可以发送检索结果至 EndNote 等。

当然，目前的发现服务系统也存在一系列问题，主要表现在：①国外的几大发现服务系统针对中文资源的目录签约度不高，导致了发现服务系统仅能访问少数中文资源。②并非所有资源都能实现全文检索。③现有的资源发现系统尚不能很好地揭示不同资源条目之间的复杂关系。

针对以上问题，发现提供商和图书馆已经解决采取了部分弥补措施，例如，针对中文资源的访问瓶颈，EDS 和南京大学联合开发了 Find+，利用国内的合作团队开发中文目录资源；而某些高校采取的办法是在引进国外发现服务系统的同时，引进国内开发的中文发现系统。西安交通大学图书馆为例，该馆在引进国外 Summon 发现服务系统的同时，购买了国内超星发现作为中文资源发现的补充。但由于版权的原因，要想实现所有资源的全文检索则是一个不可完成的任务。在今后的研发过程中，如何发现系统更好地借鉴 FRBR（书目记录的功能需求）的思想，将会对资源条目之间的关系揭示带来改进。大数据时代的"3V"：量级（Volume）、速度（Velocity）和多样性（Variety）给不断加大学术资源建设投入的高校带来了严峻挑战，如何让文献检索服务得到广大师生用户的认同是实现大数据第四个"V"（Value）的重要前提，而学术资源检索技术的采用又是文献检索服务得以实现的重要前提。每个新的检索技术的采用并不是对先前技术的全盘否定或者抛弃，而是以原有技术为基础的改进和发展，它们之间是整合协同关系。高校的学术资源提供者应关注检索技术的发展，了解各种检索技术的优缺点，并结合用户的切实需求和使用习惯，及时引进新技术并科学引导用户对新技术进行利用，以达到高效利用学术资源的目的。

第三节　互联网背景下高校图书馆个性化信息服务

近年来，国内高校图书馆一直致力于个性化信息服务的开展，作为信息定向明确、服务针对性强、使用便捷的一种新兴服务模式，它的深入推广受到了高校师生的广泛好评。随着个性化信息服务的大范围推广，如何根据用户不断变化的信息需求情境，实时调整信息服务策略，更好地体现信息服务的"个性化"特征就成为高校图书馆个性化信息服务发展亟待解决的问题。

一、个性化信息服务的发展瓶颈

感知用户真实的信息需求情境是开展个性化信息服务的前提。目前，在个性化信息服务过程中，各高校图书馆通行的做法是通过问卷调查、网络访谈、电话咨询等途径事前获知用户的信息需求，通过对获得的用户需求信息进行分析，进而由学科馆员或参考馆员针对相应的信息需求开展独具特色的相关服务。受用户不断变化的信息需求等因素的制约，传统的个性化信息服务模式存在明显不足。

（一）无从感知用户真实的信息情境

传统的个性化信息服务模式在获取用户信息需求时大都以问卷调查或访谈为主，这种传统的信息需求获取模式受问卷调查表设计缺陷、用户表达不清、担忧网络访谈泄露自身隐私等因素的限制，使得高校图书馆获取的用户信息需求往往存在一定偏差，那么，在不真实的信息需求基础上开展个性化信息服务势必难以取得理想的效果。

（二）服务针对性有所缺失

高校图书馆的服务对象主要是在校师生。受师生的教学进度、研究任务不断变化等相关因素的影响，个性化信息要取得良好的使用效益，必须及时根据用户不断变化的信息需求情境实时调整服务策略。然而受时间局限性、频繁沟通的不便等各种因素的制约，日常服务中，师生往往无法做到或不愿向图书馆馆员来反映自己已经变化了的信息需求，因无法实时感知用户变化了的信息需求，导致高校图书馆所提供的个性化信息服务与用户的信息需求存在严重脱节，服务针对性较差。

（三）个性化信息服务遭遇用户流失危机

互联网环境下成长起来的大学生，自身掌握了丰富的互联网使用经验，他们对图书馆的依赖性有所降低，受图书馆信息服务针对性不强、信息使用不便等因素影响，当有信息需求时他们首先想到的是百度等途径而非求助图书馆。一方面，高校图书馆掌握了丰富的馆藏资源，希望通过个性化信息服务方式为资源找到合适的使用者。另一方面，个性化信息服务针对性不强，用户大量流失。提高个性化信息服务针对性，强化用户使用体验满意度，已经成为高校图书馆个性化信息服务过程中必须解决的难题。

二、个性化信息服务系统可行性

（一）丰富的数据来源

高校图书馆作为全校的信息资源中心，积累了海量的用户行为数据，如用户查询书目产生的 OPAC 日志，用户借还书所产生的借阅信息，用户浏览、下载电子资源所产生的电子数据库使用痕迹，用户使用学科化信息服务中心与学科馆员的互动信息，用户在图书馆微博和公众号中留下的评语，用户访问图书馆论坛停留时间等。这些海量数据从侧面真实地反映了用户变化着的信息情境，通过对这些海量数据进行有针对性的挖掘、分析，可真实反映用户当下的信息情境，进而为图书馆开展个性化信息服务提供决策参考。

（二）较易识别的目标群体

开展个性化信息服务，需实时跟踪用户不断变化的信息行为，分析用户的信息需求，进而实现精准定位的信息推送。获取用户的信息需求离不开实时的 Web 数据挖掘，而 Web 数据挖掘的难题之一是目标用户的身份识别。对高校图书馆个性化信息服务系统而言，目标群体具有明显的区分度，较易识别。受经费、版权等因素的制约，目前高校图书馆的服务对象主要是在校师生，师生在使用图书馆资源时，其信息均已在图书馆注册过，通过对师生的信息记录进行相应的识别，即可准确定位目标群体。此外，高校师生在校园内访问网络资源时，其电脑 IP 地址大都已经在校园网网络中心注册过，因此通过客户端的用户名及密码，即可轻松实现目标用户的精准识别。

（三）用户信息需求的实时感知

用户的信息需求可以通过其相关的信息行为体现出来。对高校师生而言，当他们在教学、科研或学习方面有信息需求时，大都会通过图书馆或互联网等途径进行自我服务。在自我服务过程中，后台服务器能如实记录用户的信息行为数据，通过对这些数据的深入挖掘，用户实时的信息需求显露无遗。

三、个性化信息服务系统构建

（一）系统构建目标

大数据环境下构建高校图书馆个性化信息服务系统，其最终目的是通过对互联网上用户使用日志、会话信息、评论信息、搜索查询记录、图书馆使用记录等进行深入挖掘，实时感知用户变化着的信息需求，进而针对用户的真实信息情境开展有针对性的个性化信息服务。基于系统的构建目的，系统的构建目标为：在图书馆已有的信息服务平台及服务模式的基础上，整合来自不同数据仓库中的相关记录，通过 Web 数据挖掘，感知用户实时的信息需求，并基于此开展有针对性的个性化信息服务。

（二）高校图书馆个性化信息服务系统模型

通过对用户行为数据的实时跟踪，获取用户的信息需求，涉及数据集合、数据规范化、信息分析、信息推送等功能。大数据环境下，高校图书馆个性化信息服务系统应包含数据集成模块、数据规范化处理模块、信息分析模块（含结构化数据分析模块、互联网日志分析模块、移动终端位置判定模块）、信息匹配模块、信息推送模块、用户使用评价模块。

（三）高校图书馆个性化信息服务系统模块功能

1. 数据集成模块

高校师生的信息行为数据分散地存储在图书馆不同的自动化系统中，数据集成模块将图书馆信息系统相关记录、学科化信息服务平台信息、电子资源使用记录、网络日志等多个数据源中的相关数据进行链接，将不同来源、不同格式、不同记录结构、不同含义特点的数据记录在逻辑上进行有机集中，为数据规范化处理做好准备工作。

2. 数据规范化处理模块

数据规范化处理模块用于对集成后数据进行规范化处理，以使数据符合数据挖掘相关算法的需要。

第一，合成记录。图书馆所使用的自动化系统由不同的软件开发商提供，因彼此之间缺乏沟通协调，造成各服务供应商的系统数据库中的数据字段其格式及含义各不相同，要想对用户的信息行为进行挖掘，必须选取唯一标识用户的数据字段对来自不同系统的用户行为数据进行有机集合。对高校师生而言，他们使用图书馆的资源，要通过先前办理的图书借阅证，因读者编号具有唯一性，可以将读者编号作为连接用户存贮在不同数据库中的相关记录的链接标识符。

第二，数据规约。不同数据库或网络日志中的信息记录具有不同的标识及记录方式，比如，读者信息库中的性别记录可能为"男"或"女"；而校园网络信息中心用户网络日志中的信息记录可能为"Male"或"Female"，而实际他们具有相同的含义，数据规约功能用来对具有不同属性名但含义相同的数据进行规范化处理，以达到降低数据歧义，提高数据分析准确性的目的。

第三，数据清理。经合成记录模块、数据规约模块处理后，同一用户在不同数据库中的记录被集中到了同一字段，这些字段值中有的是重复记录的，需要保留一个属性值，剔除重复属性值；有的部分数据不全，对于遗漏的数据信息，需要进行补充；有的数据有误，需要进行更正；有的部分数值为实数值需要进行离散化处理。数据清理模块主要用于清除噪声数据、污染数据、错误数据及不一致数据。

第四，数据变换。不同的数据分析及数据挖掘算法对数据具有不同的要求，数据变换模块主要通过平滑聚集、数据概化等方式将数据转换成符合数据挖掘算法要求的数据形式。

3. 信息分析模块

高校师生有信息需求时，会通过三种途径加以解决。一是通过图书馆提供的相应服务；二是通过互联网搜索引擎进行信息搜索；三是通过移动互联网求助社交网站。对于用户的这几种信息资源利用方式，分别对应产生了结构化信息、半结构化信息和非结构化信息。用户使用图书馆信息服务时，图书馆大都通过一定的技术手段对用户的咨询内容、服务反馈等进行如实记载，这些记录大都以规范的表格存储在相应的数据仓库中，属于结构化数据分析模块处理范畴；用户利用互联网进行信息搜索时，会在服务器日志文件中留下使用痕迹，对用户的网络信息行为进行相关分析，属于互联网日志分析模块功能范畴；用户使用移动互联网，利用虚拟人际关系进行信息求助时，其核心节点是人，而非网页，因此对于移动互联网日志我们需要采取特殊的信息分析策略来进行有效分析。

第一，结构化信息分析模块。结构化信息具有固定与规范的数据格式，该模块主要对数据聚合、规范化处理后的数据进行挖掘操作，对数据挖掘后的相关数据进行聚类与分类处理，并根据用户的信息行为，将用户细分为不同的数据粒度，以识别不同用户之间相似的信息行为及相同用户在不同时间段差异性的信息需求行为。

第二，互联网日志分析模块。互联网日志如实地记录了用户对 Web 服务器的访问情况，通过对这些数据进行分析，可以快速、准确获知用户当前的信息需求。

数据处理模块主要用于对相关数据进行净化处理，识别用户身份，删除不必要信息以达到缩减数据规模、降低系统响应时延的目的。

在进行互联网信息访问时，用户有可能不直接通过网页上的链接功能进行页面访问，而是通过浏览器的后退功能直接调用缓存在计算机中的历史记录来进行访问。路径补充模块用于识别用户当前页面信息的原始来源，补充缺失的用户访问路径。

网页的访问频率及停留时间对于判定用户的信息需求具有重要意义。如果用户频繁地访问某一页面或在某一页面上停留了较长时间，则可以认为该页面是用户信息需求的一个集中反映。访问统计模块用于对用户在不同时间段访问的相关页面进行频次统计，填写用户访问日志表中的"访问频次字段"，为用户信息需求判断提供决策参考。

第三，移动信息分析模块。随着智能手机终端、平板等各种移动设备的普及，高校师生通过移动终端来获取信息资源已成常态，为改进服务方式，高校图书馆适时推出了微博、微信、掌上图书馆等服务模式，并对这些服务模式中所积累的用户信息进行挖掘，对于个性化信息服务的开展具有重要意义。移动信息分析模块用于对用户的移动互联网浏览信息进行挖掘，以获取用户的地理位置、兴趣点等信息行为特征，根据用户的兴趣点实现信息资源与用户移动终端的精确匹配。

4. 信息匹配模块

获知用户的实时信息需求后，高校图书馆工作人员在信息匹配模块针对用户不同的信息需求，利用馆藏资源及互联网信息资源制定不同的信息服务策略，满足用户的个性化信息需求。

5. 信息推送模块

信息推送模块用于对不同的用户进行有针对性的信息推送。系统提供三种信息推送模式，一是用户借阅相关书籍或使用电子资源时自动给用户推荐数据挖掘中发现的其他用户的信息选择结果，有针对性地推荐用户尚未发现的信息资源。二是当用户使用图书馆微博、微信、学科服务时，第一时间根据数据分析的结果，向用户进行相关信息的推荐提示。三是根据用户的移动终端位置及终端类型，及时向用户推送其订阅的相关信息。

6. 用户使用评价模块

通过大量的数据挖掘与分析，个性化信息服务系统发现了用户的行为意图，并向用户推送了相关信息。为提高个性化信息服务的针对性，提高系统服务的精准度，用户在接收相关信息时，可以通过用户使用评价模块直接对接收的信息进行评价，系统自动将用户的评价信息存入后台的个性化信息服务库。个性化信息服务库中的信息积累可以为日后高校图书馆工作人员修正数据、挖掘算法提供参考，从而能够改进个性化信息服务系统的服务效果。

四、个性化信息服务系统应用

（一）用户隐私权可能受损

个性化信息服务系统通过对用户信息行为数据的集成、分析、聚类、分类等相应处理，发现数据之间隐藏着的用户信息特质，那么为更好地获取用户信息需求，用户信息行为痕迹被系统实时地监控，无形中增加了用户隐私权受威胁和侵犯的概率。为保障用户的隐私权，在进行用户信息行为数据分析前必须征得用户本人的同意，同时在数据分析前必须对涉及用户隐私的相关数据进行相应的数据清洗操作，删除与个性化信息服务无关的数据，最大程度上避免用户的隐私权受损。

（二）数据来源的限制

只有当用户的信息行为数据达到一定的存储规模并具有一定的数据耦合度时，才能通过个性化信息分析系统来进行数据的深度挖掘与分析，得到具有较高价值的用户信息需求特征。个性化信息服务系统的数据来源大部分局限于校园内，对于用户在校园外的信息行为数据，必须通过与电信服务运营商和移动服务提供商进行沟通协调方能获得。因此，数据来源的局限性，在一定程度上降低了用户信息行为特征识别的精准度。

第四节　互联网背景下高校图书馆嵌入式服务

随着现代信息社会及科学技术的不断发展，学科内的团队合作和学科间的交叉合作日益明显，对其综合化要求也越来越高，在具体研究中，对多学科文献资料的专业获取与综合分析成为研究常态。对以主要为院校师生科研、教学提供文献保障与文献信息服务的高校图书馆而言,这些趋势的显现使他们不得不思考如何顺应时代的要求,将图书馆服务的中心从以文献为中心转向以用户为中心,无缝、动态、互动地融入用户的科研过程中,以此为用户提供专业化、学科化的便捷服务。于是,能满足上述要求与顺应用户需求的能融入用户工作学习生活空间的嵌入式服务自被创新应用以来,就迅速地受到了国内外图书馆特别是以为科研等提供信息保障的高校图书馆的青睐,得到了广泛应用。

一、高校图书馆嵌入式服务内容

自1993年米歇尔·鲍文斯第一次提出"嵌入式"(embedded)概念,嵌入式逐渐在高校师生的教学科研信息服务中得到动态展现。21世纪,随着Web2.0等现代信息技术的发展与人们获取信息的网络化、数字化趋势的明显,嵌入式服务得到了长足发展,图书馆特别是高校图书馆提供嵌入式服务已成为国内外近年来流行的一种主要信息服务模式,并得到国际图联(IFLA)、美国图书馆协会(ALA)等图书馆组织的重视。美国图书馆协会2011年的一期网络直播节目就是关于嵌入式馆员通过借助不同的方式和途径,嵌入高校院系的物理空间和虚拟空间,并且有效地融入相关的教学科研活动中。

图书馆嵌入式服务是通过利用"藏"在图书馆的知识去服务用户,实现了由向用户提供信息的能力到向用户提供知识能力的转变。因此在开展之初,不少图情工作者就认为,嵌入式服务将是未来高校图书馆信息服务的必然发展趋势。不同用户有不同的专业背景与学科需求,这使得高校图书馆馆员在日常的服务工作中不但对图书馆信息服务所需的信息检索、信息组织与信息分析等工作技能有着深厚的积累和历练,也对所面对用户的学科领域知识较为熟悉和了解,因而在学科服务上具有一定的优势。由于嵌入式服务能提高资源的发现、利用率,提高用户的图书馆服务满意度,因此,全球范围的高校图书馆都在根据自身学科优势和特点积极探索实践嵌入式服务,提倡学科馆员走出图书馆,为用户提供跨越时空的信息咨询、学科导航、课题跟踪、科学数据发现和管理等服务,以促使他们有机地融入师生的教学、科研和学习之中。如美国亚利桑那健康科学图书馆组织嵌入式图书馆馆员,为各学院提供分布式服务;约翰霍普金斯大学韦尔奇医学图书馆的嵌入式信息专员项目面向教师、学生和职员开展服务；我国的中国科学院国家科学图书馆也早在 2006 年就提出了"融入一线、嵌入过程"的第二代学科馆员服务，即嵌入式服务模式。

二、高校图书馆嵌入式服务实践

20 世纪 90 年代，我国一些大学图书馆在借鉴国外嵌入式服务的基础上，开始尝试在教师的教学、科研项目中开展嵌入式服务。但当时由于受技术、资源及服务经验等的多方限制，开展的服务也大多是基于学科资源服务与推送提供的学科服务，还不能完全称之为嵌入式服务，自进入 21 世纪以来，我国高校图书馆才开始真正实践嵌入式服务，如 2006 年江西宜春学院图书馆开展的在医学院临床专业开展一种以学生、教学院为中心的教师和馆员学科教育合作模式探索、2007 年沈阳师范大学图书馆尝试应用"Big6 信息问题解决模式"嵌入本科生和研究生的教学过程中、2008 年上海交通大学图书馆与任课教师合作，开展了嵌入新生课程的信息素养培训等。随着我国高校图书馆嵌入式服务的深入开展，嵌入式服务的方式、途径与模式也多种多样，我国已有学者将嵌入式服务的途径、模式等进行了总结与分类。作者在此根据嵌入式服务的活动目的与过程不同，将其分为嵌入师生科研项目活动中的服务、嵌入日常教学活动中的服务、嵌入日常学习和生活活动中的服务以及嵌入政府与社会组织中的服务四种类型。

（一）嵌入师生科研项目活动中的服务

嵌入科研项目活动中的嵌入式服务是高校图书馆嵌入式服务的主要形式。具体是指高校图书馆利用自己的丰富资源与在信息获取等方面的专业服务优势，使图书馆馆员参与用户科研团队为项目的选题、申报、研究、结题、成果评价和成果转化等各个环节提供全程式的知识信息服务。在科研过程中，图书馆馆员为科研人员提供研究背景、国内外研究现状等信息，定期或不定期提供同行的最新研究进展与学术动态信息，撰写专题调研报告、学科领域的技术热点报告，对科研机构及其国际国内竞争对象的研发实力、研发产出、未来研发趋势、市场竞争力等方面进行分析与评价。如上海交通大学图书馆农业环境学科馆员范秀凤积极嵌入教师的科学研究过程，2011 年 1 月 12 日受邀参与上海交通大学农业与生物学院召开的"农业与生物学院科研项目申报工作会议"，并做了题为"科研课题申请前的文献调研和前沿跟踪"的讲座；上海交通大学图书馆的语言媒体学科馆员汤莉华充分发挥馆员在信息收集、资源获取方面的专长，为刘士林教授的研究课题《中国都市化进程报告》提供面对面的资源检索辅导服务，还为刘士林教授主编的《中国都市文化研究》主持"都市学术资讯"栏目与编撰。

（二）嵌入日常教学活动中的服务

高校图书馆是学生的第二课堂，除提供信息资源外，为学生提供信息素养教育、提高学生的阅读兴趣与技能等也是其应有的职能之一。因此，图书馆除向科研团队等提供嵌入科研过程的服务之外，将服务嵌入日常教学活动之中也是其嵌入式服务的一大主要组成部分。国内高校图书馆嵌入日常教学活动之中的服务，主要是以图书馆馆员作为教学助手嵌入用户课堂或者嵌入网络教学平台（如 Blackboard、Web CT 等），并有机地将信息素养与专业课程结合起来，把信息检索技能、信息意识和信息道德融入专业课程教学内容，通过专业教师与图书馆馆员的协作使学生掌握专业课程的基本知识，提高学生的信息素养能力，增强学生的自学能力和科研创新能力。例如，自 2008 年起，上海交通大学图书馆与国家级教学名师王如竹教授倾力合作推出嵌入式新生研讨课《可再生能源的高效转化与利用》。在嵌入式新生研讨课基础上，王如竹教授与图书馆合作申报的《新生研讨课的嵌入式教学和考核新模式探讨》项目获批为 2010 年上海交通大学本科教学改革项目；重庆工学院图书馆与该校汽车学院合作，将信息素养教育融入《互换性及测量技术》课程的教学和实践。图书馆馆员负责拟定信息素养课程教学策略、教学大纲，收集大学生实习主题的相关信息，对《互换性及测量技术》课程学习前后大学生信息素养能力进行测试和分析，根据测试分析结果为学科教学和信息素养教学提供改进的参考建议。

（三）嵌入日常学习和生活活动中的服务

现代信息技术的发展与泛在知识环境的进一步深化，使得人们的信息需求、信息获取都发生了巨大的变化，各种信息服务机构无处不在、无时不有，这对作为传统社会信息中心的图书馆提出了挑战，为了应对这一挑战，图书馆通过流动图书车、24 小时自动借还机来延伸物理服务空间；通过移动图书馆、数字图书馆来延伸网络服务空间；还通过 Web2.0 技术、工具条开发技术嵌入到社交网络、用户计算机桌面、浏览器、手机等移动终端来实现用户日常学习、生活的嵌入式服务。如清华大学图书馆研发了"The library"工具条、北京大学图书馆研发了"LIBX"工具条等嵌入用户的浏览器之中；

上海师范大学图书馆、清华大学图书馆于 2009 年 11 月 2 日和 11 月 27 日分别融入开心网、人人网，围绕图书馆的最新动态和专题培训等信息服务发布日志和记录，建立起"以书为介质、以人为中心"的交流互动，通过投票、测试等趣味应用以及可预期和随机的奖励，让用户对图书馆产生兴趣，使图书馆服务无缝融入到用户的社会网络。

（四）嵌入政府与社会组织中的服务

高校图书馆作为高校的文献信息中心，拥有丰富的专业资源，同时，图书馆馆员不仅具有信息检索、信息组织等专业服务素养，更由于近年来高校图书馆在学科服务方面的开展与积累，使得图书馆馆员还具有较为深厚的专业学科知识，具有一般机构信息服务人员难以比拟的优势，因而高校图书馆在专业领域的信息服务方面还具有人才优势。随着高校图书馆面向社会开放的推进，高校图书馆不仅将文献资源、学习空间面向社会开放，还结合阵地服务，开展了诸如社会阅读推广等社会活动与服务，而面向社会、企业、科研单位的嵌入式服务就是其中之一。高校图书馆面向社会提供的嵌入式服务主要是针对用户的需求，提供专题报告。

三、高校图书馆嵌入式服务发展趋势

（一）服务更注重用户体验，服务呈现立体化、常态化趋势

通过嵌入式服务，学科馆员将用户可能需要的信息知识推送到了用户的科研、学习与生活之中，由此可以看出，用户的信息知识获取是在学科馆员根据用户的科研项目、学科背景、选题领域等分析基础上的信息推送、素养培养，对用户来说是一种被动的信息接收过程。毫无疑问，这类针对性与专业性强、信息丰富的信息知识，对于用户来说是非常有价值的，但由于用户的信息接收途径、时间等个体喜好的差异，图书馆会完全按照自己的服务模式，去向用户提供已经设定了服务模式的数据产品，用户的体验感受无法在服务中得到体现与反馈，这与越来越强调用户体验的图书馆服务理念是相悖的。因此可以预见，在嵌入式服务的经验与模式已达到一定积累和成熟的未来，注重用户体验的嵌入式服务将是图书馆服务发展趋势之一。而且随着大数据时代用户的要求更加趋向差异化、知识化、学科化，那么图书馆的嵌入式服务将呈现立体化与常态化发展趋势，从而实现泛在知识环境下的任何时间、任何地点、任何方式获取所需信息。

（二）技术在服务中将发挥更大的作用

技术的产生、发展、运用总能推动社会的进步，图书馆一直是善于运用信息技术的社会机构，从 20 世纪 70 年代的 MARC 到 20 世纪末的元数据，再到 21 世纪初的云计算、大数据，图书馆总能在探索中找到将它们应用于读者服务之中的方式、途径，并且每一种新技术的出现都能促使图书馆升级服务的模式。对嵌入式服务来说，现在已有了从最早的将学科馆员嵌入科研团队、教师课堂等环境之中来为其提供相应的信息知识，到后来的通过工具嵌入用户的桌面、浏览器、社交网络可以通过用户的信息定制、互动会话来实现信息的嵌入推送服务。大数据时代的到来推动技术在嵌入式服务中起到越来越大的作用，基于信息数据分析、数据挖掘、知识发现的大数据技术将运用到用户的服务之中，以通过分析、挖掘丰富的用户信息行为等数据来实现对用户可能需要知识的深层揭示与提供。

大数据时代的到来，使得数据的类型将更加多样，数据的数量将更加丰富，对数据和真相的分析与认识也需要管理平台和技术的保障，从而在知识环境下进行所需信息的查找变得更加困难，图书馆需要对服务的内容、对象和手段实施变革，通过系统集成、服务集成、团队工作等多种方式，采用开放式的服务模式，协调和利用各种技术、知识、资源和人员，融入用户工作学习和生活的物理空间、虚拟空间、组织机构和社会网络，嵌入用户教育、科学研究和决策过程，提供一种到身边、到桌面、随时随地的主动服务。

第五节　互联网背景下高校图书馆知识服务

信息社会的快速发展与大量智能终端的广泛应用，使数据的产生、来源、类型变得简单而丰富，越来越多的非结构化数据、半结构化数据呈爆发式增长，且其组成结构、类型格式、存在形态等都愈加复杂，整个社会发展进入了一个大数据时代。大数据时代，数据将成为社会资源的一部分被加以重视，基于数据的处理、分析、挖掘等服务都将被信息服务机构所应用和开展，这对承载着知识存储、组织、开发与传播重任的图书馆及以文献信息分析为基础的图书馆咨询服务工作造成了强烈冲击，大数据为高校图书馆知识咨询带来新的机遇。

一、高校图书馆咨询服务新模式

（一）知识咨询服务：有别于传统咨询服务的创新型服务

知识咨询与参考咨询及信息咨询相比，在诸多方面均存在着差异。首先，从定义来看，知识咨询是针对用户在工作、学习、生活中的知识选择、吸收和利用需求，以图书馆馆员的图书馆学、情报学、信息学等专业知识为基础，利用先进的技术对相关信息进行提取、组织、优化，融入用户知识获取的全过程，从而为用户决策与创新提供丰富的知识、有效的答案；参考咨询是图书馆馆员根据用户需求而进行的文献收集、检索、揭示、传递并提供知识产品的过程；信息咨询则是向用户提供有关数据、资料的服务过程。其次，从服务的专业化、知识化水平来看，参考咨询和信息咨询都只限于所能提供的数据或信息，而知识咨询更在意是否能提供解决用户问题的知识。最后，从服务类型来看，知识咨询服务的提供方式可以是参考咨询、信息咨询，如将结构化（或标准化）文献信息、数据、线索提供给用户，或将进行了一定数据分析加工的知识产品提供给用户。但知识咨询服务更注重用户的专业化、知识化、个性化需求，提供解决用户实际问题的知识，以及与用户协同合作创造的知识服务和面向用户的知识管理等。

（二）知识咨询服务：大数据时代图书馆知识服务的主要方式与手段

大数据时代，信息资源的竞争力已不再是其所占的数量、范围等因素，而是在于基于信息资源服务的信息化、知识化和信息数据的分析与组织程度，以及基于知识的创新力竞争，产品和服务的最大价值判断标准是其隐藏的信息与知识含量有多少，提高产品的信息化、知识化程度，以寻求隐藏在事物表象背后的本质成为市场竞争的主要手段。图书馆界已敏锐地看到了社会的发展及服务的转变需求，由原来的资源依赖型、劳动密集型服务向知识服务、信息服务转变。21世纪初，国内外图书馆界在知识服务方面就进行了积极探索，到目前已形成了较为完整的图书馆知识服务体系，产生了大量个性化、专业化、团队化的创新服务途径与模式。其中，基于内容分析，与知识服务完美融合的知识咨询服务，必将成为图书馆在大数据时代的咨询服务模式。

二、高校图书馆知识咨询服务新机遇

大数据时代的到来，意味着我们进入了一个以密集型数据的相关挖掘、分析、处理来推动社会创新发展的时代，基于大数据分析等数据处理业务的盛行与成熟，也将为高校图书馆知识咨询服务带来新的发展机遇。

（一）大数据为知识咨询服务带来了更加丰富的数据资源

大数据时代的到来，意味着大量的非结构化数据、半结构化数据应用将进入人们的视野，据互联网数据中心的《数字宇宙》研究报告称，2011年全球被创建和复制的数据总量为1.8ZB，预测到2020年，全球将拥有35ZB的数据量。另一则统计数据显示，世界结构化数据增长率是32%，而非结构化数据增长率则是63%，至2012年，非结构化数据占互联网整个数据量的比例已达到75%。这些数据无不说明大量的社交数据、信息行为数据等结构化数据、非结构化数据、半结构化数据都将被记录、存储、分析与利用，无论是数据的类型，还是数据的数量都将得到极大的丰富。

（二）大数据为知识咨询服务带来了更加专业的数据分析技术

信息时代大量信息数据的产生，使得方差分析、判别分析等数据分析理论得到了极大的应用与发展，同时这些分析理论被图书情报服务机构将其与信息技术如仿真模型、神经网络分析、Web挖掘等有机结合，进而运用到了机构网站链接、学科优势分析、影响力评估、可视化图谱绘制、科技发展态势监测、国家竞争力分析等领域。但具体分析这些技术和理论时，会发现，它们都是基于大量、有序的结构化数据，并不能从真实发生而又未被记录的数据中发现、挖掘更深、更多的隐含信息，进而得到更能揭示事物发展本质以及发展规律的知识。大数据时代的到来则为这一难题提供了解决方案，通过高速捕捉、发现和分析，从大容量、多类型的数据中获取价值的大数据技术架构将为数据分析业务带来更多的变化与支撑，如目前被广泛关注和应用的分布式系统基础架构Hadoop、非关系型数据库技术NoSQL等大数据技术。

（三）大数据为知识咨询服务带来了新的解决问题的思维方式

不管是传统的信息咨询、参考咨询还是知识咨询，一般的服务思维都是出现问题—逻辑分析—找出因果关系—提出解决方案，使用户的问题得以成功解决，可称为逆向思维模式。但根据大数据战略，基于大数据的知识咨询流程是：收集数据—量化分析—

找出相互关系—提出优化方案，使得用户的问题解决方案从成功跃至卓越，可称为正向思维模式。这种解决问题的思维方式的变化将为图书馆的知识咨询服务带来发展机遇，也可引入其他服务。国际商业机器公司与美国孟菲斯警察局合作的"利用数据历史减少犯罪"项目就是一个很好的例证。该项目将大量的数据进行软件分析，发现强奸案和户外付费电话之间存在着较强的关联关系，因此，警方决定将付费电话转移至室内，这使得强奸案的发案率明显降低。

（四）大数据为知识咨询服务提供了广阔的合作视野

知识咨询服务与传统的信息咨询、参考咨询最大的区别就是知识咨询以用户需求为本，寻求解决用户疑问的知识服务。这种服务一方面需要以专业的知识组织、知识发现等素养去完成，另一方面也需要大量的相关信息、数据去支撑，而这些信息、数据的组成很可能是某一专业领域的，也可能是跨专业领域、多专业领域的；既可能是一个信息机构所拥有的，又可能是多个信息机构共同拥有的。这种特征在当前信息时代非常突出，而在大数据时代将更加显现，这就为图书馆带来了一个巨大的发展机会。因为从微观上看，图书馆的数据资源随着这种特征的突显而更具优势；从宏观上看，数据的更加开放、多学科的数据分析联系更为紧密，将为图书馆与专业性服务机构的多领域、高层次合作注入全新动力。

三、高校图书馆知识咨询服务驱动因素

国际商业机器公司目前发布的基于全球 95 个国家、26 个行业的 1144 名业务人员和 IT 专业人士广泛调研形成的《分析：大数据在现实世界中的应用》白皮书认为，实践大数据的五大驱动因素中，数据资源将会是大数据时代发展各个相关业务的主要驱动因素之一。同时，"2012 年互联网数据中心亚太区大数据高峰论坛"及其与会者的最新调研成果《中国大数据技术与服务市场 2012—2016 年预测与分析》认为"大数据相关人才的欠缺将成为影响大数据市场发展的一个重要因素"。虽然大数据时代图书馆知识服务的发展驱动因素有很多，但数据资源和人才建设将是最主要和最重要的两大驱动因素。

（一）数据资源建设

大数据时代的到来，使得数据成为企业、机构乃至政府所重视的资源。2012 年 1 月，

瑞士达沃斯论坛发布的《大数据、大影响》报告形象地将数据称为社会的"金矿"和"黄金"。此外，一些 IT 业发达的国家如美国等近来也出现了一批以数据的获取、聚合、加工为营利手段的企业，由此可看出大数据的资源价值。图书馆知识咨询服务中的数据分析、数据处理和数据挖掘等的实现也需要大量的大数据资源支持，而这些数据可能是已存在于图书馆数据库中的书目信息、电子图书等结构化数据，也可能是用户在图书馆的借阅行为、阅读习惯等非结构化数据，更可能是在其他社会场所如商业中心、社会服务中心、娱乐中心和工作空间等的信息行为数据。有权威机构 2011 年发布的统计数据显示，全球数据总量每两年就会增长一倍。新增数据中，90% 以上属于传统技术难以处理的非结构化数据，如音频、视频、图片、网页等。因此，图书馆应认清数据在知识服务特别是知识咨询中的重要性，提高数据收集意识，并通过对现存数据进行分析、加工、重组，把大量随机、分散、无序的信息转换为规律、集中、有序的数据，来为将来的知识咨询等服务提供坚实的数据保障。

鉴于目前图书馆的数据资源类型较为单一，特别是隐藏着巨大价值的非结构化数据收集几乎属于空白，图书馆在数据资源的建设中，需特别重视非结构化数据的收集与丰富，以满足用户个性化、多样化地知识需求。因此，只有将非结构化数据与结构化数据加以综合收集、分析，知识咨询服务才更能得到用户的认同，并创造出真正的价值。令人欣喜的是，国家图书馆正在进行新一期维修改造，建成之后的数字图书馆的非结构化数据存储量将达到 800TB，这说明我国图书馆界已认识到大数据带给图书馆的价值与机遇，并已开始了数据的收集与整理工作。

（二）人才培养

大数据时代的到来使大数据技术与服务市场得到空前发展，也使社会对掌握数学、统计学、数据分析、商业分析和自然语言处理等多学科知识的数据工作者的需求越来越旺盛。互联网数据中心认为，中国大数据技术与服务市场将会从 2011 年的 7 760 万美元快速增长到 2016 年的 6.16 亿美元，同时麦肯锡也认为，在 2018 年，美国需要 14 万 ~ 19 万名具有"深度分析"经验的工作者，以及 150 万名更加精通数据的经理人。而多种数据显示这类工作人员非常稀缺，如著名的国际研究顾问机构高德纳咨询公司（Gartner Group）就认为只有 1/3 的新的工作岗位能雇佣到熟悉大数据技能的 IT 专业人员。图书馆若想从信息时代的参考咨询、信息咨询走向大数据时代的知识咨询，并将其嵌入用户的管理决策、教学科研、科技创新等社会行为的全过程中，提供以智力、知识、工具的应用为特征的深度知识服务，就需要咨询馆员的知识结构、技能素养等。互联网技术巨头眼中的数据工作者、数据科学家相差无几。因为在大数据时代，图书馆知识咨询馆员既要掌握学科服务、嵌入式服务等咨询服务工作必备的信息检索、信息分析、信息组织及相关平台与工具使用等基本素养，还要掌握大数据环境下的数据挖掘、数据组织等大数据知识与技能。

英特尔中国研究院首席工程师吴甘沙也认为，大数据最为关键的部分就是数据分析和挖掘数据价值，这就需要对数学、统计学、机器学习等多方面知识的综合掌控。因此可以看出，大数据时代，图书馆知识咨询馆员除需具备传统咨询馆员的基本素养外，还需具备的首要素养就是能对数据做出预测性的、有价值的分析。这是因为从计算机学界的理解来看，大数据的核心技术是机器学习和知识图谱，介于基础设施和应用之间。例如，大数据应用的代表谷歌公司的开发方向即为机器学习以及由搜索团队负责的知识图谱。也正是由于大数据具有这样的业务特点，所以企业最需要两种人才：一类是综合型人才，另一类是技术专家。但对图书馆来说更需要第一类人才，因为图书馆知识咨询馆员既要了解所服务的用户学科背景，还要了解图书馆的相关服务知识，更要了解大数据技术的各个层面，以综合的视角制订切实可行的方案。

在人才培养途径上，目前一些互联网公司已经意识到了大数据人才紧缺的问题，建立了专门的数据科学家团队，但对图书馆来说，与专业的数据处理公司和高校合作，通过人才委托培养等方式，使用成熟的产品和技术是更为现实的选择。另外，一些高校与企业联合开展的大数据教育模式，也为图书馆的大数据人才培养途径提供了捷径与借鉴。如北京航空航天大学计算机学院、软件学院与百度、淘宝、腾讯等企业合作，联合创办了国内首个大数据专业工程硕士培养项目。美国的密歇根州立大学、伊利诺伊州立大学、北卡罗来纳州立大学和亚利桑那州立大学等也开设了大数据的相关课程和研究方向。如亚利桑那州立大学已经围绕元数据、数字格式和数据迁移等主题开设了数字馆藏课；伊利诺伊州立大学香槟分校则开设了一个数据监护方向的硕士学位教育项目。

大数据时代的到来及大量相关技术的广泛应用，使得海量、复杂、多结构数据的即时获取、精确分析、深度挖掘成为现实，为图书馆等信息服务机构的服务手段、服务理念、服务思维、服务基础、服务载体、服务管理等带来支持与改变，也将为正在国内外图书馆界兴起的知识服务带来诸多服务增长点，其中基于大数据分析支持的知识咨询就是主要增长点之一。但如同 Web2.0、云计算等技术一样，任何技术都是一把双刃剑，大数据为图书馆带来全新的技术、方法、平台、理念以帮助和促使人们通过数据整合、数据分析、数据挖掘来揭示出数据的内在价值，并且在实现数据价值增值的同时，给图书馆带来了诸多的其他问题。如大数据的应用在推动服务向以数据为中心的密集型、创新型服务转变的过程中，用户个人隐私却无处遁形了。

参考文献

[1] 黄如花，司莉，吴丹.图书馆学研究进展[M].武汉：武汉大学出版社，2017.

[2] 蓝开强.现代图书馆管理创新实践[M].长春：吉林出版集团股份有限公司,2020.

[3] 霍瑞娟，刘锦山.基层图书馆建设与服务创新[M].北京：国家图书馆出版社，2016.

[4] 钱静雅.我国现代图书馆管理理论与实践研究[M].北京：中国水利水电出版社，2017.

[5] 阮光册，杨飞.公共图书馆管理与服务[M].上海：上海科学技术文献出版社，2015.

[6] 范并思.图书馆资源公平利用[M].北京：国家图书馆出版社，2011.

[7] 沈学植.图书馆学ABC[M].北京：知识产权出版社，2017.

[8] 刘芳.图书馆学会职能的拓展与延伸[M].沈阳：辽宁科学技术出版社，2015.

[9] 徐娅囡.新形势下高校图书馆的发展与创新研究[M].北京：中国纺织出版社，2018.

[10] 王惠君.基层图书馆公益讲座[M].北京：国家图书馆出版社，2011.

[11] 叶继元.图书馆学学术规范与方法论研究[M].北京：科学技术出版社，2014.

[12] 何秀荣.高校图书馆创新发展研究[M].北京：中国农业大学出版社，2018.

[13] 柯平.图书馆战略规划研究[M].北京：社会科学文献出版社，2014.

[14] 盛小平.图书馆职业发展与制度建设[M].北京：科学出版社，2016.

[15] 李华，史新伟，李迪.高校图书馆信息资源建设与学科服务研究[M].北京：中国纺织出版社，2018.

[16] 郑建明.数字图书馆建设体制与发展模式[M].北京：科学出版社，2013.

[17] 李健 . 高校图书馆服务标准体系研究 [M]. 北京：科学出版社，2017.

[18] 张浩如 . 图书馆营销研究 [M]. 北京：国家图书馆出版社，2017.

[19] 王波 . 图书馆学及其左邻右舍 [M]. 北京：海洋出版社，2014.

[20] 朱明 . 图书馆管理制度与制度化管理 [M]. 北京：中国社会科学出版社，2018.

[21] 龚娅君 . 数字图书馆新媒体服务研究 [M]. 北京：国家图书馆出版社，2016.

[22] 张成昱，张蓓，远红亮 . 移动数字图书馆：和知识一起运动 [M]. 北京：清华大学出版社，2017.

[23] 杨新涯 . 图书馆服务共享 [M]. 北京：知识产权出版社，2016.

[24] 程娟 . 图书馆核心竞争力研究 [M]. 北京：国家图书馆出版社，2016.

[25] 张伟，刘锦山 . 公共图书馆转型与内涵发展 [M]. 北京：国家图书馆出版社，2017.

[26] 宋晗帅 . 智慧时代国内高校图书馆服务创新研究 [J]. 江苏科技信息，2020，37(28)：13-16.

[27] 杨晓玮 . 智慧时代背景下高校图书馆服务创新研究 [J]. 文化创新比较研究，2020，4(17)：186-189.

[28] 张树，朱琳，李晓冉 . 智慧图书馆建设与创新服务 [J]. 河南图书馆学刊，2019，39(09)：123-124.

[29] 隋爱萍 . 智慧时代高校图书馆服务创新思考 [J]. 山西青年，2019(13)：201.

[30] 梁志聪 . 泛网络时代我国公共图书馆智慧服务体系创新探索 [J]. 情报探索，2019(05)：85-90.

[31] 王晓柏 . 公共图书馆服务与管理 [M]. 长春：吉林出版集团股份有限公司 ,2020.

[32] 章先贵 . 图书馆管理与信息服务研究 [M]. 北京：中国原子能出版社 ,2020.

[33] 刘晓燕，张娟 . 现代图书馆建设与管理研究 [M]. 哈尔滨：哈尔滨出版社 ,2020.

[34] 黄宇 . 现代图书馆管理与空间服务 [M]. 沈阳：辽宁大学出版社 ,2020.

[35] 谭进，张何 . 大数据时代下的图书馆管理 [M]. 成都：电子科学技术大学出版社 ,2020.

[36] 凌霄娥 . 图书馆管理艺术与信息化应用研究 [M]. 西安：西北工业大学出版社 ,2020.

[37] 刘春节 . 现代图书馆管理创新研究 [M]. 北京：中国财富出版社 ,2020.

[38] 韩新月 . 图书馆知识产权管理工作指南 [M]. 北京：知识产权出版社 ,2020.

[39] 刘鹏强 . 图书馆知识管理与知识服务研究 [M]. 汕头：汕头大学出版社 ,2020.